Guido Knopp
Meine Geschichte

GUIDO KNOPP

Meine
Geschichte

C. Bertelsmann

Verlagsgruppe Random House FSC® N001967

1. Auflage 2017
© C. Bertelsmann Verlag, München,
in der Verlagsgruppe Random House GmbH,
Neumarkter Str. 28, 81673 München
Umschlaggestaltung: Büro Jorge Schmidt, München
Bildredaktion: Bele Engels, Anka Hartenstein,
Susanne Maier, Tanja Zielezniak
Satz: Uhl + Massopust, Aalen
Druck und Bindung: GGP Media GmbH, Pößneck
Printed in Germany
ISBN 978-3-570-10321-0

www.cbertelsmann.de

Inhalt

Meine Geschichte,
meine Geschichten

Dies ist ein Buch für meine Zuschauer, die mir über all die Jahre treu geblieben sind, kein Fachbuch für Historiker und Feuilletonisten.

War ich ein Glückskind? Der allzeit mutige Historiker Arnulf Baring hat mich in einer Rede einmal so genannt. Tatsächlich habe ich verdammt viel Glück gehabt.

Ich wurde geboren, als die bislang beste Phase der deutschen Geschichte begann.

Ich konnte studieren, was ich wollte. Ich konnte einen Beruf ergreifen, der mir gefiel. Und ich hatte Erfolg.

Ich hatte viele Freunde und manche Feinde. Ersteren danke ich für ihre Hilfe, Letzteren für ihren Hass. Beides hat mich wachsen lassen.

Ich habe Schönes und Spannendes erleben dürfen. Und natürlich auch Absurdes und Skurriles.

Ich habe im alten Berner Wankdorf-Stadion an der Stelle, wo Helmut Rahn 1954 ins ungarische Tor traf, eine Schaufel Rasen mitgenommen und ihn jahrelang begießen lassen – bis wir wieder Weltmeister wurden.

Ich habe mir nur ein paar Stunden nach Günter Schabowskis legendärem Satz einen Brocken Mauer selbst herausgemeißelt – und ich halte ihn in Ehren.

Ich stand beim Fall der Mauer neben unserem Bundespräsidenten Weizsäcker, als ein Offizier der DDR-Grenztruppen ihn erblickte, auf ihn zumarschierte, salutierte und erklärte: »Melde gehorsamst, Herr Bundespräsident, hier keine besonderen Vorkommnisse!«

Ich habe in Buenos Aires gesehen, wie Goebbels' vormaliger Referent Wilfred von Oven das ihm handschriftlich gewidmete Hitler-Foto küsste – das tue er allmorgendlich.

Ich habe auf dem Times Square in New York den berühmten Siegerkuss von 1945 mit dem originalen Seemann und der Zahnarzthelferin von damals nachgestellt.

Ich habe sieben Ehen meiner Mitarbeiter stiften dürfen – und die meisten haben gehalten.

Ich wurde Thema von vier Rocksongs: Zwei sind kritisch, zwei sind schmeichelhaft. Meine Kinder finden alle krass.

Ich habe im Pentagon bei Washington im Büro eines Staatssekretärs eine volle Stunde auf den Herrn gewartet – und hätte in der Zwischenzeit seinen ganzen Schreibtisch filzen können.

Ich habe im siebten Stock von Stuttgart-Stammheim in der Zelle von Andreas Baader gesessen und gespürt, wie liberal die Bundesrepublik mit ihren Gegnern umgegangen ist.

Ich bin in russischen Archiven ein- und ausgegangen und hatte eine Zeit lang exklusiven Zutritt. Ich fand vieles – aber nicht den einen ominösen Film, den ich gesucht hatte.

Ich habe zwanzig Staubsauger der Marke Kärcher persönlich in den Kreml transferiert, um eine Diskussionssendung im legendären Katharinensaal genehmigt zu bekommen.

Ich habe 1972 bei den Olympischen Spielen in München die sechzehnjährige Ulrike Meyfarth zur Goldmedaille springen sehen – und bin vor Freude fast genauso hoch gesprungen.

Ich habe an den Traditionsstätten deutscher Demokratie Reden über Deutschland halten dürfen – auf der Wartburg, auf dem Hambacher Schloss, in der Paulskirche, im Nationaltheater Weimar, im alten und im neuen Bonner Bundestag und auch im Reichstag. Mir fehlt nur noch das Alte Schloss auf Herrenchiemsee, wo das Grundgesetz beschlossen wurde.

Ich habe mit Helmut Kohl Wein getrunken, mit Michail Gorbatschow Wodka, mit Fidel Castro Rum, mit Viktor Orbán Pálinka und mit Simon Wiesenthal Bier. Am schönsten war es eigentlich mit Helmut Kohl.

Ich habe mit den großen Frauen unseres Landes tafeln dürfen: Marion Gräfin Dönhoff, Annemarie Renger, Elisabeth Noelle-Neumann, Hildegard Hamm-Brücher, Gertrud Höhler, Gesine Schwan. Sie alle brauchten keine Frauenquote.

Ich habe in den Trattorien um den Vatikan mit hochrangigen Monsignori achtgängige Mittagessen absolviert. Die Freuden der Tafel sind ja die einzigen Sünden, die ein Diener Gottes offiziell begehen darf.

Ich habe mich in einer eisig kalten Winternacht in einer schneebedeckten Datscha in den Wäldern rings um Moskau zwischen Störplatten mit Kaviar und Wodka in die »russische Seele« verliebt – wohl wissend, dass dies nur die eine Seite eines manchmal rätselhaften Landes war.

Ich habe Hunderte von Zeitzeugen befragen dürfen: Überlebende des Holokaust, Terroristen der RAF, Augenzeugen des Olympia-Attentats von München und der Geiselbefreiung in Mogadischu, Flüchtlinge aus Ostpreußen und Schlesien, russische und deutsche Veteranen des »verdammten Krieges« – und handelnde Politiker, die sich zu Wendepunkten der Geschichte geäußert haben.

Was habe ich gelernt aus alledem? Geschichte wird von Menschen gemacht. Und Menschen machen manchmal Fehler, die den Lauf der Geschichte verändern.

Ich habe gelernt, dass der Weg der Deutschen in den Untergang im 20. Jahrhundert nicht zwangsläufig war. Vieles hat so kommen können, aber nicht so kommen müssen. Das galt schon für 1914, als noch in den letzten Julitagen der Erhalt des Friedens möglich war. Das galt auch für 1933 und die Machterschleichung Hitlers. Und es galt für 1944, als das Attentat auf den Diktator nur gescheitert ist, weil Stauffenberg die zweite ungeschärfte Bombe nicht mit in den Konferenzraum nahm.

Ich habe außerdem gelernt, dass auch das schönste und gelungenste Ereignis unseres 20. Jahrhunderts, die Vereinigung der beiden deutschen Staaten, nicht zwangsläufig war. Es hätte anders kommen können – etwa, wenn ein Putsch in Russland schon im Sommer 1990 stattgefunden hätte.

Ich habe gelernt, dass der Mensch des Menschen Wolf ist – wenn ein krimineller Staat dazu ermutigt. Einen solchen Staat zu verhindern, ist das wichtigste von allen Zielen.

Ich habe aber auch gelernt, dass die Handelnden in der Geschichte manchmal pures Glück benötigen, um Gutes zu schaffen.

Zu vielen meiner Themen in den letzten dreißig Jahren habe ich schon Bücher veröffentlicht. Und natürlich habe ich für dieses Buch aus ihnen dann und wann zitiert, wenn es sich anbot.

Das Wichtigste aber: Ich hatte die Chance, eine zauberhafte Frau zu heiraten, die mich noch immer glücklich macht. Dieses Buch ist ihr gewidmet.

Guido Knopp

»Hüte dich vor den Katholiken!«

Kindheit und Jugend im zerstörten Wirtschaftswunderland

Ich bin ein Nachkriegskind, Jahrgang 1948. Damit ein Jahr älter als die Bundesrepublik und genauso alt wie die D-Mark. Mit dem einen Unterschied: Mich gibt es noch.

Vom Sommer meiner Zeugung 1947 habe ich mir später einiges erzählen lassen: dass die Wirtschaft im zerstörten Land am Boden lag, die Währung auch. Es gab zwar noch die Reichsmark, aber keinen Gegenwert an Waren. Dafür Zwangsbewirtschaftung und Rationierung, Lebensmittelkarten, Schwarzmarkt: Schuhe gegen Schokolade, Pelze gegen Butter. Was regierte, war der Mangel: 1500 Kalorien standen dem »Normalverbraucher« zu. Rund 59 Kilo wog der Durchschnittsdeutsche, männlich, über fünfundzwanzig, damals. Herzkrankheiten, Diabetes? Fehlanzeige. Aber satt zu werden, war ein schwieriges Geschäft.

So ist es zu erklären, dass der Neugeborene von seinen Eltern vorsorglich gemästet wurde. Auf den ersten Bildern meines Lebens blickt mich da ein kleiner Buddha an, mit dicken Backen fröhlich lächelnd.

Die Ressourcen für die Vollverpflegung hatten meine Großeltern aus Oberhessen. Sie, die Eltern meiner Mutter, hatten in Neustadt bei Marburg einen riesengroßen Garten mit Gemüse aller Art, mit Hühnern, Schweinen, Ziegen – beste Möglichkeiten einer autonomen Selbstversorgung. Vor dem Haus wuchs ein märchenhafter Lindenbaum, auf dem man sich verstecken konnte. Es war das viel gerühmte Paradies der Kindheit, aus dem man nicht vertrieben werden kann. In den Wäldern rund um Neustadt stundenlang umherzustreifen, war ein prägendes Glück. War es da ein Wunder, dass ich Förster werden wollte?

Es ist seltsam, welche Erinnerungen an die Kindheit haften bleiben und welche verfliegen. Manchmal denke ich an den Käsekuchen, den wir »Mattekuchen« nannten, meiner Großmutter zurück. Sie buk ihn samstags, wenn wir sie besuchten, ließ ihn auf dem Schrank im Schlafzimmer, dem kühlsten Raum, erkalten. Wenn ich ankam, stieg ich rasch auf einen Stuhl, ein großes Messer in der Hand, und säbelte an dieser Köstlichkeit.

Und natürlich erinnere ich mich an das »Wunder von Bern«, 1954: »Schäfer nach innen geflankt, Rahn müsste schießen, Rahn schießt: T-O-R!« Heute heißt es oft, dieses Fußballspiel sei der eigentliche innere Gründungsakt der alten Bundesrepublik gewesen.

Wie 99 Prozent der Deutschen hatten auch meine Eltern damals keinen Fernseher. Die Nachbarn hatten einen. Und da drängte sich dann die gesamte Hausgemeinschaft. Doch in unserer Wohnung lief das Radio mit dem wunderbaren Herbert Zimmermann: »Sechs Minuten im Wankdorf-Stadion noch zu spielen. Keiner wankt ...« Und weil der Fernsehkommentar um Längen langweiliger war, lief der kleine Guido zwischen dem Bild der Nachbarn und dem spannenderen Radioton immer wieder hin und her. Das war ein Zeichen: Jahrzehnte später haben wir im ZDF in unserem Film »Das Wunder von Bern – Die wahre Geschichte« diese unmögliche Diskrepanz aufzuheben versucht und die Bilder mit dem Radioton unterlegt. Es ist gelungen. Und so zähle ich zur aussterbenden Schicht von Zeitgenossen, die die Aufstellung der deutschen Mannschaft immer noch im Schlaf aufsagen können: Turek, Posipal, Kohlmeyer, Eckel, Liebrich, Mai, Rahn, Fritz Walter, Ottmar Walter, Schäfer,

Morlock. Welche andere deutsche Nationalmannschaft hat sich so tief in das Gedächtnis der Nation eingebrannt?

1954 war das Jahr des Aufschwungs, nicht nur auf dem grünen Rasen. Ich kam in die Schule, und das Stimmungsbarometer in der alten Bundesrepublik stand zum ersten Mal auf Zuversicht. Die weitaus meisten Westdeutschen sahen ihre Zukunft optimistisch, und der Wohlstand wuchs nun unaufhaltsam. Der Export schwoll mächtig an, Exportgut Nr. 1 war das deutsche Auto, wieder einmal, diesmal allerdings unter friedlichen Vorzeichen: Kraftwagen aus Wolfsburg, Untertürkheim oder München waren die Zugpferde der neuen Wirtschaftsblüte. Und bezeichnenderweise fiel in diesem Jahr erstmals auch das Wort vom »Wirtschaftswunder«, das in Wahrheit keines war. Denn die Wirtschaft Westdeutschlands, sie konnte produzieren, was sie wollte. Alles wurde gebraucht.

Die Familie meines Vaters stammt aus Oberschlesien. Freitags sind wir immer zu den Großeltern gegangen. Da war Schlesienabend. Es gab schlesische Gerichte und Erinnerungen an die alte Heimat. Für ein Kind mag das in Ordnung sein. Aber wenn man in die Pubertät kommt und der Freitagabend droht, dann sagt man innerlich: »O Gott, schon wieder Schlesienabend!« Es hat jahrzehntelang gedauert, bis ich die Großeltern verstanden habe. Sie brauchten diese familiären Treffen, um ihre oft traumatischen Erinnerungen zu verarbeiten. Für meine Großmutter war das Schlimmste gar nicht das, was ihr während der Flucht widerfahren ist. Es war die Tatsache, dass sie einige Wochen nach dem Krieg noch einmal aus dem Fluchtziel Görlitz in ihr Haus nach Rydultau zurückkehrte, um sich andere Schuhe zu holen, weil die einzigen, die sie auf der Flucht dabeihatte, kaputt getreten waren. Sie durfte nicht mehr hinein. In ihrem Haus wohnte mittlerweile eine polnische Familie, die selbst ebenfalls vertrieben worden war, aus dem schon von Stalin annektierten Lemberg. Also auch ein Opfer der Geschichte.

15

Meinem Vater blieb die Flucht erspart, denn er befand sich 1945 längst in Kriegsgefangenschaft. Er hatte Glück gehabt: Er war Soldat im Afrikakorps bei Rommel, wurde im November 1942 nach der Schlacht von El Alamein auf den afrikanischen Kriegsschauplatz geflogen und hatte die Ehre, den gesamten Rückzug vom Nildelta bis nach Tunesien mitzumachen. Manche sagen, dieser Rückzug sei Rommels größte Leistung gewesen, weil er ohne größere Verluste ablief. Mein Vater jedenfalls kam Mitte 1943 in amerikanische Kriegsgefangenschaft und verbrachte diese bis zum Jahr 1946 in so wahrhaft fürchterlichen Gegenden wie Florida und Kalifornien. Zugenommen hatte er in dieser Zeit zwölf Kilo. Die waren allerdings im ersten deutschen Hungerwinter 1946/47 sehr schnell wieder runter. In seine alte Heimat Oberschlesien konnte er nicht mehr entlassen werden. Und so ging er dann nach Neustadt, wo er beim Manöver 1942 ein überaus hübsches Mädchen kennengelernt hatte. Das war meine Mutter, das Ergebnis von all dem bin ich. Mein Vater wollte eigentlich Medizin studieren, aber da er nun Familie hatte, musste er stattdessen Geld verdienen und ging in den Außendienst bei einer Pharmafirma.

Aufgewachsen bin ich in Aschaffenburg. Die Kriegszerstörungen in dieser Stadt waren einerseits das Resultat von Bombardierungen der Alliierten, andererseits die Folge jener Idiotie, dortselbst im März des Jahres 1945 unbedingt noch einmal eine Front aufmachen zu wollen. Ausgerechnet das wunderschöne Renaissanceschloss geriet zur Kampfkommandantur der letzten Fanatiker – und wurde entsprechend zerstört. Der Wiederaufbau dauerte bis in die Achtzigerjahre.

Kindheit in Ruinen – das war damals selbstverständlich, denn man kannte ja nichts anderes. Die vielen Kriegsversehrten auf ihren Krücken prägten ebenso das Straßenbild wie die sechstausend GIs der US-Armee, die in den alten Wehrmachtskasernen anfangs als Besatzer über unsere zarten demokratischen

Wurzeln wachten und uns später vor einem »Angriff aus dem Osten« schützen sollten.

Im Ortsteil Damm, wo wir anfangs wohnten, ging es ziemlich kernig zu. Heutzutage heißen seine Buben Pascal oder Kevin, damals hießen sie Karl, Franz, Max und Kurt. Und als ich Neuankömmling auf die Frage »Ei, wie heißt'n du?« wahrheitsgemäß antwortete »Guido«, hatte ich noch wochenlang ein schweres Los. Denn so hieß ein Dämmer Junge einfach nicht.

Vier Jahre später zogen wir in einen anderen Ortsteil. Weil ein Junge ja so sein will wie die anderen, dachte ich mir jetzt: »Das ist die Chance!« Mein Mittelname ist »Friedrich«, nach dem Namen meines Onkels. Als erneut die Frage kam: »Wie heißt'n du?«, sagte ich nun: »Friedrich. Ihr könnt aber Fritz zu mir sagen.« Zwei köstliche Wochen lang war ich der Fritz – bis meine Mutter eines Tags von einem Fenster ihren Sohn lauthals zum Abendessen rief: »Guido!« Das Komplott war aufgedeckt.

Aschaffenburg war damals eine sehr katholische Stadt – zu 90 Prozent. Ich bin evangelisch. In Bayern gab es damals unter der CSU-Regierung noch die Konfessionsschule. Das hieß, ich musste mit dem Bus durch die halbe Stadt, mit Umsteigen am Hauptbahnhof, um am anderen Ende von Aschaffenburg eine Klasse zu besuchen, die rein evangelisch war. Und man mag es glauben oder nicht: Wir hatten damals in der Volksschule, so hieß sie noch, nicht nur getrennte Klassen, wir hatten sogar getrennte Toiletten. Apartheid auf Bayerisch.

Ich wäre damals lieber Katholik gewesen. Barocke Pracht und Weihrauch – das war einfach die bessere Show! Wer mich vor all dem Prunk warnte, war meine Oma mütterlicherseits, eine fromme Protestantin. Als ich ihr erzählte, was mir durch den Kopf ging, hob sie ihre Hand und sagte: »Bub, hüte dich vor den Katholiken – die lügen!« Meine katholischen Freunde, denen ich das heute erzähle, sagen dazu: »Die Oma hatte recht. Natürlich lügen wir. Wir können es ja beichten!«

Im Gymnasium habe ich mich nahezu ausschließlich für Geschichte interessiert. Das lag vor allem an dem Lehrer – und sein Name sei genannt: Dr. Lothar Häusler, der heute hochbetagt in Würzburg lebt. Viele aus meiner Generation erzählen mir, dass ihr Geschichtsunterricht pottlangweilig gewesen sei, ein stupides Auswendiglernen von Zahlen und Fakten. Bei mir war es anders: Dr. Häusler machte damals etwas, was die anderen auch hätten tun können, aber nicht taten. Er würzte seinen Unterricht mit den Medien der damaligen Zeit – mit Tonbändern, Schallplatten und Filmen, die man von den Landesfilmbildstellen ausleihen konnte. Das war ungeheuer spannend – und hat meinen stillen Wunsch, später selbst einmal Geschichte zu studieren, sehr beflügelt.

Am anderen Ende der Beliebtheitsskala stand für mich Chemie. Und das war kein Wunder. Denn dieser Unterricht fand am Samstagmittag statt – nach der Pause. Samstagsunterricht? Das gab es damals. Vor der Pause war ja noch in Ordnung. Aber nach der Pause? Nein. Um rechtzeitig zu den Heimspielen meines Lieblingsvereins Eintracht Frankfurt (mit dem genialen Rechtsaußen Grabowski) zu gelangen, musste ich mich spätestens um zwölf Uhr mittags zur Autobahnauffahrt begeben und dann den Daumen heben. Jahre später bin ich zu den Offenbacher Kickers übergelaufen, weil die Atmosphäre dort noch besser war.

Doch als die Zeit des Abiturs anbrach, stand das Chemiedilemma wie ein Menetekel über mir. In Griechisch hatte es gerade noch für eine Drei gereicht. Aber auch nur, weil ich mit fast krimineller Energie dafür gesorgt hatte. Wir wussten vorher, dass ein Platon-Text zur Übersetzung anstand. Also besorgte ich mir die gesammelten zwölf Bände der Platon-Gesamtausgabe auf Deutsch und deponierte sie in den verwinkelten Toiletten des Humanistischen Gymnasiums zu Aschaffenburg. Als dann tatsächlich Platon anstand, meldete ich mich nach gefühlten zwanzig Minuten zum Toilettengang, wo ich den deponierten Text rasch fand, herausriss und unter meinem Hemd versteckte. Leider war die Übersetzung äußerst frei und nützte nur bedingt.

Das Matheabitur hatte ich bereits im Jahr zuvor mit Ach und Krach, das hieß mit einer Vier, bestanden. Wenn ich bis heute einen Albtraum habe, dann vor allem den: Ich stehe vor dem Matheabitur, bin jedoch schon über dreißig, von jedem Wissen unbeleckt und habe mich im Unterricht nie blicken lassen. Und so irre ich dann durch die Gänge meiner alten Schule und hoffe, dass kein Lehrer mich entdeckt. Dann wache ich schweißbedeckt auf.

Und so kam es, wie es kommen musste: In Naturwissenschaften – Chemie, Physik und Biologie – stand ich auf 4,5, musste ins Mündliche, und weil ich mich leichtfertigerweise darauf nicht vorbereitet hatte, bekam ich eine Sechs – und das hieß Ehrenrunde! Meine Mutter war natürlich außer sich: »Was für eine Schande!« Weil ich damals ganz gut Cello spielte, war ich als Solist für die musikalische Gestaltung der Abiturfeier vorgesehen. Das hätte mir ja gerade noch gefehlt: Die anderen kriegen ihr Zeugnis, und ich spiele dazu Cello! Ich sagte ab und wurde deshalb auf der Abschlussfeier *in absentia* durch den zornigen Direktor diffamiert. Also wiederholte ich das Jahr, nicht in der alten Schule – denn man war ja stolz –, sondern ging nach Neustadt an der Aisch in eine neue. Und siehe da: Der junge Knopp hatte gelernt, machte Abitur mit 1,4 und – das ist die Pointe – musste nicht zur Bundeswehr, die damals noch in achtzehn Monaten zu absolvieren war. Ich ließ mich nachmustern, hatte vorher – das war ein Geheimrezept – bei »Tchibo« sieben Tassen Kaffee getrunken und in der »Nordsee« nebenan fünf Matjesheringe gegessen, und als der Musterungsarzt besorgt fragte: »Wo sind Sie in Behandlung?«, war die Angelegenheit geklärt. Ich hatte somit insgesamt sechs Monate gespart. Ein weiterer Beweis, dass auch aus etwas Schlechtem etwas Gutes werden kann.

Und nicht nur das: Mein Jahr in Neustadt an der Aisch war wunderbar – auch weil es von den ersten erotischen Erfahrungen geprägt war. Mein Freund Hans-Jürgen, der aus Bamberg stammte, war in vielen Dingen hochbegabt, aber hatte, wie fast alle Franken, nicht die Fähigkeit, bestimmte Konsonanten hochdeutsch auszusprechen: Aus P und T wurden B und D. Wenn er auf die Frage »Was hast du gestern Abend gemacht?« erwiderte: »Bedding«, dann hatte das nichts mit Bettgehen zu tun, sondern war die fränkische Version von »Petting«. Und da wir ja die letzte brave Generation vor den Achtundsechzigern waren, erschöpften sich die ersten Begegnungen mit dem weiblichen Geschlecht auf diese Weise. So empfanden wir »All you need is love« zwar als kategorischen Imperativ, aber letztlich stand doch über uns der ewig gültige Lehrsatz meines weisen Neustädter Biologielehrers: »Jungs, merkt euch vor allem eines: Alkohol stärkt die Libido, aber schwächt die Potenz.«

Als Schüler und Student habe ich mir in den Ferien immer ein Zubrot verdient. Mit fünfzehn als Wagenwäscher in einer Tankstelle, für zwei Mark fünfzig die Stunde. Mit sechzehn als Hilfsarbeiter im Straßenbau, schon für drei Mark fünfzig. Das war eindeutig der härteste Job: Aufstehen um vier Uhr morgens, dann Transport per Lastwagen zum Einsatz irgendwo im Spessart, Schippen bei 30 Grad im Schatten bis zwei Uhr mittags, dann erschöpft der Rücktransport nach Hause.

In den letzten Gymnasialjahren war ich Cellist in einem Schulquartett, mit dem wir oft auch auf Beerdigungen spielten: das »Air« von Bach, das »Largo« von Händel und weitere einschlägige Stücke. Dafür erhielten wir vierzig Mark, also zehn für jeden. Das ging so lange gut, bis irgendwann die Tante unseres zweiten Geigers starb und seine Mutter Einsicht in die Kostenrechnung nahm. Daraus ergab sich, dass das Bestattungsunternehmen für »Musik am Grab« 150 Mark berechnete. Als wir drohten, diese Ausbeutung in der örtlichen Presse zu dokumentieren, wurde unser Honorar stillschweigend erhöht.

Inzwischen hatte ich längst meine wahre Bestimmung gefunden: die Aschaffenburger Brauereien. Zunächst fungierte ich als Beifahrer für Bierauslieferung. Es war üblich, dass das Fahrerteam nach getaner Arbeit von den jeweiligen Wirten eine Halbe Bier serviert bekam. Bei zwanzig Adressen pro Tag kam da schon etwas zusammen. Die Fahrer hatten selbstverständlich mehr als die damals noch erlaubten 1,5 Promille intus. Aber sie standen, äußerlich zumindest, fest wie deutsche Eichen und fuhren noch am Abend geradeaus. Ganz im Gegenteil zu mir. Meine Mutter erzählte noch jahrzehntelang die schaurige Geschichte, wie mich mein Fahrer am ersten Abend zu Hause ablieferte: schwankend, wankend, mit dem ersten richtigen Rausch meines Lebens – wenngleich bei der Arbeit ehrlich erworben.

Ab dem nächsten Tag verlangte ich bei den Wirten Limonade – was meinem Ruf im Fahrerlager alles andere als guttat. Den Haustrunk, einen Kasten Bier pro Woche, erhielt ich trotzdem.

Es folgten in den nächsten Jahren Jobs als Bierabfüller, Kesselreiniger und wieder Ausfahrer. Später als Student verlegte ich mich auf den Ferienjob als Reiseleiter bei der Firma Klinger-Reisen Würzburg. Es begann gleich mit der Mutter aller Reisen: »Studienfahrt Italien-Rom«. Die Hälfte meines Publikums bestand aus Pilgern, die einmal im Leben den Papst sehen wollten. Die andere Hälfte aus mehr oder minder pensionierten Oberstudienräten, die sich den Winter über vorbereitet hatten und alles besser wussten. Als erste Etappe war Venedig vorgesehen: Besichtigung des Dogenpalastes. Ich rief in der Zentrale an: »Wer macht denn hier die Führung?« Antwort: »Sie machen die Führung. Hat man Ihnen das nicht gesagt?«

Da stand ich nun, ausgestattet mit einem dünnen Polyglott,

um mich herum eine ständig wachsende Schar wissbegieriger Landsleute (»Ist das eine deutsche Führung? Dürfen wir uns anschließen?«). Es war der blanke Horror. Für die Etappen Rom, Florenz und Pisa kaufte ich mir anschließend einen ganzen Stapel voller Kunstführer, die ich nach Kräften auswendig lernte. Die Reise war ein schöner Albtraum. Im Anschluss verlegte ich mich auf die stressfreie Begleitung von Badereisen. Das hieß: Fahrt zum Badeort, täglich Sprechstunde um 17 Uhr, ansonsten Sonne, Strand und die Betreuung unbegleiteter Touristinnen.

Den Gipfel aller Ferienjobs erklomm ich, als ich in den Lokalredaktionen des *Main-Echo* in Aschaffenburg und der *Frankfurter Neuen Presse* tätig wurde. Von Anfang an zog es mich zur Satire. Ich schrieb ironische Betrachtungen über alles Mögliche, Konzerte etwa, Jagden und Besichtigungen. Meine Mutter hat so manchen alten Ausschnitt aufbewahrt. Mein absoluter Jugend-Stil wurde von den älteren Redakteuren lächelnd toleriert. Der Chefredakteur fand allerdings bei aller Liebe, dass der junge Knopp mal etwas Ordentliches, Handfestes schreiben sollte – etwa einen Bericht über die Zusammenkunft des Ortsvereins der SPD. Auch das geriet mir leider zur Satire. Die SPD beschwerte sich, und ich zimmerte in den restlichen Tagen weiterhin meine geliebten Satirekästen.

Wer in den späten Sechzigerjahren jung war, hatte das große Los gezogen. Der Zeitgeist war im Aufbruch, auf den Straßen wurde demonstriert, die Kanzlerschaft von Willy Brandt stand vor der Tür, musikalisch musste man sich radikal entscheiden, Beatles oder Stones, dazwischen gab es nichts. Ich war für die Beatles, schon alleine wegen »Yesterday«, das ich auf dem Cello für geneigte Interessentinnen zu spielen liebte.

Meine erste Freundin stammte aus dem Spessartdorf Waldaschaff. Dessen Männer arbeiteten damals oft bei dem längst verblichenen Frankfurter Baukonzern Philipp Holzmann und bauten im Irak und in den Golfstaaten Straßen, Staudämme und Brücken. Nach Hause, und das war die Tradition, kamen sie nicht etwa an Weihnachten, sondern schon zur Kerb – auf Hochdeutsch Kirchweih. Ihre Frauen waren den Rest des Jahres allein. Und da kam es schon mal vor, dass die eine oder andere einen Seitensprung beging. Man nannte sie, meist unter vorgehaltener Hand, die »wilden Weiber von Waloscheff«. Manch wohlmeinender Nachbar steckte dann den heimgekehrten Männern, was die Herzensdamen während ihrer Abwesenheit getrieben hatten. Und so erreichte das Drama bei der Kerb seinen zwangsläufigen Gipfelpunkt. Ich war Zeuge, als im Saalbau des »Löwen« zu vorgerückter Stunde Betrogene und Nebenbuhler aufeinander losgingen – einige auch mit Holzscheiten. Da spritzte Blut, und die Kapelle spielte zur Beruhigung der Gemüter den damals populären Hit »Aber dich gibt's nur einmal für mich!«. Ich versprach meiner Freundin feierlich: »Ich hol dich raus aus diesem Dorf.« (Das hat nicht ganz geklappt. Sie lebt, glücklich verheiratet, aus freien Stücken gerne dort.)

Übrigens stammten die Galane der Waldaschaffer Damen nicht selten aus dem Nachbarort Rothenbuch. Damit hat es eine ganz besondere Bewandtnis. Denn als die Gegend noch beim Kurstaat Mainz war, schickten dessen Erzbischöfe ihre Spitzbuben zur Verbannung oftmals in den Spessart. Was für Russland Sibirien war und ist, das war für Mainz der Spessart. Und dort Rothenbuch. Das geschah bereits vor einigen Jahrhunderten, seitdem hat sich in Rothenbuch eine aufsässige Tradition entwickelt. Die meisten Wilddiebe kamen von dort, so auch Johann Hasenstab, der prominenteste von allen Wilderern des Spessarts. Derweil bei Bundes- oder Landtagswahlen alle anderen Spessartdörfer brav die Schwarzen wählen, wählt das trotzige Rothenbuch rot (wie der Name schon sagt). Der Holzscheiteinsatz im Saalbau des »Löwen« hatte also auch eine politische Dimension.

Ansonsten war es die Zeit, als sich verliebte junge Leute noch

Briefe schrieben. Briefe? Ja, richtige Liebesbriefe. Ich habe jüngst bei einem hausinternen Umzug eine mysteriöse Kiste geöffnet, die mich einige Jahrzehnte lang begleitet hat. Und da waren sie: Dutzende von Liebesbriefen. Die Lektüre war bewegend, manchmal lustig, manchmal traurig. Ich zitiere daraus nicht. Was privat gemeint war, muss privat bleiben.

»Du musst dich bei uns einreihen!«

1968 und die Folgen

Ab Oktober 1968 studierte ich Politik und Geschichte in Frankfurt, das ja vor der Haustür lag. Frankfurt war in diesen Jahren, neben Westberlin, das Zentrum der Studentenbewegung: »Unter den Talaren Muff von tausend Jahren!« Da lief ein echter Revolutionär herum, Daniel Cohn-Bendit, mit dem frischen Ruhm des Pariser Mai 1968, als die demonstrierenden Studenten die französische Republik fast aus den Angeln gehoben hätten. Der »rote Dany« wurde ausgewiesen und musste notgedrungen in Frankfurt auf die Barrikaden gehen. Und weil er damals wie der junge Revolutionär Danton aussah, war er stets von einer Entourage männlicher und weiblicher Studenten umgeben. Im Windschatten auch der damals noch ganz unbekannte Joschka Fischer, Danys »Schlappeschambes«, wie die Frankfurter zu sagen pflegen. Ich erinnere mich, dass diese Kamarilla immer ein gewisser Duft umwehte: »Haschu Haschisch inne Taschen, haschu immer waschu naschen.«

In diesem revolutionären Sündenpfuhl wollte der junge Knopp sein erstes Semester absolvieren. Das gelang ihm freilich nur bedingt: Denn zum einen fühlten er und seine Freunde, die ebenfalls aus Bayern kamen, sich anfangs wie die Dorfdeppen, weil sie das Soziologendeutsch, das in Frankfurt damals angesagt war, überhaupt nicht verstanden: »Repressive Toleranz« – davon hatten wir, die Absolventen strenger bayerischer humanistischer Gymnasien, nie gehört! Und außerdem konnten die

Frankfurter Studenten viel besser diskutieren. Das hatten wir nicht gelernt, uns hatte man den Lehrstoff mit dem Nürnberger Trichter eingeflößt. Bis wir merkten, dass in all den leidenschaftlichen Debatten eine Menge heiße Luft war und wir eigentlich mehr wussten, gingen ein paar Monate ins Land.

Eigentlich fand mein erstes Frankfurter Semester gar nicht statt. Offiziell begann es am 15. Oktober und endete am 15. Februar. Tatsächlich aber wurden gerade meine Fächer regelrecht bestreikt, und zwar von Ende November bis Mitte Februar. Und statt in dieser Zeit auf eine Rucksack-Weltreise nach Bali zu gehen, bin ich jeden Tag treu und brav mit meinem Fiat 500 an die Uni gefahren, habe zur Kenntnis genommen, was wieder ausfiel – und bin, eher aus Langeweile, zu den einschlägigen Go-ins, Sit-ins und Teach-ins gegangen. Und so wurde ich Zeitzeuge.

Dazu zwei bezeichnende Erlebnisse: Ich bin Zeuge der berühmten letzten Vorlesung von Theodor Adorno, einem der Väter der Frankfurter Schule. Es war der 22. April 1969, Hörsaal 6, Adorno liest. Plötzlich stürmen drei Studentinnen des SDS (Sozialistischer Deutscher Studentenbund) auf die Bühne, entledigen sich ihrer schwarzen Lederjacken, und darunter sind sie oberhalb des Nabels nackt. Büstenhalter galten als reaktionär. Sie fassten sich an den Händen und umtanzten den völlig verdutzten Professor, unter dem Gesang eines revolutionären Liedes: das »Busen-Attentat«.

Stellen wir uns dieses Bild vor: Adorno war recht klein, und was ihn da sechsfach ziemlich opulent umwippte, war für ihn auf Augenhöhe. Der feinsinnige Mann fühlte sich bedroht, versuchte sich mit seiner Aktentasche zu erwehren – was ihm natürlich nicht gelang. Der ganze Hörsaal brach in ein homerisches Gelächter aus. Adorno dachte, die Studenten, seine Studenten, lachten ihn aus. Das taten sie aber nicht. Sie verehrten ihn ja eigentlich – und lachten nur über das skurrile Bild, das sich ihnen da bot. Doch Adorno ließ nun seine Aktentasche sinken, schüttelte den Kopf, und auf einmal, ich habe das genau gesehen, traten ihm die Tränen in die Augen. Da kam ein Assistent und zog ihn fort. Er kam nie wieder an die Uni. Vier Monate darauf ist er an einem Herzinfarkt gestorben.

Das war lehrreich: Die Studentinnen wollten ein jugendbewegtes Happening veranstalten, doch er, ein Emigrant aus Hitler-Deutschland, fühlte sich zutiefst gekränkt. Es war ein Missverständnis erster Klasse.

Ein Autor namens Marcel Beyer (der bei der Szene nicht dabei war) hat mir letzthin unterstellt, ich hätte gesehen, wie bei Adorno »dicke Kullertränen aus den Augen herausgetropft« seien. Das ist natürlich blanker Unsinn.

Vierzig Jahre später haben wir nach den Studentinnen gefahndet – für eine Sendung über 1968. Eine haben wir gefunden. Doch sie wollte sich nicht äußern. Sie schämt sich noch immer.

Auch wenn es hier drei junge Frauen waren, die den Protest einer Generation öffentlich machten – ganz generell war 1968 eher ein Aufstand der Söhne gegen die Republik der Väter. Die Töchter durften damals meist noch nicht in der ersten Reihe stehen – aber für die Chauvis kochen, waschen und auch Sonstiges, das durften sie schon. Die Emanzipation war erst ein Phänomen der frühen Siebziger.

Zwei Welten prallten auch bei einem anderen Ereignis aufeinander: Wintersemester 68/69, Vollversammlung der Studenten. Thema war: Wir müssen raus aus dem akademischen Elfenbeinturm, müssen endlich die Aktionseinheit mit der revolutionären Arbeiterschaft bilden. Abstimmung: Wer ist dafür? 90 Prozent. Wo ist die nächste erreichbare Arbeiterschaft? VDO in Frankfurt-Bockenheim. Die stellten Armaturen her. Anderthalbtausend Studenten zogen unter dem Gesang einschlägiger Lieder zur VDO. (»Wir woll'n die volle, volle, volle Diktatur des Prole-, Prole-, Diktatur des Proletariats!«) Die Werksleitung war inzwischen gewarnt worden: Die Studenten wollen das Werk stürmen! Also alles dicht machen, Tore verrammeln, Wasserwerfer auffahren! Die Arbeiter hätten eigentlich Schichtwechsel gehabt, aber konnten nun nicht raus und standen an den Fenstern. Die Studenten kamen an, bauten sich vorm Werkstor auf, und einer griff zum Megafon: »Arbeiter, Brüder, Arbeiter, Brüder!« Da scholl es ihm von oben auf gut Hessisch entgegen: »Ihr Faulenzer! Ihr faule Säckel! Schafft erstemal was!« Es war der Aufeinanderprall zweier Kulturen und ein historischer Moment: Der erste und letzte kollektive Verbrüderungsversuch von Studentenbewegung und Arbeiterschaft ging voll in die Hose. Die wenig revolutionär gesinnten werktätigen Massen wollten sich nicht befreien lassen.

Aber um kein falsches Bild zu zeichnen: Abgesehen von manchen Irrungen und kriminellen Abwegen hat die Achtundsechziger-Bewegung der Bundesrepublik doch gutgetan. Die Pubertät war absolviert, das Land ist danach reifer und erwachsener geworden. Ich jedoch war allenfalls Beobachter, nie Aktivist.

Natürlich war ich Adressat von Mahnungen wie: »Du musst dich bei uns einreihen!« Doch danach war mir nie zumute. Einer wie ich, der abends regelmäßig heim nach Aschaffenburg fuhr und sich ansonsten gern im Spessart herumtrieb, hatte eine andere Sozialisation und konnte einfach nicht das revolutionäre Weltbild eines SDS-Studenten in sich tragen.

Die Frankfurter Heroen der Bewegung, abgesehen von Daniel Cohn-Bendit, waren außerdem meist graue Mäuse. Anders in Berlin. Rudi Dutschke, ein theoriegesättigter Charakterkopf, mischte die bräsige Westberliner Subventionsszene nach Kräften auf. Sein Endziel einer sozialistischen Gesellschaft war natürlich demokratisch nicht zu schaffen, trotzdem war er nie verbissen. Das war mir sympathisch. Er hat der Achtundsechziger-Bewegung und den Grünen, die sich damals in den Siebzigern gerade formten, sehr gefehlt. Das Attentat vom April 1968, an dessen Spätfolgen er 1979 starb, war furchtbar. Ich habe Mitte der Siebzigerjahre die Familie Dutschke im dänischen Aarhus besucht, wohin sie sich geflüchtet hatte. Gretchen, Rudis Frau, war eine gebildete Amerikanerin, die mir das Studienfach »Ernährung« ans Herz legte. Damals war das neu, und sie studierte es mit Leidenschaft. Der kleine Hosea Che umwuselte die Beine seiner Mutter, bat um ein Getränk und erhielt ernährungswissenschaftlich korrekten Früchtetee.

Nach drei Semestern hatte ich gleichwohl genug von Frankfurt, das in diesen Jahren eine unwirtliche Stadt war, und wechselte zur Uni Würzburg. Da war alles anders – als Höhepunkt der Studentenbewegung galt dort ein eingeschlagenes Fenster im Rektorat. Aber man konnte studieren. Allerdings war die Region streng konservativ. Und das begann ich bald zu spüren. Ich hatte eine Wirtin, die zwei Zimmer vermietete. Eines bewohnte ich, das andere ein absolutes Musterexemplar, der Herr Müller aus der Rhön. Herr Müller raucht nicht, sagte meine Wirtin, trinkt nicht, macht vor allem keinen Lärm. Ein wahres Vorbild! Trotzdem wagte ich es eines Nachts, meine damalige Freundin mit aufs Zimmer zu nehmen. Wir bemühten uns, leise zu sein. Am nächsten Morgen schlichen wir uns durch den Vorgarten, machten die Tür vorsichtig zu, und als wir auf dem Weg zum Auto ein paar Schritte zurückgelegt hatten, hörten wir auf einmal in der Sprechanlage hinter uns eine Stimme: »Herr Knopp! Glauben Sie nicht, ich hätte nicht gehört, was heute Nacht passiert ist! Wir sprechen uns noch!«

Am Abend hielt meine Wirtin mir einen Vortrag. Sie habe gestern Nacht der Unzucht Vorschub geleistet und sich dadurch selbst strafbar gemacht. Tatsächlich gab es damals, 1970, noch den sogenannten Kuppelparagrafen, welcher den bestrafte, der unverheiratete Menschen unter seinem Dach gemeinsam übernachten ließ. Der Unsinn wurde unter der Regierung Brandt bald abgeschafft. Doch mein Verhältnis zur besagten Wirtin

war nicht mehr zu reparieren, und ich zog in ein Studenten-
wohnheim, wo die allgemeine Unzucht stillschweigend geduldet wurde.

Als die DDR im Jahr 1973 die Weltjugendfestspiele veranstaltete und sich für ein paar Tage ein liberales Mäntelchen umhängte, fuhr ich mit besagter Freundin nach Berlin. An der Zonengrenze hinter Hof wurden wir herausgerufen und gefilzt. Manch einer wird sich erinnern: Der Ton der DDR-Grenzer war, gelinde gesagt, gewöhnungsbedürftig. Unserer kam wohl aus Sachsen. Als er den Toilettenbeutel meiner Freundin kontrollierte, hob er plötzlich eine Pillenschachtel hoch und fragte: »Sind das Owulazionshämmer?« Ich hatte dieses Wort noch nie gehört, dachte, er meinte den Plural von »Hammer«, und sagte: »Eigentlich nicht.« – »Aber das sind doch Owulazionshämmer«, insistierte der Grenzer. Die Freundin rettete die Lage, als sie meinte: »Das ist die *Pille.*« –»Ovulationshemmer«, sagte der Sachse.

Angekommen in Berlin, wollten wir uns im Ostteil der Stadt die Weltjugendspiele ansehen. Damals konnte man in Westberlin ganz offiziell eine D-Mark in sechs Ostmark umtauschen. Das taten wir auch: Für 200 Westmark hatten wir auf einmal 1200 DDR-Mark in der Tasche. Die durfte man natürlich offiziell nicht einführen, doch es gab ja Tricks. Das Problem war, dass man sich im Osten dafür kaum etwas kaufen konnte. Wir aßen ein Menü im damals teuersten Lokal, zahlten 7,40 Mark pro Person, dann kauften wir im Buchladen vierzehn Bände der Karl-Marx-Gesamtausgabe und sieben Bände Lenin – und hatten immer noch 1100 Ostmark in der Tasche. Weil wir ja auch in den nächsten Tagen immer wieder zu den Spielen fahren wollten und man vor Mitternacht die DDR verlassen musste, traute ich mich nicht, die Ostmark wieder in den Westen zurückzuschmuggeln. Wir fuhren also durch Ostberlin, es wurde langsam dunkel, leichte Panik kam auf – und plötzlich sahen wir einen

Friedhof. Das war die Rettung! Wir kauften einen Blumentopf, suchten ein verlassenes Grab und deponierten das Geld auf dem Grab unter dem Topf. Das war in den nächsten Tagen unsere Bank!

Am Ende blieben immer noch 800 Ostmark übrig. Die ließen wir dann auf dem Friedhof. Ich habe mich immer wieder gefragt, was aus dem Geld geworden ist. Die beste Lösung für den potenziellen Finder wäre ja gewesen, wenn er die 800 Ostmark bei der Währungsunion im Juli 1990 eins zu eins in D-Mark hätte umtauschen können!

In diesem Sommer 1973 recherchierte ich bereits ein halbes Jahr für meine Doktorarbeit. Bei der Finanzierung hatte ich ein bisschen Glück gehabt, denn die Regierung Brandt hatte 1972 ein sogenanntes Graduiertenstipendium eingeführt: 800 D-Mark pro Monat für zwei Jahre. Das war damals eine Menge Geld. Es traf sich, dass mein Doktorvater, der mich schätzte, Vorsitzender der Förderkommision war. Als die Nachricht eintraf, dass ich zu den glücklichen Gewinnern zählte, ging ich gleich zur Universitätskasse. Der Beamte fragte mich: »Wollen Sie sich Ihr Gehalt aufs Konto überweisen lassen oder gleich mitnehmen?« Er sagte allen Ernstes »Gehalt«. Und weil ja schon Dezember war, hatte ich rückwirkend Anspruch auch auf den November. Und so sagte ich: »Ich nehme es gleich mit.« Er zahlte mir 1600 D-Mark bar auf die Hand. Ich trat vor das Portal der Uni, es war ein strahlend blauer Wintertag, ich hatte eigentlich noch nichts geleistet und fühlte mich gleichwohl so reich wie nie zuvor und nie danach in meinem Leben.

Anno 1975 habe ich dann promoviert – mit einer Arbeit über die »Einigungsdebatte in SPD und USPD 1917–1920« bei Rudolf Buchner und Eberhard Kolb. Als das Rigorosum anstand, die mündliche Prüfung, war ich unpraktischerweise ziemlich aufgeregt und konnte in der Nacht zuvor nicht schlafen, sodass ich wie ein Zombie vor die Kommission trat. Erstaunlicherweise klappte es in neuerer und mittelalterlicher Geschichte ziemlich gut, und auch in Politikwissenschaft lief die Prüfung anfangs glatt. Dann aber stellte mir der Prüfer die gar nicht mal infame Frage, wer denn der eigentliche Gegenspieler Stalins in der Nachfolge von Lenin gewesen sei. Mein Verstand blockierte. Zehn Sekunden Schweigen, zwanzig Sekunden … Der junge Protokollant, selbst schon promoviert, erbarmte sich meiner und flüsterte: »Trotzki!« Ich hörte es nicht. Die anwesenden Professoren schauten angestrengt zum Fenster hinaus. Der Protokollant Dieter Langewiesche, später namhafter Geschichtsprofessor, raunte erneut »Trotzki!« Aufatmend erklärte ich voll Inbrunst: »Das war natürlich Trotzki!« Und somit war das Rigorosum mit Gloria bestanden.

Unmittelbar danach schloss ich den ersten Ehebund in meinem Leben, wohl zu früh und etwas leichtsinnig. Meine damalige Frau war eine bodenständige Juristin. Wir hatten doch sehr unterschiedliche Lebensentwürfe, was mitunter zu Spannungen führte. Immerhin entstammten dieser Ehe zwei Söhne, die ihren Weg gemacht haben und heute gemeinsam eine IT-Firma führen.

»Haben Sie denn keine Socken?«

Meine Lehr- und Wanderjahre

Fortan begannen Lehr- und Wanderjahre durch die Republik. Ich wollte immer Fernsehen machen, hatte aber das Gefühl, ich sollte erst einmal die Printmedien durchlaufen. Also bewarb ich mich mit einem wahren Massenabwurf bei den einschlägigen Adressen zwischen Hamburg und München. Es waren wohl an die hundert Bewerbungen, und weil es damals eine klitzekleine Wirtschaftskrise gab (heute würde man darüber lachen), antworteten fünfzig Angeschriebene gar nicht, über vierzig weitere variierten den Satz »Ihre sympathische Bewerbung legen wir für eine günstigere Lage zurück« – und sieben Adressaten baten um ein Vorstellungsgespräch. Das Ergebnis war, dass ich am Ende die Qual der Wahl hatte. Diese Geschichte erzählte ich in späteren Jahren gerne jungen Leuten, die frisch von der Uni als Hospitanten zu mir kamen. Nach meinem Eindruck widerstrebte es gerade Frauen, sich dutzendfach möglichen Arbeitgebern zu präsentieren. Mein Beispiel zeigte jedoch, dass diese Methode effektiv war.

Ich selbst entschied mich für den Burda-Verlag, der mir imponierte. Der Verlag war damals streng patriarchalisch geordnet. An der Spitze stand der alte Senator Franz Burda, eine Gründergestalt der Wirtschaftswunderjahre, und unter ihm agierten die drei Söhne, Hubert, Franz und Frieder. Wenn die drei von ihrem Vater sprachen, sagten sie nicht »unser Vater«, sondern redeten in der dritten Person Singular von »dem Senator«. Franz Burda war nicht nur Senator, sondern auch Professor ehrenhalber. Den Doktor hatte er tatsächlich selbst gemacht.

Bei Burda war es üblich, dass der Seniorchef alle Jahre wieder einen jungen Mitarbeiter zu sich zum Essen einlud. Das war im Herbst 1975 zwar nicht ich, da ich nur ein Volontär war, doch mein Chef, der mir dann minutiös davon berichtete. Die beiden speisten badisch, tranken ein paar Gläsle, und am Ende klopfte der Senator h.c. und Professor h.c. seinem Gast jovial auf die Schulter und sagte: »Junger Mann, Sie gefallet mir. Lasset Se den Senator künftig weg und nennet Se mich schlicht und einfach Herr Doktor Burda.«

Das tat er dann – was den alten Herrn nicht daran hinderte, uns ein paar Monate darauf mit erhobenem Zeigefinger ins Gewissen zu reden. Bei Burda lag die Mittagspause zwischen 13 und 15 Uhr – und im heißen Sommer 1976 nutzten wir Kollegen das für Tennisspiele auf den verlagseigenen Plätzen. Weil wir unbedingt einmal ein Spiel zu Ende spielen wollten, traten wir erst gegen 15.20 Uhr in den Paternoster. Plötzlich stieg auch der Senator zu, erblickte uns in unserer etwas verschwitzten Tenniskleidung, runzelte die Stirn, schaute demonstrativ auf seine Uhr, deutete auf die verspäteten Mitarbeiter und sagte mit badischem Klang: »Sie habbet in der Dienstzeit Sport gemacht, von meinem Geld!« Das war der Geist des Wirtschaftswunders.

Apropos Tennisplätze: Als ich dort einmal ohne Socken spielte, kam Hubert Burda auf den Platz, erblickte mich und meinte: »Haben Sie denn keine Socken?« Ich schüttelte schuldbewusst den Kopf. Vier Wochen später bekam ich die erste Gehaltserhöhung meines Lebens. Es war ebendieser Hubert Burda, der den Verlag in den kommenden Jahrzehnten groß machte.

Trotzdem ging ich ein Jahr später, und das war ein nützlicher Schritt, nach Hamburg zur *Welt am Sonntag*. Also Springer. Da hieß es nicht mehr »der Senator«, sondern »der Verleger«. Dieser war zwar in der Redaktion nicht präsent, sein Sohn aber, Axel Springer junior, war es, weil er für die Bildgestaltung sorgte.

Chefredakteur war Claus Jacobi – und von ihm habe ich am meisten gelernt. Die *WamS* war eine harte Schule. Donnerstags und freitags haben wir bis drei Uhr früh am Blatt gearbeitet, am Samstag war die Aktualität dran, und am Samstagabend flog ich ziemlich groggy heim nach Frankfurt. Der Sonntag und der Montag waren frei. Der Stil der *WamS* war damals kurz und knackig, was mir sehr behagte. Claus Jacobi fragte mich im Sommer 1977, ob ich Chef der Auslandsredaktion werden wolle. Das wollte ich natürlich, verlangte und erhielt ein deutlich höheres Gehalt und absolvierte erst einmal einen Crashkurs in Englisch. Denn mit gerade mal zwei Jahren Schulenglisch war das meine schwache Seite. Ich ging zwei Wochen nach London, unterwarf mich einer »total immersion« – und ich muss sagen, in diesen zwei Wochen, in denen ich voll in die englische Welt eintauchte, habe ich mehr von der Sprache gelernt als in zwei Jahren Gymnasium.

Auf meinem Weg zum Fernsehen wollte ich zuvor auch unbedingt noch eine Tageszeitung absolvieren, und so ging ich dann zur *Frankfurter Allgemeinen Zeitung*. Da herrschte schon ein anderer Stil. War bei der *WamS* noch kurz und knackig angesagt, so ging es bei der *FAZ* um ausführliche Breite. »Schreiben Sie doch wie in Ihrer Doktorarbeit«, sagte einer der Herausgeber. Das wollte ich eigentlich nicht, aber tat es zähneknirschend doch. Der damalige *FAZ*-Stil klang mitunter schon nach 19. Jahrhundert. Der Wandel im Iran firmierte wochenlang unter der immer gleichen Zeile: »Die Wirren in Persien«. Und im indisch-pakistanischen Konflikt hieß eine Überschrift graziös: »Den Pakistani gebricht es an Panzern«. Freilich lernte ich bald Dieter Stolte kennen, damals ZDF-Programmdirektor, der mir sagte: »Sie müssen zu uns nach Mainz kommen.« Was ich dann auch gerne tat.

Ulkig war das offizielle Einstellungsgespräch mit dem damaligen ZDF-Kulturchef. Über den Tätigkeitsbereich wurden wir uns alsbald einig, aber dann fragte ich: »Können wir jetzt über meine Konditionen reden?« Denn ich war ja von den Printmedien gewohnt, diese direkt und frei zu verhandeln. »Da müssen wir gar nicht viel reden«, sagte der Kulturchef. »Dafür haben wir eine Vergütungstabelle.« Er zog sie gleich hervor, sie war eingeteilt nach Gruppen und Stufen – und da spürte ich ihn zum ersten Mal, den Duft der öffentlich-rechtlichen Anstalt. »Wie viele Dienstjahre haben Sie denn?«, fragte er. »Zweieinhalb«, antwortete ich. »Oh, oh«, meinte er und deutete in seiner Tabelle auf eine Zahl ganz links unten. Die gefiel mir gar nicht, aber weil ich ja zum Fernsehen wollte, sagte ich mir: »Am Anfang musst du Opfer bringen.« Und ich antwortete: »Ich bin einverstanden. Aber dann will ich wenigstens einen Dienstwagen.« Denn einen solchen hatte ich auch bei der *FAZ* gefahren. Der Kulturchef verschluckte sich fast: »Einen Dienstwagen? Den habe nicht mal ich!« Ich kam mir ziemlich idealistisch vor, als ich den Vertrag trotzdem unterschrieb. Auf die Dauer war es die richtige Entscheidung.

Von den knapp drei Jahren Printerfahrung habe ich sehr profitiert. Gerade weil ich unterschiedliche Adressen, unterschiedliche Philosophien kennengelernt hatte – eine Tageszeitung, eine Wochenzeitung und ein Unterhaltungsmedium –, konnte ich den so erworbenen Fundus auch im ZDF nach Kräften nutzen.

Schon vor dem ZDF hatte ich meine erste Erfahrung mit dem Fernsehen gemacht. Sie betraf einen gewissen Herrn aus Braunau. Im August des Jahres 1977 bot ein selbst ernannter Hitler-Forscher namens Werner Maser der *Welt am Sonntag* eine ganz unglaubliche Geschichte an. Denn er versicherte: »Ich habe Hitlers Sohn gefunden. Gezeugt in Hitlers Dienstzeit an der Westfront 1917. Mit einer Französin namens Charlotte Lobjoie.« Claus

Jacobi sagte: »Recherchiere das mal nach!« Er gab mir seinen cleveren Sohn Tom und seinen Vizechef Manfred Geist mit, und wir recherchierten drei Wochen lang in Frankreich und Belgien auf den Spuren des Soldaten Hitler. Ergebnis war: Es ließ sich nicht beweisen. Wir sagten ab, und der Fall war für mich abgeschlossen.

Und weil das so war, erzählte ich die ganze Story eines Abends eher als Anekdote meiner alten Freundin Gitta Sereny, die damals für die *Sunday Times* schrieb. Da war ich schon auf dem Absprung von der *WamS* zur *FAZ* und renovierte gerade mein Haus. Eines Sonntagmorgens rief ein völlig aufgelöster Werner Maser bei mir an: »Sie müssen sofort kommen! Die *Sunday Times* hat eine ganze Seite über meinen Fund gemacht!« Sereny hatte aus dem lockeren Plausch beim Wein in Pöseldorf eine Titelstory fabriziert. Da fühlte ich mich irgendwie schon mitverantwortlich und fuhr nach Speyer zu Maser. Der war ziemlich durcheinander und fragte immer wieder: »Was soll ich jetzt nur machen?« Denn ohne Pause riefen bei ihm Journalisten aus aller Herren Länder an. Ich sagte: »Wenn Sie die Geschichte exklusiv behalten wollen, dann fahren Sie nach Frankreich und holen Ihren ›Sohn‹.«

Inzwischen waren draußen vor dem Maser-Haus die Kameras von einem Dutzend Fernsehsender aufgebaut, darunter auch das brasilianische Fernsehen, das damals über Deutschland in der Regel nicht berichtete. Doch wenn es um das Thema Hitler ging, dann waren die Kollegen unterm Zuckerhut dabei. Maser fuhr nach Saint-Quentin, holte seinen Fund, einen Mann namens Jean-Marie Loret, und quartierte ihn bei sich ein. Inzwischen hatte eine Agentur namens actionpress, die es noch immer gibt, das Gebot für die Weltrechte der Fotos vom, so hieß es, Hitler-Sohn auf 750 000 Mark erhöht. Und jetzt machte Maser einen entscheidenden Fehler. Statt das Angebot zu akzeptieren und die Presse abzuwimmeln, gab er, entnervt von den ständigen Anrufen, eine Pressekonferenz in seinem Haus. Da fuhr ich voller Neugier selber hin. Ein Bild für die Götter: Im großen Wohnsaal drängten sich die Kameras von mittlerweile vierzehn Fernsehsendern. Auf der metallenen Wendeltreppe zum Obergeschoss wartete oben der arme Loret. Als er dann klack, klack, klack die Treppe runterging, surrten alle Kameras, und ein paar Münder standen offen. Einen solchen »Hitler-Sohn« sah man ja nicht alle Tage. Maser fragte seinen Schützling vor der versammelten Meute: »Jean-Marie, sag jetzt, wer du bist!« Und Jean Marie erwiderte: »Je suis Jean-Marie Loret, le fils de Adolf Hitler.« – »Ja gut, das reicht«, sagte Maser und scheuchte seinen Schützling wieder hoch.

Im Anschluss habe ich zum ersten Mal gesehen, wie Fernsehprofis arbeiten. »Ein dicker Hund«, sagte der Korrespondent von NBC und tat dann für sein Publikum zu Hause so, als ob er die entscheidende Frage an Loret gestellt hätte. Vor seiner Kamera wiederholte er mit unterschiedlicher Betonung: »Monsieur Loret, who are you? Monsieur Loret, *who* are you? Monsieur Loret, who are *you*?« Erstes Ergebnis dieser weltweit ausgestrahlten Pressekonferenz war, dass der Preis für die exklusiven Bildrechte von 750 000 auf 120 000 D-Mark fiel. Loret erhielt davon nichts, überwarf sich bald mit seinem vermeintlichen Gönner Werner Maser und brach mit ihm. Eine lehrreiche Geschichte. Nebenbei: Er war natürlich nicht Hitlers Sohn.

Dies war nicht die einzige Beschäftigung mit Hitler, die damals Furore machte. Joachim Fest präsentierte 1977 seinen Dokumentarfilm »Hitler – Eine Karriere«, Sebastian Haffner sein vorzügliches Buch *Anmerkungen zu Hitler*. Die Medien sprachen schon von einer regelrechten »Hitler-Welle«. Und weil das auch politisch interessant war, organisierte ich in meiner Heimatstadt im Sommer 1978 die ersten »Aschaffenburger Gespräche«, die ich von da an dreißig Jahre lang geleitet habe.

Das Thema der ersten Diskussionsrunde hieß: »Hitler heute.

Gespräche über ein deutsches Trauma«, und es kamen Koryphäen der internationalen Hitler-Publizistik: Eberhard Jäckel, Sebastian Haffner, Joseph Peter Stern – und ja, auch Werner Maser, der sich mit seiner Hitler-Sohn-Geschichte den anderen Forschern stellte. Und die ihn vernichteten. Wieder waren mehrere Fernsehsender angemeldet, darunter erneut das vertraute brasilianische Fernsehen. Doch die Veranstaltung war schwer gefährdet. Neonazi-Gruppen hatten Wind von unserem Plan bekommen und gedroht, auf dem Podium Robert Kempner, den Chefankläger im Nürnberger Prozess, zu ermorden. Der V-Mann, der all das berichtete, gab die Aussagen der Neonazis wörtlich wieder: »Wenn der Kempner kommt, legen wir ihn um. Wenn er nicht kommt, legen wir den Moderator um.« Kempner kam nicht, und der Moderator, das war ich. Der Polizeipräsident von Aschaffenburg sagte: »Uns wäre es lieber, Sie blasen die Sache ab. Wenn nicht, dann tragen Sie auch die Verantwortung.« Der Oberbürgermeister entschied mit meiner Zustimmung: Wir blasen nicht ab.

Und da saß ich dann auf der Bühne eines voll besetzten Stadttheaters. Ich hatte vorher noch nie irgendetwas moderiert, geschweige denn eine Diskussion vor vielen Fernsehkameras. Und natürlich schaute ich immer auf die Ränge, ob da nicht doch ein Irrer saß und auf mich zielte. Es war ein absoluter Ausnahmezustand. Danach konnte mich nichts mehr wirklich erschüttern.

Maser hat mir die öffentliche Bloßstellung durch andere Diskutanten nie verziehen und sich in den Jahrzehnten darauf in ein obskures Lügengespinst verstrickt: Ich sei sein Schüler gewesen und hätte ihn, den vermeintlichen Doktorvater, dann später links liegen gelassen. Das war, wie vieles aus dem Hause Maser, blanker Unsinn.

Meine erste größere Amtshandlung im ZDF war 1980 die Betreuung der allerersten deutsch-polnischen Koproduktion mit dem Titel »Narben«, polnisch »Blizny«, die Geschichte zweier

Familien, einer polnischen und einer deutschen, in Danzig. Dort drehten wir im Sommer 1980. Wir wohnten im »Hotel Hevelius«, und 100 Meter weiter, auf der Lenin-Werft, wurde gestreikt. Ein gewisser Lech Wałęsa machte sich da einen Namen. Während wir Geschichte drehten, wurde nebenan Geschichte gemacht. Das war eine brenzlige Situation, denn die Sympathie der Polen galt den Streikenden. Das Kriegsrecht war inzwischen ausgerufen, auf dem Höhepunkt der Streikbewegung dachten viele, jetzt greift die Sowjetarmee ein. Das hatte sie in solchen Fällen bisher immer getan: 1953 in der DDR, 1956 in Ungarn, 1968 in der Tschechoslowakei. Und auch der Einmarsch in Afghanistan lag gerade erst ein halbes Jahr zurück.

Ich war von den Dreharbeiten zwischendurch nach Mainz gereist, und als ich wieder Richtung Danzig aufbrach, bat mich mein damaliger Chefredakteur Reinhard Appel zu sich. Da er Erfahrung mit der Roten Armee besaß – er hatte 1945 als behelmter Hitlerjunge die Reichshauptstadt Berlin gegen die Sowjets verteidigen müssen –, gab er mir einen väterlichen Rat: »Knopp, wenn der Russe kommt, Kopf einziehen und den deutschen Pass hochhalten!« Das war ein Satz, den man sich merkt!

Nun, der Russe kam wider Erwarten nicht, und eines Morgens läuteten in Danzig alle Glocken. Die Streikenden und die Regierung hatten sich geeinigt. Ich habe Lech Wałęsa später mehrfach getroffen und hatte den Eindruck, dass ihn das Einlenken der polnischen Regierung damals im September 1980 selber überrascht hatte. Der Erfolg von Danzig war der erste Dominostein im Niedergang des Kommunismus.

Eine Woche später kam hoher Besuch aus Mainz nach Danzig: Programmdirektor Dieter Stolte und der legendäre Jockel Fuchs, der damals nicht nur Mainzer Oberbürgermeister war, sondern auch noch Vorsitzender des Fernsehrats. Natürlich hatte ich die Ehre, beide Herren zu betreuen. Und am ersten Abend lud ich sie in das beste Restaurant von Danzig ein, das praktischerweise in ihrem Hotel lag. Freilich herrschte immer noch das Kriegsrecht, und das hieß: Alkohol durfte nicht ausgeschenkt werden. Die Frage stellte sich, als Jockel Fuchs sich bei mir auf Määnzerisch erkundigte: »Herr Knopp, wo sind dann hier die Fläschjer?« Ich ging zum Oberkellner und gab ihm 50 D-Mark. Er löste das Problem, indem er seinen Wein in neutralen undurchsichtigen Flaschen servierte. Jockel Fuchs wurde immer vergnügter, und nach dem gefühlten vierten seiner »Fläschjer« wandte er sich wieder an mich und raunte: »Herr Knopp, wo gibt's dann hier die Mädcher?« Dieter Stolte wollte mit all dem nichts mehr zu tun haben und verließ den Raum. Ich ging erneut zum Oberkellner und schilderte den Fall. »Sie können sich auf mich verlassen«, sagte der Mann. Das tat ich, überließ den Oberbürgermeister seiner Obhut und ging in mein Hotel.

Am nächsten Morgen traf ich die Herren Stolte und Fuchs beim Frühstück. Der Bürgermeister war guter Dinge. Keiner wird erfahren, was in jener Nacht geschehen ist, denn Jockel Fuchs ist tot. Der Titel seiner Memoiren lautet: *Mainzer Jahre, schöne Jahre.* Und das stimmt: Jockel Fuchs war und ist eine Mainzer Legende. Seine Wähler wussten, dass ihr Oberbürgermeister Wein, Weib und Gesang liebte. Und manche raunten auch, dass im Mainzer »Hilton« ständig eine Suite für ihn bereitstand, wo er in Erfüllung seiner Amtspflichten Sprechstunden für hilfsbedürftige Bürgerinnen abgehalten habe. Und trotzdem – und vielleicht gerade deshalb – wurde er immer wieder gewählt. Jockel Fuchs war die Verkörperung von Mainz, so wie es singt und lacht.

»Für Golo Mann und Lieschen Müller«

Meine ersten Schritte beim Fernsehen

Im ZDF fasste ich rasch Fuß. Zwar gab es in der Chefredaktion Anfang der Achtzigerjahre eine Gruppe linkssozialistischer Redakteure, die im Hause im Gedenken an den Unterstützerkreis der Mao-Witwe nur die »Viererbande« hieß und mir Knüppel zwischen die Beine zu werfen suchte – doch das führte zu nichts. Ich leitete die sonntägliche Reihe »Fragen zur Zeit«, Gespräche mit prominenten Zeitgenossen, und wurde allmählich zum Mann für Geschichte. Doch das ZDF hatte damals keine historische Redaktion, ganz im Gegensatz zur ARD, die mehrere hatte. Deshalb sandte ich alsbald eine ganze Salve von Denkschriften an den Intendanten, in denen ich nachzuweisen suchte, dass die Gründung einer solchen Redaktion für das ZDF absolut überlebenswichtig sei.

Auf dem Weg dahin kam mir erneut der Herr aus Braunau in die Quere. Eines Samstagmorgens im April 1983 klingelte mein Telefon, am anderen Ende Reinhard Appel: »Fahren Sie am Montag nach Hamburg, da gibt der *Stern* eine Pressekonferenz. Die haben angeblich Hitlers Tagebücher entdeckt. Und außerdem gibt es einen *Stern*-Film von Klaus Harpprecht und Barbara Diekmann, der uns angeboten wurde.« Ich fuhr nach Hamburg, und einige Leser dürften sich dabei an die Satire »Schtonk!« erinnern. Ich muss aber sagen: Die Wirklichkeit war noch grotesker. Da stand der *Stern*-Reporter Gerd Heidemann und hielt die angeblichen Tagebücher hoch, von denen

alle Welt zu diesem Zeitpunkt ja noch dachte: Vielleicht ist
doch was dran!

Der Einzige, der auf der Pressekonferenz die richtigen Fragen stellte, war der britische Historiker David Irving, der damals noch nicht ganz nach weit rechts außen abgedriftet war.
Sinnigerweise hatte ihn der Springer-Verlag unter Vertrag genommen, um die Thesen des *Stern* zu erschüttern. Irving fragte:
»Wie ist das Alter der Tinte? Haben Sie das Alter der Tinte ge-
prüft?« Da stand der *Stern*-Chefredakteur Peter Koch auf und
wetterte: »Was ist das für eine Unverschämtheit! Sie sind nicht
kompetent! Sie sollten schweigen!« Doch es war genau die richtige Frage.

Ich beschloss: Der Film dürfte nur dann im ZDF gesendet
werden, wenn im Anschluss eine Diskussion die ganze Geschichte kritisch durchleuchtete. Ich fuhr nach Hannover, wo
der Fernsehrat gerade tagte, und ließ mir am Abend die Sache
von Dieter Stolte genehmigen. Wir legten den Termin der Diskussion schon auf den nächsten Abend.

Am folgenden Morgen, auf der Zugfahrt von Hannover nach
Wiesbaden, lud ich die Teilnehmer per Telefon ein. Das klingt
heute im Smartphonezeitalter leichter, als es damals war. Man
war ganz auf das Telefonabteil im Zug angewiesen, und in den
Tunneln auf der Strecke fiel der Ton gern aus. Trotzdem bekam
ich eine stattliche Runde zusammen: die Historiker Jäckel, Hofer
und Hillgruber, dazu den ominösen Irving und als *Stern*-Vertre-
ter den besagten Peter Koch. Die Kronzeugen des *Stern*, die Historiker Hugh Trevor-Roper und David Weinberg, denen etwas
mulmig war, wollten nicht ins Studio kommen, das damals noch
in Wiesbaden war. Ich ließ sie aus Bonn und London zuschalten.
Eigentlich hätte ich statt Peter Koch lieber den Reporter Heidemann dabeigehabt, der die ganze Sache ja dem *Stern* beschert
hatte. Doch das war seinen Chefs zu heikel, und so rief mich
noch in Hannover der zweite Chefredakteur Felix Schmidt an,

der mich seinerzeit zur *WamS* geholt hatte. Er gestand mir, dass sich Dieter Stolte vor meiner Einstellung ins ZDF bei ihm erkundigt hätte, wie denn dieser Knopp so sei. »Ich habe Sie natürlich nach Kräften gelobt«, erklärte er – und fügte hinzu: »Bitte nehmen Sie statt Heidemann doch Peter Koch, der ist dem Ganzen eher gewachsen.« – »Gut«, sagte ich, »aber Heidemann soll wenigstens im Studio sein, mit zweien seiner Bücher.«

So geschah es auch. Vor der Sendung bat ich den Reporter Heidemann, mir diese Bücher mal zu zeigen. Er tat es, und ich wunderte mich, dass auf der Umschlaghülle in großen Lettern »FH« stand. Üblicherweise firmierte Adolf Hitler unter »AH« und sein Führerhauptquartier unter »FHQ«. In der Satire »Schtonk!« sagt Heidemann-Darsteller Götz George: »Das heißt Führer Hitler.« Mir sagte der originale Heidemann: »Das hat Martin so verfügt. Er hat es mir selbst gesagt.« – »Martin wer?«, fragte ich. – »Na, Martin Bormann«, erwiderte er. Die Frage nach der psychischen Verfassung Heidemanns war somit beantwortet.

Die Sendung selbst dauerte geschlagene zweieinhalb Stunden. Heute ist das völlig unvorstellbar. Moderiert haben mein Kollege Hans Heiner Boelte und ich, und die Hauptnachricht des Abends war, dass die beiden Kronzeugen des *Stern*, die Historiker Trevor-Roper und Weinberg, vor laufender Kamera von ihrer Unterstützung für den *Stern* abrückten. Auf Deutsch: Sie fielen um.

Nach der Sendung waren alle durstig. Wir eilten in die Kellerbar des »Schwarzen Bocks« in Wiesbaden, wo Peter Koch mir allen Ernstes anbot, eine Reihe von Diskussionen über Hitlers Tagebücher in ganz Deutschland zu moderieren. Das hätte mir gerade noch gefehlt! Ich ging aufs Zimmer, kehrte aber noch einmal zurück, um eine vergessene Jacke zu holen. Auf der Treppe sah ich, wie Koch und Irving noch als Letzte am Tisch saßen. Koch zog ein Papierstück aus seinem Blazer, schrieb etwas darauf und überreichte es Irving. Vier Tage später sagte Irving gegenüber dpa, Hitlers Tagebücher könnten eventuell *doch* echt sein. Ein Schelm, wer Böses dabei denkt! Zwei Tage später kam die Nachricht: Die Tagebücher waren eine Fälschung! Und das erste Blatt des Kartenhauses war in unserer Sendung gefallen.

Wer sich bei all dem freilich bis über die Ohren blamiert hat, war der Autor des Films: Klaus Harpprecht. Formulierungen wie »die Notizbücher eines normalen Menschen... ein Dokument von weltgeschichtlichem Rang... der nette, der fürsorgliche, der menschliche Hitler... er war wie wir und einer von uns« – sie waren einfach unterirdisch.

Peter Koch hingegen hat eine Wandlung vom Saulus zum Paulus absolviert. Publizistisch erledigt, ging er nach Texas, verfasste eine kluge Adenauer-Biografie und war, als ich ihn Ende der Achtzigerjahre traf, rundherum ein anderer Mensch: bescheiden und ein guter Zuhörer. Leider ist er viel zu früh gestorben.

Mittlerweile war die Anstaltsleitung offenbar von meinen Denkschriften so genervt, dass sie beschloss: Jetzt gebt dem Knopp endlich seine eigene Redaktion! Und so geschah es. Die Gründung der Redaktion »Zeitgeschichte« (anfangs mit nur drei Redakteuren und einer Teilzeitsekretärin) war der Anfang einer eigenen Geschichte.

Mein Stellvertreter wurde Ekkehard Kuhn, den ich bei der Vorbereitung zum hundertfünfzigsten Jubiläum des Hambacher Festes kennenlernte. Das Hambacher Fest gilt als Geburtsstätte der deutschen Demokratie: 30 000 Menschen kamen im Mai 1832 auf dem Hambacher Schloss in der Pfalz zusammen und forderten Einheit und Freiheit für Deutschland, ein zusammenwachsendes Europa und eine freie Presse. Und das alles unter den Farben Schwarz-Rot-Gold, der Fahne der deutschen Demokratie. Es waren Forderungen, die im Jahr 1982 in Europa noch immer nicht überall erfüllt waren. Das war eine Traditionslinie, die mich begeisterte. Ekkehard Kuhn und ich engagierten uns so sehr für diese Jubiläumsfeier, dass wir Hambachs liebenswerten Bürgermeister, Benno Zech, davon überzeugten, den »Hambacher Aufruf« vorzutragen. Diesen Aufruf, der die Einheit Deutschlands und Europas forderte, haben wir verfasst, das sei hiermit preisgegeben. Benno Zech wurde von der CDU mit einem Landtagsmandat belohnt und machte sich mit einer überparteilichen Initiative einen Namen, die den schönen Titel trug: »Rettet den Pfälzer Schoppen!« (Die Halblitergläser für den Riesling sollten damals abgeschafft werden – was Benno Zech verhinderte.)

Bei den Vorbereitungen floss eine Menge Pfälzer Wein, und als die Hambacher Weinprinzessin in jenem singenden Ton, den ich so mochte, meinte: »Uns Guido is en lieber Kerle, schad, dass er kei Pälzer is, so müsse mir ihn ebe eigemeinde«, fühlte ich mich schon ein wenig auch als Ehrenpfälzer. Die Pfalz ist seitdem eine meiner deutschen Lieblingsgegenden. Ich mag die Menschen, ihren Dialekt und ihre Küche. Ein Abend im »Deidesheimer Hof« – das ist eine Vorstufe zum Paradies. Und wenn ich dort bin, sitze ich am liebsten in der sogenannten Kanzlerecke, unter dem Porträt von Helmut Kohl, das seinen Lieblingsplatz bewacht.

Bernhard Vogel war in diesen Jahren der Ministerpräsident des Landes Rheinland-Pfalz, hatte dieses Jubiläum maßgeblich verantwortet und unterstützte meine Anregung, auf dem Schloss Jahr für Jahr einen »Hambacher Disput« zu organisieren, der die Ideen von 1832 unter modernen Gesichtspunkten diskutierte. In den ersten drei Jahren moderierte ich die Runden selbst.

Unsere Jubiläumssendung fiel jedoch im wahrsten Sinne des Wortes ins Wasser, denn es regnete in Strömen. 1832 hatten deutsche Demokraten den kilometerweiten Weg vom Neustädter Marktplatz zum Hambacher Schloss bei strahlendem Sonnenschein und unter dem Gesang patriotischer Lieder zurückgelegt.

Hundertfünfzig Jahre später wollten sich die Abgeordneten des rheinland-pfälzischen Landtags nicht lumpen lassen und legten gleichfalls diesen Weg zurück, live, vor den Kameras des ZDF. Und als sie oben auf dem Schlossplatz ankamen, da hatten viele ihre ganz und gar durchnässten Jacken und Hemden bereits abgelegt – doch was sich da auf nackten Demokraten-Bäuchen wölbte, waren immer noch die schwarz-rot-goldenen Schärpen. Ein stolzes Bild und Blickfang unserer Sendung.

Geschichtssendungen im Fernsehen waren damals in der Regel spätnachts angesiedelt. Und so sahen sie auch aus. Belehrend, weitschweifig, politisch korrekt – mit einem Wort: langweilig. Das wollte ich ändern. Ich wollte keine Sendungen für Minderheiten oder nur für Kundige, die ohnedies schon alles wussten oder zu wissen glaubten. Ich wollte Sendungen, so sagte ich, »für Golo Mann und Lieschen Müller«, für den Universitätsprofessor ebenso wie für den Arbeiter, der abends müde von der Werkbank kommt, sich eigentlich entspannen will, der aber durch die Machart eines Films so sehr gefesselt wird, dass er dabeibleibt. Und ich wollte Sendungen für alle Generationen. Für die achtzigjährige Zeitzeugin ebenso wie für ihren fünfzehnjährigen Enkel, der Interesse an Geschichte hat und den die Filme herkömmlicher Machart nicht erreichten. Und so kreierten wir allmählich einen eigenen Stil.

Mein Ehrgeiz war, aus den Archiven immer wieder auch unveröffentlichte Dokumente zu zeigen sowie Zeitzeugen zu präsentieren, die keine Angst vor Emotionen hatten. Beides zusammen ergibt die Dialektik eines guten Films, der meinem Credo folgte: Zeitgeschichte ist spannender als jeder Krimi. In den USA habe ich das einmal so formuliert: History is cold, memory is warm. Das historische Filmmaterial ist, mitsamt den Kommentaren, das objektiv Erfahrbare. Zeitzeugen, sorgfältig ausgewählt, bilden das subjektive Element: Stimmen, die erzählen, wie die Geschichte das Leben von Menschen bestimmt und mitunter durcheinanderwirbelt. Als ich in Korea war, habe ich es meinen Zuhörern anhand ihrer Nationalfahne erklärt. Memory ist Yin, History ist Yang. Beide Seiten ergänzen einander.

Hinzu kam, dass wir allmählich einen neuen Kommentarstil schufen. Wir beschrieben nicht das, was ohnehin im Bild zu sehen war, sondern formulierten assoziativ: Gedanken, die das Bild einordneten und weiterführten. Eine moderne Schnitttechnik ergänzte diese inhaltlichen Elemente.

All das kam natürlich nicht wie Ziethen aus dem Busch, sondern entwickelte sich allmählich bis Anfang der Neunzigerjahre. Der Erfolg war spürbar: Er zeigte sich nicht nur im steten Anstieg unserer Zuschauerzahlen, sondern vor allem in einem besonderen Phänomen: Das ZDF hatte schon damals Probleme, jüngere Zuschauerschichten anzusprechen – und »jünger« hieß im Fernsehdeutsch: vierzehn bis neunundvierzig Jahre. *Wir* hatten dieses Problem nicht. Unsere Zuschauerstruktur war mit die jüngste im gesamten ZDF-Programm. Der spätere ZDF-Chefredakteur Nikolaus Brender hat es einmal so formuliert: Das ZDF wird durch Geschichte jung.

Unsere Arbeit hatte offenkundig Langzeitwirkung. Denn noch immer werde ich da und dort von Menschen angesprochen, die mir erzählen, dass die Sendungen ihr Interesse für Geschichte überhaupt geweckt hätten. Und wenn sich viele dafür dann bedanken, dann bin ich auch ein wenig stolz.

Die Gründung unserer Redaktion war nicht allein im ZDF ein eigener Schöpfungsakt, sie wurde auch im Arbeiter- und Bauernstaat argwöhnisch verfolgt. Die Stasi-Leute wussten, dass vor allem unsere wöchentliche Reihe »Damals – vor 40 Jahren« von vielen Zuschauern zwischen Thüringen und Mecklenburg gesehen wurde, ging es doch bald um die gegensätzliche Geschichte der Besatzungszonen. Und da war es schon von Interesse, wie wir etwa Ulbrichts »Machtergreifung« in der Ostzone filmisch darstellten. Kein Wunder, dass gleich eine Stasi-Agentin auf uns angesetzt wurde: Christina Kanyarukiga, Deckname »Swantje«, war etliche Monate als Hospitantin in der Redaktion aktiv. Sie war zuvor am Gießener Institut für Geschichtsdidaktik meines Freundes Siegfried Quandt tätig, der sie schon einmal vom Verfassungsschutz hatte überprüfen lassen – und dem eine Unbedenklichkeitsbescheinigung erteilt wurde. Wir wunderten uns freilich etwas, dass sie abends immer gern ein wenig länger blieb. Jahrzehnte später recherchierte mein Kollege Christhard Läpple, was sie dabei tat: Sie wühlte fleißig in meinen Akten, erstellte daraus alarmierende Berichte und sandte sie an ihren Führungsoffizier. Dabei nahm sie auch einfach mal Gedanken auf, die bei Redaktionsfesten im Scherz geäußert worden waren. Ich hätte, so heißt es in den Stasi-Akten, die Absicht, zum nächsten 17. Juni »ein großes Live-Volksfest an der innerdeutschen Grenze« zu veranstalten, um das »Bewusstsein für die einheitliche deutsche Nation« zu verbessern. Das war natürlich hochgefährlich. Doch das Volksfest fand nie statt.

Fast gefreut habe ich mich bei der Lektüre meiner Stasi-Akte, als ich dort den hochgeheimen Eintrag »Swantjes« fand, ich plante eine mehr als zwanzigteilige Reihe über die Geschichte der Deutschen. Die Stasi wusste also schon im November 1984, was erst ab November 2008 gesendet wurde. Alle Achtung! Und es passte generell zur Warnung, die sich in der Akte fand, meine ganze Arbeit diene der »Effektivitätssteigerung der Störtätigkeit gegen die DDR«. Das war natürlich Unsinn. »Swantjes« Aktenberg belegte eher die zementierte Ineffektivität des DDR-Regimes. Wer so viel Energie auf die Beobachtung von Belanglosigkeiten aufbrachte, der brauchte sich nicht zu wundern, wenn sein Staat wie ein Kartenhaus zusammenbrach. Gleichwohl wurde »Swantje« für ihre verdienstvolle Arbeit mit einem Orden ausgezeichnet. Noch vor der Wende sagte sie sich freilich von der Stasi los.

»Bundes oder unser?«

Die Russen und ich

Am Anfang unserer Arbeit setzte ich den Schwerpunkt Russland, damals hieß das noch Sowjetunion. Seit 1984 war ich über siebzig Mal in diesem Land, das sich in dieser Zeit rapide veränderte. Am Anfang herrschten noch die Gerontokraten Andropow und Tschernenko, und wenn man Moskauer Taxifahrern seine deutsche Herkunft offenbarte, folgte prompt die Frage: »Bundes oder unser?« Bei »Bundes« waren die Beförderungen teurer.

Ich habe in Moskau eine Reihe interessanter Menschen kennengelernt: vom KGB-Chef Krjutschkow bis zu Gorbatschow, dem Revolutionär und Zauderer. Vor allem war es Gorbatschows Berater Valentin Falin, der mich über alle Maßen unterstützt hat. Ich hatte Falin auf dem Aschaffenburger Gespräch 1982 kennengelernt, wo er in der Nachrüstungsdebatte die Moskauer Sicht vertrat. Damals war er eine große Nummer: zuständig für Internationale Angelegenheiten im ZK der KPdSU. Ein Jahr später stürzte er, weil er intern die Aufklärung des Massakers von Katyn gefordert hatte. Damals wurde man schon nicht mehr nach Sibirien geschickt – aber Falin wurde abgeschoben, auf einen Posten als Kommentator der Regierungszeitung *Iswestija*. Und wenn man stürzt, dann wendet sich ja sehr rasch alle Welt von einem ab. Keiner wollte mehr etwas von Falin wissen. Mich aber interessierte nicht so sehr seine momentane Situation, sondern seine historische Expertise als Zeitzeuge im Kalten Krieg. Und so besuchte ich ihn wiederholt, in dieser Zeit wohl fast als Einziger aus Deutschland. Daraus entstand eine Sonderbeziehung. Er äußerte sich zu Themen wie dem Ungarnaufstand, dem Prager Frühling, dem Unternehmen Barbarossa oder dem Aufstand des 17. Juni – und vertrat zwar stets die offizielle sowjetische Sicht. Doch er war durchaus auch offen für konträre Meinungen.

Wir hatten es uns angewöhnt, bei jeder neuen Begegnung dem anderen einen politischen Witz zu erzählen. Am liebsten mochte er einen Witz aus Prag: »Was war das schlimmste Jahr des 20. Jahrhunderts für die Tschechoslowakei? Nein, nicht 1938 oder 1968. Sondern 1912. Warum? Aus drei Gründen: Erstens ist in diesem Jahr Gustav Husak (Parteichef der KP) geboren. Zweitens hat Slavia Prag das KuK-Pokalfinale gegen Rapid Wien verloren. Und drittens ist in diesem Jahr die Titanic gesunken (Pause) – und nicht die ›Aurora‹.« (Für jüngere Leser: Auf der »Aurora« begann die russische Oktoberrevolution.) Falin mochte diesen Witz, und ein paar Jahre lang begrüßte er mich augenzwinkernd mit den Worten: »… und nicht die ›Aurora‹!«

Falin arbeitete in einem Zimmerchen bei der *Iswestija*, das eher ein Verschlag war. Beheizt wurde der Raum von einem bollernden Kanonenofen. Das Einzige, was der zuvor so mächtige Sowjetfunktionär mir nicht gestehen wollte, war, dass er keine Sekretärin mehr hatte. Er entschuldigte in mehreren Varianten, warum er den Tee selbst zubereiten musste: »Meine Sekretärin ist gerade in der Mittagspause« oder »Meine Sekretärin ist erkrankt« oder »Meine Sekretärin ist in Kur«. Mit der Zeit wurde die Sache mit der Sekretärin zu einem »running gag«, ich lachte pflichtschuldig, doch Falin ahnte wohl, dass ich ihm nicht glaubte. Dennoch behielt er seinen Spruch konsequent bei.

Zwei Jahre später änderte sich alles, Gorbatschow kam an die Macht, Falin wurde rehabilitiert und war zunächst sowohl Chef von »Nowosti«, der staatlichen Nachrichtenagentur, als auch

Kandidat des Zentralkomitees der KPdSU. Als ich ihn da zum ersten Mal besuchte, war der Unterschied eindeutig: Er hatte jetzt nicht nur *eine* Sekretärin, sondern deren drei, daneben eine Referentin und einen Assistenten. Sein Amtsraum war ein kleiner Saal, etwa acht mal zwanzig Meter groß, und das Wichtigste: Auf dem Telefontisch neben seinem Schreibtisch standen sage und schreibe sieben Telefone. Das war *das* Statussymbol in der alten Sowjetunion: Je mehr Telefone einer hatte, desto wichtiger war er. Und das Allerwichtigste: Falin hatte auch das blaue Kreml-Telefon, die Wertuschka, die besaßen nur knapp sechshundert Amtsträger. Sie garantierte die direkte Linie in das Allerheiligste. Der Mann hatte es geschafft.

Mich erinnerte das damals an ein Statussymbol im ZDF der späten Siebzigerjahre. Was in Moskau die Zahl der Telefone, war in Mainz die Zahl der Fensterachsen im zentralen Hochhaus. Der Status in der Hierarchie hing entscheidend davon ab, ob man Einachser, Zweiachser oder Dreiachser war. Übertroffen wurde das nur noch von der Hierarchiestufe der »Schnittblumenberechtigung«: Wer die hatte, stand ganz oben: jeden Montag frische Blumen auf dem Schreibtisch. Gott sei Dank wurde diese Regelung später stillschweigend abgeschafft. Die Achsenhierarchie gibt es wohl immer noch.

Mit Unterstützung Falins erhielt ich Zugang zu den bisher strikt verschlossenen Geheimarchiven der Sowjetunion, deren Inhalt ein paar regelrechte Scoops ermöglichte – vor allem stieß ich auf bislang unveröffentlichte Filme etwa über die Oktoberrevolution, den Zweiten Weltkrieg und den Ungarnaufstand. Und ich konnte eine insgesamt achtzehnteilige Reihe über das schmerzlichste Kapitel der deutsch-russischen Geschichte produzieren: »Der verdammte Krieg«, eine Koproduktion des ZDF mit dem sowjetischen Fernsehen Gosteleradio über den deutsch-sowjetischen Krieg von 1941 bis 1945 – die gleichen Bilder und der gleiche Kommentar zur gleichen Zeit in beiden Ländern, von Aachen bis Wladiwostok. Das war auch ein Politikum, Ausdruck der fast romantischen Beziehungen, die nach der deutschen Einheit zwischen beiden Völkern herrschten. Heute wäre das alles undenkbar. Koproduktion mit Putins Fernsehen? Eher erhält der russische Präsident den Friedensnobelpreis.

Achtzehn Folgen in drei Staffeln: Die erste sendeten wir im Juni 1991, zum fünfzigsten Jahrestag des Überfalls auf die Sowjetunion. Um die Gemeinsamkeit der Filme zu betonen, hatten wir beschlossen, am Anfang und am Ende jeder Sendung eine deutsche und eine russische Moderation gemeinsam zu präsentieren. Und so stand ich in der ersten Staffel neben dem prominenten russischen Journalisten Valeri Korsin zu Beginn am Grenzfluss bei Brest und in den Wäldern bei Moskau. Valeri erhielt zum Lohn für seine Arbeit anschließend den begehrten Korrespondentenposten von Gosteleradio in Wien. In der zweiten Staffel, die zum Jahrestag der Schlacht von Stalingrad gesendet wurde, stand ich neben der Petersburger Journalistin Raissa Jewdokimowa vor Ort in Wolgograd. Raissa hatte sich in den Tagen des Augustputsches 1991 als Radioreporterin durch besonderen Mut ausgezeichnet. Und in der letzten Staffel, die zum Jahrestag des Kriegsendes 1995 in beiden Ländern lief, moderierte ich neben Jekaterina Lachnitzkaja unter anderem auf dem Reichstag in Berlin. Für die letzte Folge dieser Staffel hatten wir die noch lebenden Augenzeugen der deutschen Kapitulation in Karlshorst eingeladen. Es war ein bewegendes Erlebnis, die alten Herren, berührt von all ihren Erinnerungen, vor Ort noch einmal zu erleben.

Die Dreharbeiten einer solchen Reihe bleiben in Erinnerung. So gerieten wir auf unserem Marsch nach Moskau in die wohl alljährlich abgehaltene Siegesfeier in Smolensk, die zufällig in unserem Hotel stattfand. Eine Orgie sondergleichen, natürlich mit Wodka und patriotischem Gesang. Es herrschte Damenwahl, und als Gast aus Deutschland hatte ich im Dienst der Völkerfreundschaft keine Chance, mich dem russischen Bedürfnis nach Gemeinsamkeiten zu verweigern.

Es war ein kleines Wunder, dass wir mit unseren russischen Freunden bei der Bildauswahl und bei den Texten rasch auf eine gemeinsame Linie kamen. Aber gerade in den Anfangsjahren 1988 bis 1991 war deutlich spürbar, dass sich ein zukunftsorientiertes Miteinander von Russen und Deutschen anbahnte. Beide wussten, was ihre Vorfahren einander angetan hatten, und beide waren der Überzeugung, dass Versöhnung überfällig und eine solche Reihe ein Signal war. Klaus Hildebrand und Manfred Messerschmidt auf deutscher, Dmitri Wolkogonow und Lew Besymenski auf russischer Seite standen für die wissenschaftliche Fundierung des Projekts. Und hinter den Kulissen sorgte in Moskau Valentin Falin zumindest bis 1991 dafür, dass unserer Arbeit politisch keine Fallstricke gelegt wurden.

Auf dem Weg zur deutschen Einheit spürte ich gleichwohl bei Falin, dass ihm alles viel zu schnell ging. Da hatte er bereits die Position als Gorbatschows engster Deutschland-Berater, und er wehrte sich dagegen, die Kriegsbeute DDR aufzugeben. Als die nicht mehr zu halten war, verlangte er als Preis für die Vereinigung die Zahlung einer stattlichen Ablösung. Das ist nicht ganz gelungen. Denn die Bundesrepublik bezahlte jenseits von Krediten auf direktem Weg »nur« 15 Milliarden D-Mark.

Gorbatschow hat nicht auf Falins Rat gehört, ein vereintes Deutschland in der NATO niemals zuzulassen. In der Folge überwarf sich unser Mann mit seinem Chef und stand dem Putschversuch des Jahres 1991 nicht so feindlich gegenüber, wie er vorgab. Und als dieser Putsch bald scheiterte, floh Falin zusammen mit seiner Frau in den Westen, fand Aufnahme bei seinem Freund Egon Bahr und schrieb im Hamburger Exil seine Memoiren.

Falins Verhältnis zu Deutschland und den Deutschen war

sehr zwiespältig. Seine Familie hatte nach dem Überfall auf die Sowjetunion siebenundzwanzig Menschen verloren. Das konnte und wollte er nicht vergessen. Dennoch war er in Moskau einer der Wegbereiter der Entspannungspolitik. Und weil seine Deutschkenntnisse fast so gut waren wie die seines Adlatus Portugalow, lud ich ihn immer wieder ein, seine Analyse beizutragen. So harsch er im Beharren auf sowjetische Eroberungen nach dem Zweiten Weltkrieg war, so liberal war er in Sachen Zeitgeschichte. Nicht nur, dass er schon Anfang der Achtzigerjahre forderte, die Sowjetunion möge doch zugeben, dass die polnischen Offiziere in Katyn von den Schergen Stalins erschossen worden waren; in einer Diskussion, die ich in Moskau im August 1989 für das ZDF moderiert hatte, gab er offen zu, dass es im Hitler-Stalin-Pakt von 1939 ein geheimes Zusatzprotokoll zur Teilung Polens gab. Das war für Sowjetbürger damals neu. Und er hatte dafür, wie er mir erzählte, das ausdrückliche Einverständnis Gorbatschows.

Apropos Gorbatschow: Ich traf ihn siebenmal, einmal vor und sechsmal nach seiner Entmachtung. Noch im Amt, es war im Sommer 1991, saßen wir im Amtszimmer seines Vertrauten, Anatolij Tschernjajew, das zugleich Gorbatschows Vorzimmer war. Im Gang waren Schritte zu hören. Tschernjajew sagte: »Da kommt der Chef.« Gorbatschow betrat den Raum, wir wurden ihm vorgestellt. Ich hatte schon damals den Eindruck, dass er ein Getriebener war. Er musste ahnen, dass ein Putsch bevorstand, Pläne dazu hatte es bereits im Jahr davor gegeben. Er hatte eine Folge unserer Reihe »Der verdammte Krieg« im Sowjetfernsehen gesehen und würdigte die russisch-deutsche Zusammenarbeit. Irgendwie tat er mir leid. Zwei Monate darauf war er entmachtet.

In den nächsten Jahren traf ich Gorbatschow zum wiederholten Mal, um vor Kameras seine Haltung zur deutschen Einheit und zur Einigung Europas zu erörtern. Er versuchte, seine

Politik im Nachhinein als notwendig und als logisch darzustellen. Alles sei am Ende so gelaufen, wie er es gewollt habe. Als ich ihn fragte, ob er den Untergang der DDR und das Ende der Sowjetunion nicht hätte verhindern können, sagte er: »Das war nicht möglich. Die Geschichte hat ihre eigenen Gesetze.« Er verschwieg natürlich, dass er lange, bis zum Januar des Jahres 1990, gegen Deutschlands Einheit war. Erst die Tatsache, dass die Sowjetunion die DDR auch ökonomisch nicht mehr halten konnte, ließ ihn zähneknirschend umschwenken. Er war der Zauberlehrling, der die Geister, die er gerufen hatte, nicht mehr bannen konnte. Doch das ändert sein Verdienst um keinen Deut. Er hat die Einigung des Kontinents Europa erst ermöglicht. Um den Preis des Untergangs seiner Heimat, der Sowjetunion.

Einer meiner Lieblingsfilme, die ich in den Perestroika-Jahren drehte, trug den Titel »So wurde Russland rot«. Auf YouTube finden sich noch immer Ausschnitte davon. Ekkehard Kuhn und ich haben siebzig Jahre nach der Oktoberrevolution die Ereignisse vor Ort rekonstruiert, mit umfangreichen Dreharbeiten in Leningrad und Moskau sowie Zeitzeugen-Befragungen rund um den Globus. Damals, 1987, waren Augenzeugen ja noch am Leben – Revolutionäre wie jener ordensgeschmückte Veteran vom Panzerkreuzer »Aurora« oder der Kadett der »Weißen«, also der Gegenseite, der nach dem Sieg der Bolschewiki nach Kanada geflüchtet war.

Mein Kameramann war Detlev Pokojewski, genannt Poko, ein vormaliger Defa-Mann, der bei den Dreharbeiten zwischen Leningrad und Moskau abends öfter mal das Team verließ und an den früheren Fronten der Heeresgruppe Nord ganz alleine seiner toten Kameraden gedachte. Der Schluss der Dreharbeiten war zugleich das Ende seiner Arbeit für das ZDF und Übergang in die Pensionszeit.

Das musste natürlich gefeiert werden, und wir wählten dafür das legendenumwobene Restaurant »Usbekistan« in Moskau. Die besseren Moskauer Lokale jener Zeit zeichneten sich durch zwei Eigenschaften aus: Sie hatten einen Springbrunnen und eine Tanzkapelle. Der Springbrunnen lief immer, die Kapelle spielte erst ab neun Uhr abends. Man speiste also mit dem steten Sound von Springbrunnen und Tanzmusik, oft Lieder von Duran Duran und Modern Talking. Die Tanzfläche war an jenem Abend so voll wie sonst auch. Russen und Usbeken amüsierten sich darauf. Aber dann hob ein angetrunkener Russe eine Usbekin während eines Schmusetanzes in die Höhe, und entweder hatte sie Brüder und Vettern dabei, oder das Hochheben einer jungen Frau gilt in Usbekistan als Angriff auf die Ehre – jedenfalls entwickelte sich binnen weniger Sekunden eine veritable Keilerei zwischen zornigen Usbeken und Sympathisanten des russischen Galans. Das Blut spritzte, und unser Tisch am Rand der Tanzfläche war plötzlich mitten im Geschehen.

Poko hatte sich zur Feier des Tages in seinen hellbeigen rohseidenen Anzug geworfen, den er sich in Bangkok hatte anmessen lassen – und sah ihn plötzlich blutbefleckt. Unser Kameramann stand wütend auf, und was er nun den kämpfenden Völkern der Sowjetunion in der Hitze des Gefechtes an die Köpfe warf, hatte nichts mit Völkerverständigung zu tun. Unmittelbar neben uns hatten Angehörige der amerikanischen Botschaft einen Tisch besetzt – nach Ausbruch der Feindseligkeiten verließen sie fast fluchtartig das Restaurant.

War das die Formel, die das damalige Weltgeschehen erklärte? Die Russen machen Rabatz, die Amis flüchten, und die Deutschen kriegen's ab? Der Gedanke lag zumindest nahe. Noch immer war ja Kalter Krieg.

Doch das Tauwetter war allenthalben spürbar, nicht zuletzt in Moskau selbst, wo man als Besucher aus dem Westen leicht Bekanntschaften schließen konnte. Eine meiner Dolmetscherinnen lud mich zu ihrem Geburtstag in die elterliche Datscha außerhalb von Moskau ein – und diese eisig kalte Nacht war zwischen Stör- und Heringplatten mein Urerlebnis mit all dem, was Russen gerne selbst als »slawische Seele« bezeichnen. Die Kombination von Wodka, Kaviar und tiefgründigen Dialogen war geradezu unschlagbar.

Es war auf einem dieser Feste, als ich Viktor und Irina kennenlernte. Ein Ehepaar, das schon in Gorbatschows zerbröckelnder Ordnung die Grundlagen des Kapitalismus verinnerlicht hatte. Viktor war »bisnisman«, was immer dies bedeuten mochte. Er hatte nach eigenem Bekunden wegen irgendwelcher Vergehen zwei Jahre in einem Lager verbracht und konnte einfach alles besorgen. Er versorgte mich mit Halbkilodosen besten Kaviars, und wenn ich freitagabends in die Maschine nach Frankfurt stieg, hatte ich noch frisches russisches Schwarzbrot und zwei Flaschen Wodka eingepackt.

Allerdings begann Viktor eines Tages, den Spieß umzudrehen. Auf die gut gemeinte Frage, was ich denn für ihn tun könne, meinte er, ganz dringend benötige er einhundertzwanzig Videorekorder. Diese Art von West-Ost-Handel hätte einem Vertreter des Zweiten Deutschen Fernsehens nicht gut angestanden, und so musste ich ihm leider eine Absage erteilen. Die Kaviarquelle versiegte. Aber ich bin sicher, dass Viktor im neuen Russland seinen Weg gemacht hat.

Das neue Russland, das war Jelzins Land. Und in dieser wilden Ära war vor allem Moskau weithin in der Hand der Mafia. Ausländische Firmen, die in der russischen Hauptstadt stationiert waren, hatten sich daran gewöhnt, rund 15 Prozent ihrer Abschlüsse an die lokalen Spitzbuben zu überweisen – man nannte es die »Mafia-Mehrwertsteuer«. Mitte der Neunzigerjahre kassierte die Mafia auch bei temporären Russlandreisenden ab.

Ich habe in dieser Zeit mit meinen Teams für eine Reihe von historischen Projekten sehr oft im Land gedreht. Wer nicht zahlen wollte, wie ein Team der BBC, dem wurde schon mal die gesamte Ausrüstung im Wert von 300 000 Dollar demoliert. Eines Abends erhielt ich im Hotel »Metropol« einen Anruf. Eine höfliche Stimme fragte in sehr gutem Deutsch: »Sie drehen doch gerade in Moskau für eine Serie über Spionage im Kalten Krieg?« – »Ja, das stimmt.« – »Nun, da wollen Sie ja sicher nicht, dass Ihnen dasselbe passiert wie der BBC?« – »Natürlich nicht.« – »Dann sollten wir uns einmal treffen«, meinte der Anrufer. Am nächsten Abend traf ich zwei gut gekleidete Herren in der Hotelhalle. Der eine sagte: »Wissen Sie, was den Schutz von Ausländern in unserem Land angeht, da sind unsere Behörden leider machtlos. Wir helfen aber gerne. Das verursacht natürlich gewisse Kosten.« – »Wie viel?« – »Nun, für Ihre restliche Drehzeit von zwei Wochen« – das wusste er – »berechnen wir 25 000 Schweizer Franken.« Sowohl mein Produktionschef als auch unser Moskauer Studioleiter empfahlen dringend, zu bezahlen. Es waren gleichsam »Drehgenehmigungen«. Team und Ausrüstung blieben unversehrt.

Mitte der Neunzigerjahre begann die Zeit, in der sich die Tore der Moskauer Archive allmählich schlossen. Der privilegierte Zugang, den ich genossen hatte, kam zu seinem Ende. Nun kostete eine exklusive Nazi-Akte 1000 Dollar und eine Flasche Whisky – unter der Hand, versteht sich. In Jelzins Russland regierte der Raubtierkapitalismus.

Es war die Zeit, als sich in Sankt Petersburg auch ein gewisser Wladimir Putin profilierte. Er war damals, 1994, Stellvertreter des Bürgermeisters von Sankt Petersburg, einer Stadt, deren Wirtschaft damals zu mindestens zwei Dritteln von der organisierten Kriminalität kontrolliert wurde. Der tüchtige Putin machte sich für seinen Chef Anatoli Sobtschak nützlich und organisierte, wie es hieß, den Zufluss von »Schattengeld« für die Bedürfnisse des Bürgermeisteramtes. So wurden besondere Dienstleistungen üblich – zum Beispiel der Verkauf von Antiquitäten zu vielfach überhöhten Preisen. Das lief so: Ein

Antragsteller will einen lukrativen Auftrag von der Stadt. Der zuständige Beamte gibt ihm die Visitenkarte eines Antiquitätengeschäfts. Das gehört zufällig einem guten Freund von Putin: Ilja Traber, genannt »der Antiquar«. Der Antragsteller kauft dort einen einzigartigen Tisch aus der Zeit der Zarin Katharina für eine Million Dollar. Tatsächlich ist der Tisch ein sowjetisches Modell und gerade einmal 60 Dollar wert. Doch das ist egal. Denn jetzt erhält der Antragsteller vom Bürgermeisteramt eine Lizenz, deren Wert den des Tisches um ein Mehrfaches übersteigt. All das war in der wilden Ära Jelzin üblich. Und ist es in der Ära Putin auf ganz andere Weise immer noch.

»In Stalins Armen«

Moskauer Begegnungen

Das Ende der Sowjetunion, es war für wahre sowjetische Patrioten schwer zu akzeptieren. So erging es auch dem prominenten Veteranen, den ich für die Reihe »Bilder, die Geschichte machten« traf. Damals, 1991, galt Militon Kantarija als der unbestrittene Fahnenhisser, der 1945 die berühmte Rote Fahne auf dem Reichstag in Berlin aufgepflanzt hatte. Wir trafen ihn an einem nassen grauen Moskauer Märztag im Alexandergarten an der Kremlmauer, vor der Flamme am Grabmal des unbekannten Soldaten. Wo auch sonst?

Dorthin, sagte der Georgier, gehe er immer, wenn er in Moskau sei, der Hauptstadt des Sowjetreichs, welches er verteidigt hatte. Seit dem Jahr des Sieges, als die Welt noch jung und glänzend schien, trug er den Ehrentitel »Held der Sowjetunion«.

Doch wie ein Held sah unser Veteran wahrhaftig nicht mehr aus. Das Rot des Ordens, den er am Revers trug, wurde an Leuchtkraft durch das Rot seiner Knollennase übertroffen. Wer über fünf Jahrzehnte regelmäßig schon am Morgen Wodka trinkt, der sieht mit siebzig so aus. Über vierzig Jahre lang hat ihn die dankbare Nation mit Ehrungen und Privilegien überhäuft. Immer wieder musste er den einen glorreichen Bericht erstatten, von dem einen Augenblick, als er nach dem Mantel der Geschichte greifen durfte. Muss man da nicht zur Flasche greifen, wenn man über die Jahrzehnte, vom Kulturpalast in Omsk bis zum Kulturpalast in Tomsk, nur immer eine einzige Geschichte zu berichten hat: »Komm, erzähl uns doch, Genosse Militon, wie war das damals, als du in Berlin die Rote Fahne…?«

Aber nein, erklärt mir Wladimir, mein Dolmetscher, der ebenfalls Georgier ist, in seinem Land sei Trinken ein Bestandteil nationaler Tradition. Ein Mann müsse trinken können, sonst sei er kein Mann.

Wie war das also, 1945 in Berlin, an jenem 30. April, als Hitler sich im Bunker unter der zerstörten Reichskanzlei umbrachte? Militon erzählt es uns: »Unser Kommandeur war Oberst Sintschenko. So gegen Mittag rief er uns zu sich und sagte: ›Burschen, stürmt den Reichstag, hisst die Fahne, und dann meldet euch bei mir!‹ Das taten wir. Erst streckten wir die Fahne überm Haupteingang aus einem Fenster, und am Abend gegen neun Uhr hissten wir sie auf der Kuppel.«

So einfach war das. Aber weil am 30. April noch geschossen wurde, war noch kein Fotograf anwesend und ein Kameramann erst recht nicht. Also wurde nach der Kapitulation Berlins der ganze Akt unter dramaturgischen Kriterien nachgestellt.

Das geschah am 2. Mai, und zwar doppelt: mit Gegenschüssen und Totalen für den offiziellen Film und an anderer Stelle noch mal für die Fotografen. Im Film »Die Eroberung Berlins« läuft ein Häuflein tapferer Rotarmisten hocherhobenen Hauptes mit aufgepflanztem Bajonett und wehender Fahne über den zerstörten Reichstagsvorplatz. Dies sei, so heißt es im pathetisch formulierten Kommentar, der Originalsturm am Nachmittag des 30. April. Doch welcher halbwegs denkende Soldat läuft aufrecht, mit erhobenem Haupt und wehendem Panier, ohne Deckung über einen weiten Platz, wenn überall um ihn herum noch scharf geschossen wird?

Ja, da war er dabei, gesteht uns Militon. Und ja, das wurde nachgestellt. Genauso wie das weltberühmte Foto, das ihn zeige und den Russen Jegorow, unterstützt von einem Offizier. Man sieht die Ostflanke des Reichstags, Richtung Brandenburger Tor, die Fahne wurde freilich nicht gehisst, nur für den Fotografen hochgehalten. Auf Tausenden von Titelseiten rief das Foto seit dem 3. Mai weltweit: Seht her, wir sind als Erste in Berlin, der Sieg ist unser!

Doch da wehten, so erklärt uns unser Held, längst Hunderte von roten Fahnen auf dem ganzen Reichstag, und auch viele Fotografen wimmelten herum. Doch nur einer schaffte es, mit seinem Bild unsterblich zu werden.

Jewgenij Chaldej wurde am 30. April in Moskau benachrichtigt, er möge unverzüglich nach Berlin fliegen. Als erfahrener Kriegsfotograf wusste er genau, dass die gewünschten Siegesbilder einer sorgfältigen Inszenierung bedurften. Und so ließ er am Abend aus der Kantine der Nachrichtenagentur TASS ein paar rote Tischtücher mitgehen und brachte sie noch in der Nacht zu seinem jüdischen Freund, dem Schneider Israel Israelitsch Tjeschitzer. Der nähte stundenlang und versah die roten Tücher mit Hammer und Sichel. Damit ausgerüstet, flog Chaldej nach Berlin und stieg am Morgen des 2. Mai auf das Dach des Reichstags. Sein geschultes Auge erkannte sofort das passende Motiv. Er drückte drei umherstehenden Soldaten seine rote Fahne in die Hand, platzierte sie an der richtigen Stelle und schoss das Bild der Bilder. Schwamm drüber, dass er anschließend noch ein wenig Pulverdampf in das bereits entwickelte Foto mischte. Schwamm drüber, dass er eine zweite Uhr vom Handgelenk des zweiten Mannes retuschierte (von wegen »Uri, Uri«). Es war das Bild der Bilder.

Doch nun nahm sich Josef Stalin der Symbolik an. Die drei Soldaten Chaldejs waren der Ukrainer Alexej Kowaljow, der Kumyke Abdulhakim Ismailow und der Weißrusse Leonid Goritschew. Das durfte nicht sein. Per Dekret befahl er, dass zwei Russen, Michail Jegorow und Konstantin Samsonow, sowie

sein Landsmann Militon Kantarija, die ebenfalls an den Reichs-
tagsstürmungen beteiligt gewesen waren, auf dem bewussten
Bild zu sehen sein sollten. Denn der Diktator war Georgier, und
so musste eben auch ein Georgier zum Fotohelden werden. Alle
anderen Beteiligten wurden zum absoluten Schweigen verdon-
nert. Und was das hieß, wusste jeder.

So wurde unser Freund Kantarija zum nationalen Heroen,
und erst heute wissen wir, dass er auf dem bewussten Foto nicht
zu sehen war. Aber er war schließlich doch am Originalsturm
beteiligt, oder? Also war er mehr als andere berechtigt, als Held
in die Geschichte einzugehen.

Nach so viel Reden über Sieg und Frieden war es Zeit für ein
entspanntes Gelage. Im Moskauer Hotel unseres Helden, der seit
fünfundvierzig Jahren im marmorierten »Moskwa« abzusteigen
pflegte, klagte er am reich gedeckten Tisch, er dürfe nicht mehr
Wodka trinken, wegen der verdammten Leber, aber dafür Wein,
natürlich ex, und nicht zu knapp.

Ernannt zum Helden der Sowjetunion hat ihn sein Landsmann Stalin. Auf den »Woschd«, den genialen Führer, ließ unser Veteran nichts kommen: »Einen zweiten Stalin wird es nie
mehr geben.« Das wünschten wir den Sowjetvölkern, die ja damals gerade noch zusammen waren, auch. Eine Bitte hatte unser
Held noch: Seit Erich Honeckers Zeiten sei er Ehrenbürger Ostberlins. Jetzt nach der Einheit, wollte er gern Ehrenbürger ganz
Berlins werden. Das wird schwierig, meinte ich. Der Senat sei
jetzt, im Frühjahr 1991, dabei, die Ehrenbürgerlisten von Berlin
zu säubern. Und da seien die elf Ehrenrussen Ostberlins gefährdet, er wohl auch.

Das sei ein Affront, erklärte er: »Wenn das geschieht, dann
komme ich, erobere den Reichstag wieder, hisse meine Rote
Fahne und bleibe so lange dort oben, bis ich wieder Ehrenbürger
bin!« Um Gottes willen! Einen neuen Reichstagssturm hätten
Herz und Leber unseres Helden nicht mehr ausgehalten. Und

so war das Schicksal gnädig: Zwei Jahre nach unserem Treffen starb Militon Kantarija in seiner georgischen Heimat.

Eine Heldin wider Willen fand ich ein paar Wochen später ebenfalls in Moskau. War die Rote Fahne auf dem Reichstag das sowjetische Symbolbild der Vierzigerjahre, so war »Gelja in Stalins Armen« das Propagandabild der dreißiger. Das Mädchen Gelja kam im Januar 1936 mit einer Besuchergruppe aus der burjatischen Mongolei nach Moskau und durfte für die Fotografen dem »großen Freund aller Kinder« einen Blumenstrauß überreichen. Stalin schenkte der Sechsjährigen zum Dank eine Uhr. Die Propaganda griff das Bildmotiv begeistert auf – Stoff für den Mythos vom »guten Väterchen Stalin«. Das Foto wurde zum millionenfachen Schaustück in Geschäften, Krankenhäusern und Büros. Tausende von Denkmälern entstanden nach der Vorlage.

Doch das Propagandalächeln trog. Die hymnisch beschworene Eintracht zwischen dem »Woschd« und seinem Volk erwies sich auch für Gelja als zynische Fassade. Als 1937 die Zeit der »großen Säuberung« begann, wurde Geljas Vater, Funktionär der Kommunistischen Partei, verhaftet und zum Tode verurteilt. In ihrer Verzweiflung besann sich die Mutter auf das Foto. Sie schickte es dem Diktator und flehte um Gnade. Doch die Bitte machte die Tragödie nur noch schlimmer. Die Mutter wurde selbst zum Opfer der Geheimpolizei.

Ich treffe Gelja in ihrer Moskauer Wohnung, 52 Quadratmeter im siebten Stockwerk eines Wohnblocks aus der Stalin-Zeit. Das Wohnzimmer gleicht einem Museum, vollgestopft mit Fotos, Zeitungsschnipseln, Miniaturen – und ganz groß über der Anrichte das Bild: Gelja in den Armen Stalins. Hängt sie im Herzen immer noch an Stalin, frage ich sie. Ja und nein, sagt sie. Als die Familie den Brief an Stalin abgeschickt hatte, kam wochenlang keine Antwort. Dann wurde Geljas Mutter verhaftet. »Sie steckten sie ins Gefängnis. Mein Bruder und ich wurden aus dem Haus geworfen und mussten in einer kleinen Kammer bei meinem Onkel leben.«

Nach einem Jahr wurde Geljas Mutter aus der Haft entlassen und gleich darauf mit ihren Kindern nach Kasachstan verbannt. Das Schicksal des Vaters war noch immer ungeklärt.

»Mama hat es sehr schwer gehabt«, erzählte Gelja. »Sie arbeitete als Ärztin in einem Kinderkrankenhaus. Eines Tages starb dort unter tragischen Umständen ein Kind. Man hatte es zu spät ins Krankenhaus gebracht. Seine Eltern beschuldigten Mama, sie habe das Kind absichtlich getötet, weil sie die Frau eines Volksfeindes sei. Es war eine ausweglose Situation für meine Mutter. Einen Tag später fand man sie tot. Sie hatte sich umgebracht.« Gelja kamen die Tränen. »Die Arme war erst zweiunddreißig Jahre alt. Wie hat sie leiden müssen!«

»Haben Sie Stalin damals nicht gehasst?«

»Aber nein. Wir alle liebten ihn sehr und dachten, dass Stalin von alledem nichts wisse. Wir wussten zwar, dass viele Menschen verhaftet wurden. Doch wir hielten das für richtig und dachten, Stalin müsse eben gegen alle seine Feinde kämpfen.«

»Und das Foto? Hat es Ihnen nicht geholfen?«

»Im Gegenteil. Es hat mir geschadet. Ich war ja die Tochter eines Volksfeindes. Mein Name wurde aus den Bildunterschriften gestrichen und von den Sockeln der Denkmäler gelöscht. So jemand wie ich durfte nicht mehr in den Armen Stalins liegen. Gelja Markisova – dieser Name war verdammt. Man schrieb jetzt, das kleine Mädchen in Stalins Armen sei eine Baumwollpflückerin mit Namen Mamlakat Nahangova gewesen.«

»Was haben Sie empfunden, als Sie 1953 von Stalins Tod erfuhren?«

»Das war eine schreckliche Nachricht. Wir waren alle sehr traurig. Erst nach dem 20. Parteikongress 1956 erfuhren wir von seinen Verbrechen.«

Und da kam auch ein Schreiben, dass Geljas Vater im Juni

1938 zu Unrecht erschossen wurde, aber jetzt rehabilitiert sei. Und man schickte Gelja zwei seiner Monatsgehälter. »Ich habe das Geld nicht angerührt.«

Und heute? Wie steht sie zu Stalin? »Ich weiß jetzt: Stalin war ein Scheusal, ein Verbrecher. Es gibt für ihn keine Entschuldigung – außer, dass er uns vor Hitler bewahrt hat.« Und das Bild hängt immer noch an der Wand. »Es ist ein Teil meines Lebens, im Glück und vor allem im Unglück.«

Eine Rechnung war noch offen zwischen Gelja und dem Tyrannen. Ihre Uhr, Stalins Geschenk, wurde 1938 von der Partei beschlagnahmt. Jetzt hing sie im Moskauer Museum für sowjetische Geschichte – als konfisziertes Beutestück. Also ging ich mit Gelja ins Museum. Sie wollte ihre Uhr zurück. Als wir danach fragten, fühlte sich natürlich niemand zuständig. Stalins Erbe machte auch in Perestroika-Zeiten immer noch Probleme. Doch schließlich brachte eine Angestellte eine kleine Kiste. Gelja öffnete sie: »Das ist nur der Deckel. Wo ist die Uhr?« Das Original befinde sich in der Registratur, erklärte die Angestellte, und außerdem sei die Uhr ja Eigentum des Staates.

Das sah Gelja anders. Und tatsächlich: Am 22. Januar 1992, drei Wochen nach dem Ende der Sowjetunion, erhielt Gelja Markisova ihre Uhr zurück. Sie hing nun über dem Vestibül, neben dem Foto von Stalin und ihr.

Und dann war da noch eine der berühmtesten Gestalten des Kalten Krieges – der Sowjetspion George Blake. Eigentlich wollte er nicht mit uns sprechen, aber wir trafen ihn dann doch, zunächst zum Mittagessen im Hotel »Metropol«.

Siebzehn Jahre arbeitete er für den britischen Auslandsspionagedienst MI6, die letzten neun Jahre davon stand er außerdem im Dienst des KGB – ein Doppelagent. Seit 1953 verriet er seinen Freunden in Moskau alle ihm anvertrauten Geheimnisse. Der Schaden, den er westlichen Geheimdiensten zugefügt hatte, war enorm. Nach seiner Enttarnung 1961 wurde ihm der Prozess *in camera* gemacht, um jede Publizität zu unterbinden und die Blamage des MI6 zu verschleiern. In den Annalen des britischen Geheimdienstes war und ist die »Blake-Katastrophe« der absolute Tiefpunkt. Danach hat die CIA den Briten jahrzehntelang nicht wirklich vertraut.

Durch Blake kannte das KGB die Identität von über vierhundert westlichen Agenten in Osteuropa. Durch Blake wurden wichtige Sowjetagenten in das westliche Geheimdienstnetz eingeschleust. Es war Blake, der den von Briten und Amerikanern gebauten Spionagetunnel in Berlin verraten hat. Nicht zu Unrecht wird George Blake nachgesagt, er sei der erfolgreichste Doppelagent des Kalten Krieges gewesen. Seine Aktionen haben Jahrzehnte westlicher Geheimdienstarbeit zunichte gemacht. Dafür wurde er 1961 zu zweiundvierzig Jahren Zuchthaus verurteilt.

Doch so lange war Blake nicht hinter Gittern zu halten. Fünf Jahre später brach er mithilfe von Mittelsmännern aus der Haft aus und schlug sich bis nach Moskau durch. Dort lebte er, zum Zeitpunkt unseres Treffens, mit seiner zweiten Frau, einer Russin. Das Ehepaar hat einen mittlerweile erwachsenen Sohn. Der Pensionär des KGB war an einem »Thinktank« der Lomonossow-Universität als Arabist tätig. Ein Spion im Ruhestand, der auch sein zweites Leben schon gelebt hatte.

Beim Mittagessen im »Metropol« wirkte Blake mit seiner freundlich-reservierten Art wie ein Engländer aus einem der ehrwürdigen Londoner Clubs. In seiner aktiven Zeit sei er oft in Deutschland gewesen. Schon im Mai 1945 war er Vernehmungsoffizier der Royal Navy in Hamburg. Unter den deutschen Kriegsgefangenen fand er Informanten und potenzielle Agenten, mit denen er den Grundstock eines Spionagenetzes in der sowjetischen Besatzungszone aufbaute. Blake hatte die Menschen, die er später an die Sowjets verriet, selbst angeworben.

Damals aber stand er noch in Treue fest zu Großbritannien.

Erst als Blake im Koreakrieg in kommunistische Gefangenschaft geriet, setzte ein Sinneswandel ein. Er empfand immer mehr, dass er auf der falschen Seite stand – und bot sich den Sowjets an. Zurück in London, war er das wichtigste Pfund des KGB im Westen. Als Angehöriger des Secret Intelligence Service (SIS) war er die zentrale Figur aller Spionageaktivitäten im geteilten Berlin.

Briten und Amerikaner waren begeistert von seiner Arbeit – und die Sowjets auch. Denn ihnen fiel mit Blake ein riesiges Agentennetz in den Schoß. Ein Netz, dessen Spione sie nach und nach gefangen nahmen.

Und so war denn auch nach Blakes Flucht aus dem Gefängnis der Dank seiner Moskauer Auftraggeber groß. Er erhielt nicht nur einen prominenten Posten, sondern auch die höchste Auszeichnung des Landes, den Lenin-Orden. Nur ein anderer Sowjetspion hatte diese Auszeichnung vor ihm erhalten: Richard Sorge, der 1941 Stalin vor Hitler gerettet hatte.

Eine Autostunde von Moskau entfernt, versteckt sich in einer abgelegenen Waldgegend eine Siedlung kleiner Wochenendhäuser. Wir besuchen George Blake. Der frisch gefallene Schnee liegt fast einen Meter hoch. Blakes Datscha ist ein kleines grünes Holzhaus, umringt von hohen Kiefern. Der Hausherr und seine Frau Ida sind gerade vom morgendlichen Skilanglauf zurückgekehrt. Es gibt Tee und Sandwiches.

Hier ist sein Lieblingsort. Hier verbringt er stille Wochen, wenn er an einer Übersetzung arbeitet, und fröhliche Wochenenden mit der Familie und mit Freunden. Er ist jetzt Anfang siebzig. Die Zeit als Doppelagent liegt über dreißig Jahre zurück. Glasnost und Perestroika kamen und gingen, die Sowjetunion, der Fels, auf den seine Generation gebaut hatte, ist auseinandergebrochen. Ist er enttäuscht?

Natürlich hat er diese Frage erwartet: »Ich glaube noch immer daran«, sagt Blake, »dass die beste Gesellschaft nur eine kommunistische sein kann. Daran wollte ich mitarbeiten. Doch am Ende des 20. Jahrhunderts müssen wir erkennen, dass wir es nicht geschafft haben. Der Kommunismus braucht, um erfolgreich zu sein, Menschen mit einem hohen moralischen Standard. Die Menschheit ist noch nicht so weit.«

Da sind wir doch verblüfft: Ist es ein »hoher moralischer Standard«, Menschen zu verraten? Menschen, die man selber angeworben hat? Der Exspion verteidigt sich: »Ich habe mir ausbedungen, dass keiner der von mir Verratenen hingerichtet werden darf. Der Vorwurf, ich sei am Tode einer Reihe von Agenten schuldig, ist eine Erfindung der Presse. Hätte das gestimmt, wäre es in meinem Prozess vorgebracht worden. Das war aber nicht der Fall.«

Doch schon in seinem Prozess hatte Blake zugegeben, mindestens vierzig SIS-Agenten an die Sowjets ausgeliefert zu haben. Uns gegenüber gestand er ein, dass es tatsächlich über vierhundert waren. Manche mussten langjährige Gefängnisstrafen verbüßen, andere Haftzeiten in Arbeitslagern, viele sind einfach spurlos verschwunden. Es gibt gute Gründe für die Annahme, dass die »schwersten Fälle«, also die besten Agenten, hingerichtet wurden. Tun ihm diese Opfer leid?

»Nein, sie wussten um ihr Risiko. Wir waren Soldaten im Kalten Krieg.« Der alte Spion spürt, dass wir ihm das nicht abnehmen, und sagt: »Wenn ich Schuld auf mich geladen habe, so war es die Schuld meiner Familie gegenüber.« Blake war während seiner Spionagezeit schon einmal verheiratet gewesen und hatte Kinder. Seine Familie hatte von nichts gewusst. »Ich habe meine Familie in mein Schicksal hineingerissen. Das ist meine Schuld.«

Dieses Eingeständnis ehrt den Exspion. Doch es kann nicht von der eigentlichen, der größeren Schuld ablenken, deren ganzes Ausmaß nur er selber kennt. Dagegen wehrt er sich. Und davor schützt er sich: »Ich war Soldat im Kalten Krieg. Aber ich wollte, dass den von mir Verratenen nichts geschieht.« Das ist

die Lebenslüge des George Blake. Er hat sich nie darum geküm-
mert, was mit seinen Opfern geschehen ist. Er wollte sich nicht
darum kümmern. Er hatte Angst davor, die Wahrheit zu erfahren.

»Keine Angst vor Hitler«

Der Diktator und die Folgen

Ab 1995 reduzierte ich mein Russlandengagement und stieg in die Beschäftigung mit der NS-Zeit ein. 1989 hatte Adolf Hitler hundertsten Geburtstag, und alle Welt machte zu diesem Thema Filme, die BBC sogar einen Zweiteiler, die ARD immerhin neunzig Minuten. Ich wurde vorwurfsvoll gefragt: »Warum machen Sie denn nichts?« Ich ging ins »heute journal« und begründete meine Weigerung: Ein Film zum hundertsten Geburtstag eines Massenmörders, sagte ich, beleidige seine Opfer. Wenn schon filmische Beschäftigung mit Hitler, dann allenfalls zum Jahrestag des Krieges, den er ausgelöst hat. Ich erklärte weiterhin: Wenn wir uns schon mit dem sogenannten Dritten Reich beschäftigen, dann machen wir es systematisch, analog zu einer Pyramide. Wir beginnen mit dem Herrscher, dem Tyrannen an der Spitze, und erörtern filmisch die verschiedenen Aspekte seiner Herrschaft. Dann gehen wir auf die zweite Stufe, auf die Ebene der Helfer und Träger des Systems: Hitlers Helfer und Hitlers Krieger. Und am Ende widmen wir uns dem Fundament, den Organisationen, in denen viele Menschen dem System gedient haben: SS und Wehrmacht. Und hierzu gehören dann auch die mörderischen Konsequenzen, der Holokaust, aber auch der Vernichtungskrieg im Osten und die Vertreibung der deutschen Bevölkerung.

Warum am Anfang Hitler? Sein mörderisches Reich war ohne ihn, das Zentrum aller bösen Emotionen, Sehnsüchte und

Ängste, überhaupt nicht denkbar. Ohne ihn zerfiel der ganze Spuk.

Adolf Hitler war der Super-GAU der deutschen Nationalgeschichte, ihre denkbar größte Katastrophe. Alles, was dieser Mann je gewollt hatte, sein ganzes größenwahnsinniges Programm, misslang. Er wollte der Retter Europas sein. Stattdessen wurde er zum Folterknecht des Kontinents und fast zu seinem Henker. Er wollte an der Spree die Welthauptstadt Germania bauen. Stattdessen wurde die zerbombte und geteilte Stadt zum Kampfplatz für den Kalten Krieg. Er wollte die kommunistische Herrschaft zerstören und ermöglichte es Stalin, sein Imperium bis zur Elbe auszudehnen. Er wollte die Juden Europas vernichten und trug mit dazu bei, dass ein souveränes Israel entstand.

Aber diente eine Hitler-Reihe nicht posthumer Nostalgie? Gewiss nicht. Hitler-Nostalgien siedeln auf dem Nährboden der Ignoranz. Faszinieren kann Hitler nur den, der wenig oder nichts von ihm weiß. Das beste Mittel gegen infektiöse Hitleritis ist das Wissen über Hitler. Die beste Therapie ist Hitler selbst.

Natürlich ging es vor allem um die Frage: Wie war es möglich, dass ein abgebrannter Außenseiter aus dem Innviertel die Herrschaft über ein erfahrenes Kulturvolk gewinnen, es binnen weniger Jahre zugrunde richten, Europa in Schutt und Asche legen und ein Gebirge von Leichen hinterlassen konnte?

Ein logisches Produkt der deutschen neueren Geschichte war er nicht. Von Luther über Bismarck führt kein gerader Weg zu Hitler, höchstens eine Zickzack-Linie. Hitler steht in keiner deutschen Tradition, auch nicht in der protestantisch-preußischen. Der aus Preußen stammende General Ludwig Beck, der ihn 1944 stürzen wollte, meinte: Dieser Mensch hat gar kein Vaterland. Golo Mann, von Hitlers Schergen aus dem Vaterland vertrieben, mutmaßt, Hitler sei aus einem »Niemandsland« gekommen. Schön hat es Sebastian Haffner formuliert: »Hitler kam für die Deutschen immer von weit her, erst eine Weile vom

Himmel hoch, nachher dann, dass Gott erbarm, aus den tiefsten Schlünden der Hölle.« Nüchtern formuliert, kam Hitler allerdings aus Österreich.

Sein Reich war nicht Ergebnis eines deutschen Sonderweges. Einen schicksalhaft vorherbestimmten Todespfad von Leuthen über Langemarck nach Auschwitz gibt es nicht. So automatisch funktioniert in der Geschichte nichts. Das gilt auch für Hitlers Machtergreifung, die in Wahrheit eine Machterschleichung war. Obwohl es immer möglich war, dass es so kommen konnte, hat es nicht so kommen müssen.

Hätte Hitlers Kanzlerschaft am 30. Januar 1933 verhindert werden können? Jene, die Hitler möglich machten, trieben keine wirtschaftlichen Zwänge oder irgendwelche dunklen Mächte. Sie hatten es sich selbst zuzuschreiben, ihrer Schwäche, ihrem Ehrgeiz und vor allem ihren Illusionen. Alle Aufpeitschung der Massen, aller rednerischer Aufruhr allein hätten Hitler nicht zur Macht verhelfen können. Die erhielt der Agitator erst durch das Intrigenspiel um einen altersmüden Präsidenten und durch das Versagen jener Kräfte, die eigentlich die kranke Republik beschützen sollten.

Denn trotz aller inneren Verzagtheit wären Weimars Machteliten prinzipiell noch stark genug gewesen, um die Diktatur zu stoppen: die geschrumpften, aber noch vitalen demokratischen Parteien durch ein Nein zum Ermächtigungsgesetz, die Gewerkschaften durch eine Neuauflage jenes triumphalen Generalstreiks, der den Kapp-Putsch 1920 rasch im Keim erstickt hatte, die Industrie durch finanzielle Renitenz, die Reichswehr durch die ernst gemeinte Drohung, ihre Macht auszuüben. Miteinander hätte es gelingen können. Aber eine solche Anti-Hitler-Kommunikation fand niemals statt.

Große Teile der Eliten nahmen Hitler hin wie ein Verhängnis. Bezeichnend für das Ausmaß der Verblendung war der Satz des Vizekanzlers Franz von Papen: »In sechs Wochen haben wir den

Kerl so in die Ecke gedrückt, dass er quietscht.« Hitlers allererste Helfer hielten diesen »Kerl« allerdings nur so lange für den kleinen Trommler, den sie vor den Karren ihrer Herrschaft spannen konnten, bis er sie entmachtete.

Kaum einer hat sein Buch richtig gelesen, in dem alles stand. Das Pamphlet *Mein Kampf* blieb bis zu Hitlers Ende der am wenigsten gelesene Bestseller der deutschen Geschichte. Und während viele Buchbesitzer daran mitwirkten, die Absichten des Autors zu verwirklichen, verstaubte die verräterische Schrift in den Regalen der Nation.

Heute kommt es vielen fast unfassbar vor, wie Hitler Massen faszinieren konnte. Sich der von ihm entfachten Hysterie zu widersetzen, schafften damals viel zu wenige. Was ihn glaubhaft machte, war die inbrünstige Energie, die er ausstrahlte. Er vermittelte den Eindruck, dass er an das glaubte, was er sagte. Hitler sah, im Gegensatz zu Stalin, im Personenkult um sich kein notwendiges Übel für den Machterhalt. Er glaubte selbst daran. Leidenschaftlichster Verkünder Hitlers, inbrünstigster Jünger seines Kults war Hitler selbst.

Zwischen Hitler und den Deutschen gab es lange eine Teilidentität der Ziele. Der Einmarsch ins Rheinland, die Einverleibung Österreichs, die Besetzung des Sudetenlandes wurden von den meisten Zeitgenossen enthusiastisch akklamiert. Solche »Blumenkriege« waren populär. Die Deutschen außerhalb der Grenzen heim ins Reich zu holen, das »Unrecht von Versailles« zu tilgen – konnte man dagegen sein? Mehr wollten viele nicht, die dachten, dass auch Hitler nicht mehr wollte. Aber das war ein enormes Missverständnis. Hitlers Ziele waren schon immer weiter gegangen: die Eroberung Osteuropas und die Ausrottung der Juden.

Seit er den Krieg entfesselt hatte, machte er sich rar. In den sechs Jahren bis zum September 1939 hatte er sich seinem Volk verabreicht wie ein Aufputschmittel. Jetzt setzte er die Deut-

schen auf Entzug und tauchte in die karge Welt der Führer-
hauptquartiere ab. Er brauchte keinen Jubel mehr. Er war am
Ziel. Er führte Krieg.

Am Anfang noch, bei allem Blitzkriegsrausch, blieb dieser
Krieg konventionell, was ihm missfiel. Erst mit dem Überfall
auf die Sowjetunion war dieser Krieg sein Krieg – frei von jeder
Rücksichtnahme auf die Bindungen der Zivilisation. Vernichtungskrieg im Osten für die lang gehegten Ziele.

Seit der Niederlage vor den Toren Moskaus im Dezember
1941 ahnte Hitler, dass sein Krieg verloren werden könnte. Gegenüber wenigen Vertrauten, etwa General Alfred Jodl, sprach
er es auch aus. Doch wenn schon seine erste Wahnidee vom Lebensraum nicht mehr erreichbar war, so wollte er doch wenigstens die zweite noch vollenden: die Auslöschung der Juden.

Das ist so zwingend wie entsetzlich: Dreieinhalb Jahre mussten Millionen deutscher Soldaten und Zivilisten sterben, damit
Hitler Zeit hatte, mit seinen Helfern und Helfershelfern Millionen Juden zu ermorden. Da wurden erbitterte Schlachten geschlagen und blutige Kämpfe durchlitten, wurden Ritterkreuze
verliehen und »in stolzer Trauer« Begräbnisse gefeiert – um den
Gaskammern und Verbrennungsöfen die notwendige Betriebs-
zeit zu sichern.

Und so erreichte der Holokaust im Sommer 1944 seinen
Höhepunkt. Die Schornsteine von Auschwitz rauchten Tag und
Nacht. Die Krematorien kamen gar nicht nach, um jene Hunderttausende von ungarischen Juden zu verbrennen, die die Helfer der SS ins Gas getrieben hatten, kurz vor Toresschluss. Die
letzten Opfer hörten schon das Grollen der nahenden Front.

Zwar war der Judenmord »geheime Reichssache«. Doch ahnten, sahen, wussten Millionen von Deutschen an der Front und
in der Heimat immerhin genug, um ganz genau zu wissen, dass
sie nicht mehr wissen wollten.

Die sich dagegen wehrten, waren wenige: tragische, verkannte

Helden, die nicht von der Volksstimmung getragen wurden, sondern nur von ihrem Pflichtgefühl. Es waren einsame Verschwörer, die nicht nur ihre eigene Ehre retten wollten, sondern auch die Ehre eines Volks von Mitläufern. Es komme nur noch darauf an, erklärte Henning von Tresckow, Kopf der Verschwörung, dass der deutsche Widerstand den Schritt zur Tat wagt, um vor der Geschichte zu bestehen.

Oft ist gefragt worden, ob es denn überhaupt etwas genutzt hätte, wenn die Bombe unter dem Kartentisch der Wolfsschanze ihr Zielobjekt zerrissen hätte. Die bedingungslose Kapitulation stand ja längst fest, genauso wie die Aufspaltung des Reiches in Besatzungszonen, die brutale Amputierung Ostdeutschlands und die Vertreibung seiner Menschen. Auf all das hatten sich die Alliierten schon verständigt. Und dennoch hätte es einen Unterschied gemacht: Ob durch eine provisorische Regierung Goerdeler oder durch ein Militärregime, der Krieg wäre beendet worden. Millionen von Soldaten an den Fronten hätten nicht mehr sterben müssen. Es sind vom Sommer 1944 bis zum Mai 1945, allein auf deutscher Seite, mehr gewesen als im ganzen Krieg zuvor. Dann wären schöne alte Städte – Würzburg, Dresden, Mainz und viele andere – nicht mehr vernichtet worden. Dann wären Hunderttausende von Juden nicht in den Gaskammern gestorben. Ein Tyrannenmord hätte seinen Sinn gehabt. So aber ging das massenhafte Töten weiter – bis zum Untergang.

Bis zum Fall der Mauer war die zweigeteilte Welt Europas auch so etwas wie die späte Rache Hitlers. Beide deutsche Staaten, seine Erben, waren an der Nahtstelle der Blöcke atomare Geiseln ihrer jeweiligen Siegermächte. Ihr Territorium war das potenzielle Schlachtfeld einer atomaren Vernichtung.

Das war 1995, fünfzig Jahre nach dem Zweiten Weltkrieg, überwunden. Hohe Zeit für eine filmische Bilanz, die aus Deutschland kam. Denn bis dato hatte sich die BBC auch in

Sachen deutsche Zeitgeschichte weltweit eine Art Alleinvertretungsrecht erobert. Das wollten wir ändern.

Als Berater habe ich unter anderen Ian Kershaw und Eberhard Jäckel engagiert. Wie bei allen großen Serien habe ich auch hier, vor allem hier, Wert darauf gelegt, dass die wissenschaftliche Basis stimmte. Wissenschaftler sind am Anfang und am Ende unserer Arbeit wichtig: Zu Beginn geht es darum, die richtigen Akzente zu setzen. Am Ende geht es um die Verifizierung des Kommentartextes. Dazwischen müssen die Autoren – und es waren bei der Hitler-Reihe sechs sehr gute – einfach arbeiten können. Sie haben die darstellende, zum Teil auch künstlerische Kompetenz. Wissenschaftler stehen für die inhaltliche Richtigkeit.

Bevor ich meine Hitler-Reihe produzierte, war es in der Fernsehlandschaft üblich, Zeitzeugen vor ihrem jeweiligen Hintergrund zu präsentieren: Bücherwände, angeschnittene Vorhänge oder »faces in places«, also Augenzeugen an den Orten eines früheren Geschehens. Ich fand stets, dass diese Präsentation von der historischen Ebene wegführte. Überdies war die filmische Gestaltung dadurch ästhetisch äußerst unterschiedlich. Es störte den Verlauf einer Geschichte.

Und so entschloss ich mich, Zeitzeugen vor neutralem, in der Regel schwarzem Hintergrund aufzunehmen. Das ermöglichte zum einen die bessere Konzentration auf die Aussage. Zum anderen blieb die historische Ebene des Geschehens unangetastet: Die Zeitzeugen, bestens ausgeleuchtet, äußerten sich gleichsam »aus dem Dunkel der Geschichte«. Damals war das provokant, heute hat sich die Methode weltweit durchgesetzt.

Ein weitere optische Neuerung war die Präsentation eines abrupt gesetzten Originalzitats an den passenden Stellen – Zitate wie »Ich will den Krieg lieber mit fünfzig haben, als wenn ich fünfundfünfzig bin oder sechzig« oder »Man muss die eigenen Rückzugslinien selbst abschneiden, dann kämpft man leichter und entschlossener«. All das gab den Filmen eine unverwechselbare Note. Und es war auch ein eindringlicher Kontrast zur Suggestion der Bilder, die zum großen Teil ja ursprünglich zu Propagandazwecken gedreht worden waren. Doch wenn man diese Bilder neu schneidet, inoffizielles Material sowie einen distanzierten Kommentar beifügt und überdies noch Zeitzeugen die Bilder gleichsam brechen lässt – dann entsteht ein völlig neuer Film.

Wie gliedert man eine sechsteilige Reihe über Hitler? Für eine Reihe, die den Anspruch hatte, »für Golo Mann und Lieschen Müller« interessant zu sein, wäre eine chronologische Abfolge Gift gewesen. So gliederte ich die Reihe inhaltlich: »Der Privatmann«, »Der Verführer«, »Der Erpresser«, »Der Diktator«, »Der Kriegsherr«, »Der Verbrecher«.

Zu Beginn gab es einen Querschnitt durch das private Leben dieses Mannes. Und das war arm. Alles, was ein Menschenleben ausmacht, fehlte: Bildung, Freundschaft, Liebe, Ehe. Zwar hat Hitler ungeheuer viel gelesen, ja verschlungen, Militärisches vor allem. Aber was nicht in sein Weltbild passte, nahm er nicht wahr – der geborene Narziss. Nur was ihn interessierte, hatte Geltung. Was ihn vor allem ausmachte, das war das Absolute und zugleich Verhuschte seines Wesens – die forcierte Form, mit der er frühe Misserfolge kompensierte. Die Fähigkeit zum konstruktiven Dialog mit anderen besaß er nicht. Widerspruch ertrug er anfangs kaum, am Ende gar nicht mehr.

Frauen hat Hitler unglücklich gemacht. Er hat sie nie geachtet. Einige begingen seinetwegen Selbstmord, andere versuchten es. Er wurde geliebt, doch lieben konnte er nicht. Er war nicht glücklos, aber glücksfeindlich.

Er mochte Frauen, die ihm unterlegen waren: »Es gibt nichts Schöneres, als sich ein junges Ding zu erziehen. Ein Mädchen von achtzehn, zwanzig Jahren, das biegsam ist wie Wachs.« Er hatte Angst, sich einem anderen zu öffnen. Sich zu binden, hieß für ihn auch, etwas von sich preiszugeben.

Wann aus dem latenten Antisemiten der radikale Judenhasser wurde? Wir haben mit als Erste dargestellt, dass dies nicht in den Wiener Jahren geschah, wie er selbst und manche seiner Biografen damals noch behaupteten, sondern erst in München nach dem Ersten Weltkrieg, im Klima von Umbruch und Revolution. Und wir konnten zeigen, dass Hitlers politischer Aufstieg weit weniger planmäßig verlief als damals noch angenommen. Monatelang vagabundierte er zwischen verschiedenen politischen Fronten. Vor allem eines wollten wir zeigen: Hitlers Werdegang war keine Einbahnstraße. Seine Herrschaft war nicht Folge einer gescheiterten Jugend oder etwa die Entgleisung eines Irren. Er bündelte die Sehnsüchte, Affekte, Hassgefühle, die er unter seinen Zeitgenossen vorfand, und verschaffte damit seiner eigenen zerstörerischen Energie enorme Schubkraft. Albert Speer, der von sich sagte, wenn Hitler überhaupt einen Freund hätte haben können, dann am ehesten ihn, sah dessen Leben so: »Hitler war das Produkt einer geschichtlichen Situation ... In normalen Zeiten wäre Hitler ein unglücklicher, erfolgloser Kleinbürger geblieben, über dessen dämonische Anwandlungen sich die Mitbürger erstaunt hätten. Ein kontaktscheuer Einzelgänger, der seine Fantasien in seinen Skizzenbüchern ausgelebt hätte.« Doch die Zeiten waren nicht normal.

Natürlich hatten wir auch Unikate, etwa eine Szene, die unser Autor Sebastian Dehnhardt im Münchener Stadtarchiv gefunden hatte. Da marschiert der Gefreite Adolf Hitler im Militärmantel, angetan mit der roten Binde der Soldatenräte, im Trauerzug hinter dem Sarg des ermordeten bayerischen Ministerpräsidenten Kurt Eisner. Ein erster Beleg dafür, dass Hitler in den ersten Monaten der Nachkriegszeit noch ausgesprochen orientierungslos war – ein »herrenloser Hund«, wie ihn ein Zeitgenosse bezeichnete. Später haben akribische Historiker herausgefunden, dass er damals wohl zur MSPD, den Mehrheits-Sozialdemokraten, neigte. Den allerersten augenfälligen

Beleg dafür sahen unsere Zuschauer in der ersten Folge unserer Reihe.

Einen weiteren Fund platzierten wir in der fünften Folge, »Der Kriegsherr«. Der finnische Geheimdienst hatte eine Unterredung Hitlers mit dem finnischen Staatschef Mannerheim mitgeschnitten. Das Besondere daran war nicht nur der Einblick in die verquere Gedankenwelt des Diktators (»Wenn ich geahnt hätte, dass die Sowjetunion mit 35 000 Panzern antreten kann, dann wäre mir noch schwerer ums Herz gewesen. Aber den Entschluss zum Angriff hätte ich erst recht gefasst.«), sondern auch die private Tonlage, in der dieses Gespräch stattfand. Beim Schreihals, der von der Tribüne die Massen begeisterte, konnte man vergessen, dass der Mann aus Österreich stammte, hier aber war die Herkunft deutlich hörbar. Ich habe damals spontan gesagt, und der verstorbene grandiose Barde möge mir verzeihen: »Der Tonfall erinnert mich an Udo Jürgens.«

Die Endfertigung der Hitler-Reihe fiel in den heißen Sommer 1995. Wir arbeiteten bis in die späte Nacht, und die Fenster unseres Konferenzraums standen offen. Aus Kostengründen ließ das ZDF damals seine Wiesen nicht mehr mähen, sondern hatte sich eine Schafherde beschafft, die zu jener Zeit vor unserem Fenster weidete. Und immer wenn der Österreicher auf dem Fernsehschirm zu einer seiner gutturalen Reden anhob, hoben die Schafe ihre Köpfe und machten lauthals: »Mäh!« Wenn es eine Allegorie auf Hitler und die Deutschen gibt, dann war es das.

Die erste und die nachfolgenden Hitler-Reihen waren international so erfolgreich, dass das ZDF sie bis zum heutigen Tag in insgesamt 182 Ländern verkauft hat. Der eifrigste Abnehmer war von Anfang an mein Freund Charlie Maday, der Chef des amerikanischen »History Channel«. Alle Filme zum Thema orderte er blind. Als ich ihm mit Engelszungen schilderte, dass wir ja auch andere tolle Serien produzierten, etwa über bundesdeutsche Kanzler, winkte er nur müde ab: »How boring, Guido. But what's your next Hitler-project?«

Die Resonanz auf unsere erste Hitler-Reihe war auch in Deutschland enorm. In der Regel über fünf Millionen Zuschauer sahen die sechs Folgen, die damals noch ab Folge zwei nach 22 Uhr gesendet wurden. Auch die Feuilletons der großen Zeitungen fanden Lob.

Schon in den Pressekonferenzen zur Hitler-Reihe hatte ich angekündigt, dass ich gemäß meiner Pyramidentheorie demnächst eine Reihe über »Hitlers Helfer« drehen wollte. Unser Intendant Dieter Stolte machte mir dazu ein ganz besonderes Geschenk: Er sorgte dafür, dass die Reihe zur Primetime gesendet werden konnte – um 20.15 Uhr. Das war Ehre und Bürde zugleich: Ehre, weil es historische Dokumentationen an diesem prominenten Sendeplatz zuvor noch nicht gegeben hatte. Und Bürde, weil wir nunmehr nicht mehr gegen andere Dokumentationen liefen, sondern gegen Unterhaltungsshows, Spielserien und Hollywoodfilme. Aber gerade darin lag die Herausforderung. Sie bestand bis zu meinem Abschied aus dem ZDF im Jahr 2013 – und sie besteht noch heute für meinen Nachfolger und vormaligen Stellvertreter Stefan Brauburger. Soweit ich sehe, sendet keine andere große Fernsehanstalt in Europa Dokumentationen zu dieser Uhrzeit. Dafür sind wir dem ZDF dankbar – obwohl wir dadurch in den letzten Jahren meiner Tätigkeit in der Programmwahl etwas eingeschränkt wurden. Rechercheintensive »Special Interest«-Programme waren für ein Publikum zu dieser Sendezeit nun einmal nicht geeignet. Aber dafür hatten wir ja dann unseren »History«-Termin am späten Sonntagabend.

»Ganz normale Deutsche?«

»Hitlers Helfer« in der Primetime

Nun also »Hitlers Helfer«. Wir gingen davon aus, dass ohne Hitler sein System nicht denkbar war. Der Diktator aber war auf Paladine angewiesen, die sich ganz in seine Dienste stellten: Hitlers willige Vollstrecker. Sie erledigten, was der Tyrann befahl, und manchmal etwas mehr.

Hitlers Reich war keine schwache Diktatur mit einem arbeitsscheuen Vagabunden an der Spitze, der die Dinge laufen und sich treiben ließ, der nur gelegentlich in die Struktur der Naziherrschaft eingriff und zu seinen Untaten gezwungen werden musste. Hitler wusste ganz genau, dass keiner seiner Helfer es je wagen würde, etwas anzupacken, was mit seinen Zielen nicht vereinbar war.

Goebbels, Göring, Himmler, Heß, Speer, Dönitz – es war die erste Garde des Regimes, die wir nun porträtieren wollten: sechs Karrieren, deren Wirkung im Geflecht der Diktatur ganz unterschiedlich war. Die Psychogramme dieser Männer sollten bei der Antwort auf die Frage helfen, wie es »dazu« kommen konnte. Waren sie ganz besondere Verbrecher? Ausgestattet mit der gleichen Energie, die ihren Chef beseelte? Oder »ganz normale Deutsche«, die aufgrund besonderer Bedingungen und Zufälle besondere Karrieren machen konnten und dadurch in die Lage kamen, ganz besondere Verbrechen zu begehen?

Joseph Goebbels war wohl der fanatischste Gehilfe. Er war beseelt von einem tiefen Glauben an Hitler, seinen Abgott, den erst er zu Kultfigur erhob. Der Brandstifter des »Dritten Reichs« mordete mit Worten. Mit seiner schneidenden Rhetorik, seinem bitteren Zynismus und der Gabe, Glauben, Hass und Hingabe für seine Zwecke zu entfachen, überragte der Verführer das gemeine Mittelmaß der Naziherrschaft.

Seinem Meister war er rückhaltlos verfallen. Bis zur Selbstaufgabe unterwarf er seine ganze Existenz dem Herrscher. Dieser schätzte Goebbels' Treue, hielt ihn aber im persönlichen Verhältnis ebenso wie bei den wichtigsten Entscheidungen lieber auf Distanz.

Seine Waffen in der Schlacht der Worte waren stets die gleichen: simple Botschaften mit einprägsamen Formeln. Goebbels war immer schlau genug, um zu erkennen, dass nicht die offene Lüge das Bewusstsein am wirksamsten trübte, sondern die halbe Wahrheit.

Er verlieh dem Wahnsinn Stimme. Weil der Brandstifter das Kriminelle des Regimes selbst schon früh erkannte und als »höhere Notwendigkeit« verteidigte, war Goebbels ein, so wollten wir es zeigen, ganz besonderer Verbrecher.

Halb Kriegstreiber, halb Komödiant – wie wohl kein anderer Helfer Hitlers verkörperte der zweite Mann des »Dritten Reichs«, Hermann Göring, das Doppelgesicht des Regimes: volksnaher Haudegen und skrupelloser Machtmensch. Nicht die totale Hingabe wie bei Goebbels war seine Triebfeder, sondern die bedingungslose Gier nach Macht. Verbissen kämpfte er um Ämter, Titel und Besitz, die er wie kein anderer genoss. Er war großspurig und eitel, aber dennoch populärer als jeder andere Vasall. Er war kein Schulmeister wie Himmler, kein Landsknecht wie Röhm, kein Desperado wie Goebbels. Er hatte etwas, was die anderen nicht besaßen: eine gute Kinderstube. »Hermann wird entweder ein großer Mann oder ein großer Verbrecher«, orakelte bereits die Mutter über den früh ausgeprägten egozentrischen Charakter ihres Sohnes. Hinter seiner Eitelkeit verbarg sich ein Gewaltmensch, der zum Staatsverbrecher wie geboren war. Die Morde nach der inszenierten Röhm-Affäre im Sommer 1934 waren ebenso sein Werk wie der Staatsterror gegen die Regimegegner in Preußen. Er war mitverantwortlich für die Verschleppung ausländischer Zwangsarbeiter und den Judenmord. Er war frei von Zweifeln und gab offen zu, gewissenlos zu sein: »Ich habe kein Gewissen. Mein Gewissen heißt Adolf Hitler.«

Dennoch war der zweite Mann kein Hasardeur. Er fürchtete die Risiken der kriegerischen Ausdehnung des Hitler-Reiches – nicht aus Friedensliebe, sondern wegen der berechtigten Besorgnis, dass die aggressive Expansion am Ende das »Dritte Reich«, von dem er so profitierte, kippen würde. Doch offene Rebellion kam für ihn nicht infrage. Göring saß in der Loyalitätsfalle.

Hätte er den Mut bewiesen, Hitler 1939 Einhalt zu gebieten – und mit dem Gedanken spielte er –, hätte er an dessen Stelle die Regierung übernommen – vielleicht wäre es dann weder zum Zweiten Weltkrieg noch zum Holokaust gekommen. Vielleicht hätte sich ein NS-Staat unter Göring in Richtung Francos Spanien oder Mussolinis Italien entwickelt? Doch dazu hätte Göring nicht Göring sein dürfen.

Rudolf Heß war der erste Jünger Hitlers – und er blieb es bis zu seinem Tode 1987. Uneinsichtig glaubte er bis an sein Ende an die »guten Seiten« des Regimes. Er huldigte dem »Führer«-Kult wie sonst nur Goebbels. Seine wirkliche Bedeutung in der Hackordnung der Helfer aber blieb gering. Er war der Prototyp des totalitären Untertanen. Rudolf Heß wollte geführt werden.

Heß war nie ein Kopf der NSDAP, kein genialer Vordenker – doch gab er der Partei von Anbeginn an ein Gesicht: fanatisch, gläubig, auf fatale Weise glaubwürdig. Der Titel »Führer« war sein Werk. Sein eigener, vielfach missverstandener Titel »Stellvertreter des Führers«, der nur für die NSDAP galt, beschrieb keine Machtfunktion. Hitler brauchte keinen Manager mit eigenen Ideen, sondern einen Sekretär, der ihm die lästige Parteiarbeit vom Halse hielt. So wurde Heß zum ersten Diener des Diktators. Den Terror des Regimes trug er aus voller Überzeugung mit. Die Nürnberger Rassegesetze von 1935 entstanden in seiner Dienststelle.

Zu seinem rätselhaften Englandflug von 1941 hat die Fülle der Legenden das Geschehen fast schon eingenebelt. Und natürlich wollten wir beweisen, und wir taten es: Hitler war vom wahnwitzigen Unterfangen seines »Stellvertreters« völlig überrascht. Der geflügelte Parsifal träumte davon, Hitler den Frieden mit England als Zeichen seiner Treue auf den Tisch zu legen. Stattdessen erklärte der ihn für verrückt, und Heß versank in eine Agonie der Aussichtslosigkeit, die bis zu seinem Tode anhielt. 1987 brachte sich der »teuerste Gefangene der Welt« im Spandauer Gefängnis um. Es war tatsächlich Selbstmord. Auch das konnten wir beweisen.

Heinrich Himmlers Wahlspruch hieß: »Mehr sein als scheinen«. Keiner hätte je vermutet, dass ausgerechnet dieser farblose Mann zum mächtigsten Satrapen Hitlers werden würde. Er besorgte Hitlers Holokaust – mechanisch, systematisch, gründlich. So unbeschreiblich die Verbrechen, so banal war der Verbrecher. In anderen Zeiten hätte er vielleicht als Lehrer zu sekundären Tugenden erzogen: Ordnung und Gehorsam, Tüchtigkeit und Sparsamkeit. Nüchtern absolvierte Himmler seine Aufgabe: Völkermord als Organisationsproblem. Am Ende machte er sich um das Leid der Opfer keine Sorgen, aber viele um die Seelenpein der Täter.

Sein Menschenideal war der opferwillige Gewaltmensch, sein Ziel war dessen Züchtung. Himmler wollte keine Ämter, sondern Herrschaft. Himmler wollte keine Kontrolle über den Staat, sondern seine mächtigen Apparate sollten selbst der Staat sein.

Nüchternheit und kühle Rationalität war freilich nur die eine Seite seines widersprüchlichen Charakters. Das wird vielfach vergessen. Zugleich verstieg er sich in ein abstruses Gebräu aus Rassentheorie, Naturheillehre und völkischem Okkultismus.

Was von Himmler bleibt, ist die Verantwortung für den millionenfachen Massenmord. Natürlich war auch er »Befehlsempfänger« und betonte das stets gern (»Es war der Führers Wunsch«). Doch Hitler hätte keinen besseren Apparatschik finden können. Himmler vollzog die »Endlösung« ohne innere Anteilnahme.

Ausgerechnet dieser willige Vollstrecker praktizierte in den letzten Kriegsmonaten eine doppelgleisige Verzweiflungspolitik. Auf der einen Seite organisierte er die Schimären Volkssturm und Werwolf, auf der anderen bot er dem Westen in Geheimgesprächen eine Kapitulation an. »Deine Ehre heißt Treue« – was die von Himmler propagierte Losung der SS am Ende wert war, hat er selbst bewiesen.

Albert Speer bestritt zeit seines Lebens, vom Holocaust gewusst zu haben. Hitlers Lieblingsarchitekt und Rüstungschef erkannte zwar in Nürnberg als Einziger die »Gesamtverantwortung der Führenden« für die Verbrechen des Regimes an, bekannte sich persönlich aber als »nicht schuldig«. Doch hätten die Richter in Nürnberg das gewusst, was wir heute wissen – Speer wäre zum Tode verurteilt worden.

Speer und Hitler waren wie ein Liebespaar, verbunden durch die Leidenschaft fürs Bauen. Dieser ungewöhnlichen Beziehung verdankte der geliebte Architekt die Ernennung zum Minister für die Rüstung. Sein »Rüstungswunder« erreichte er auf Kosten Hunderttausender von Zwangsarbeitern und KZ-Häftlingen. »Vernichtung durch Arbeit« – davon wusste er genug, um wegzusehen. Und auch dafür war er mitverantwortlich.

Jede Schuld wies er von sich – zumal er ja nach eigenem Bekunden Widerstand geleistet habe. Er habe doch 1945 Hitlers Wahnbefehl von der »verbrannten Erde« auch in Deutschland heimlich hintertrieben. Speer dachte allen Ernstes, im zerstörten

Nachkriegsdeutschland von den Alliierten einen Posten zu bekommen. Doch die schickten ihn für zwanzig Jahre ins Gefängnis. Es hätte für ihn schlimmer ausgehen können.

Der letzte Mann in unserem Sextett war ganz bewusst ein Militär: Karl Dönitz. Er war das Sinnbild des politischen Soldaten, der mit starren Durchhalteparolen bis zum Ende Mitschuld trug für Hunderttausende von Opfern in der Spätphase des Krieges.

Als Kommandeur der U-Boot-Flotte feierte er anfangs Siege. Doch als die Briten den via Enigma verschlüsselten Funkverkehr der Wehrmacht dekodieren konnten, verkehrten sich die früheren Triumphe in die furchtbarste Bilanz von allen: Drei von vier U-Boot-Fahrern kehrten nicht zurück.

Das Desaster focht den Admiral nicht an. »Kämpfen heißt opfern«, tönte er in einem Propagandafilm – und setzte diesen Wahlspruch unbarmherzig um. Er verbot das Bergen von Schiffbrüchigen, war Vollstrecker gnadenloser Militärjustiz und verheizte junge, unzureichend ausgebildete Marineinfanteristen mit sinnlosen Befehlen. Schuldig fühlte sich Karl Dönitz nie. Er habe doch nur seine Pflicht getan. Wenn es ein Lehrstück gab für das moralische Versagen eines Offiziers in einer Diktatur, dann liefert es das Leben des Karl Dönitz.

All diese Leitgedanken bildeten das inhaltliche Grundgerüst der Reihe »Hitlers Helfer«, die die Form der Hitler-Reihe aufnahm und in ihrer Anmutung noch weiterführte. Eine Vorform hatten wir bei Arte schon im Herbst des Jahres 1996 gesendet – da noch in einer Länge von jeweils 52 Minuten. Jetzt war ich dankbar, auf dieser Basis präzise 43 Minuten pro Sendung schneiden zu können.

Die Sendungen im Januar und Februar des Jahres 1997 hatten jeweils mehr als sechs Millionen Zuschauer, die Dokumentationen über Goebbels und Göring in der Spitze sogar über acht Millionen. Die Verlegung auf 20.15 Uhr hatte sich gelohnt.

Und auch die Presseresonanz war weithin positiv. Die *FAZ* befand, dass hier ein »anspruchsvolles Thema und moderne Gestaltung zusammenkommen«. Es gab Fernsehpreise, besonders wichtig war mir der Preis des Simon-Wiesenthal-Zentrums. Rabbi Cooper erklärte in seiner Laudatio, er sei ganz prinzipiell der Überzeugung, meine Filme dienten der Verständigung von Deutschen und Juden – und fügte noch in Sachen »Hitlers Helfer« hinzu, diese Serie »dient der Wahrheit«.

Als wir den Bayerischen Fernsehpreis feierten, fiel im Rausche des Erfolges von irgendjemandem das legendäre, aber nicht ganz ernst gemeinte Wort: »Who the f... is Steven Spielberg?« Es war die Phase, als wir rund um Mainz die Spielszenen für »Hitlers Helfer II« drehten. Sie sollten auf ihre Weise auch historisch werden.

»Remmidemmi oder atemberaubend?«

Die Schlacht um »Hitlers Helfer II«

Nach dem phänomenalen Erfolg der ersten Staffel war es für uns klar, dass wir auf dieser Spur weiterfahren würden. Und so konzipierten wir bereits im Sommer 1997 Filmprojekte über weitere Helfer Hitlers, über Eichmann, Bormann, Ribbentrop, Mengele, Schirach und Freisler. Gesendet werden sollten sie im Frühjahr 1998.

Ursprünglich hatte ich geplant, auch Hitlers Lieblingsgeneral Erwin Rommel in diese Schar aufzunehmen – analog zu Dönitz in der ersten Staffel. Doch dagegen gab es Widerstände. So beschloss ich, den noch immer positiv besetzten Wüstenfuchs in einer neuen Reihe über »Hitlers Krieger« zu behandeln.

Ich stellte meinen Autoren insbesondere die Frage: Hielten diese Männer innerlich für Recht, was Unrecht war? Oder wussten sie, dass sie eigentlich Verbrecher waren?

Martin Bormann, Hitlers Sekretär, war der Schattenmann des »Dritten Reichs«. Ein Mann mit Eigenschaften, wie der ideale Karrierist in einer Diktatur sie haben muss: nach unten brutal, nach oben servil. Er war nüchtern und berechnend, schroff und herrschsüchtig, beharrlich, fleißig, schlau und äußerst intrigant. Vor allem war er unentbehrlich. Für Hitler war es praktisch, einen stets ergebenen Gehilfen mitzuführen. Er liebte es, in seine Monologe Aufträge zu streuen, die Bormann rasch erledigte. Aus den heimlich aufgeschriebenen Worten des Diktators Absichten vorauszuahnen, um sie zu befolgen, noch bevor er sie befiehlt – kann es eine höhere Form der Unterordnung unter einen absolut regierenden Tyrannen geben?

Ganz am Ende war der Sekretär an jenem Platz, den er sich immerzu ersehnt hatte: als Einziger der Paladine neben seinem »Führer«. Unter dem Beton des Bunkers war er diesem nahe wie kein anderer. Nur nutzte es nichts mehr.

Hitlers Helfer Ribbentrop war kein geborener Kriegsverbrecher, er machte sich erst selbst dazu. Mit siebzehn Jahren kam der junge Mann nach Kanada – und blieb vier Jahre. Hätte er sich dort niedergelassen – und er stand kurz davor –, dann wäre er wohl als ehrbarer Kaufmann gestorben und nicht am Galgen in Nürnberg. So aber wurde er zu Hitlers willigem Gehilfen, den es in dem renitenten Diplomatenstall des Auswärtigen Amtes noch nicht gab. Hitler sah in Ribbentrop den großen Englandfachmann, doch das war ein eklatantes Fehlurteil.

Als Botschafter in London machte Hitlers Zögling falsch, was immer falsch zu machen war. Er grüßte König Georg mit dem »deutschen Gruß« und verstörte mit borniertem Attitüden sogar die Wohlgesonnenen. Doch selbst ein diplomatisches Genie hätte Großbritannien, den »arischen Bruder«, nicht zum Alliierten machen können. Die Briten dachten nicht im Traum daran, die bewährte »Balance of Power« für einen wackeligen Pakt mit einer degoutanten Diktatur zu opfern.

Die Revision der Grenzen von Versailles, das hätte Ribbentrop gereicht. Doch gegen Hitlers Hakenkreuzzug zur Eroberung von »Lebensraum im Osten« wehrte er sich nicht. Nur heimlich distanzierte er sich: »Sagen Sie in Moskau, dass ich diesen Krieg nicht wollte«, flüsterte er in der Nacht des Überfalls dem Dolmetscher Bereschkow zu.

Der Kriegsherr brauchte ihn nur dann noch, wenn es galt, seine Eroberungen diplomatisch zu verpacken – und als Handlanger des Holocaust zu wirken. Ribbentrop sicherte den Judenmord in den betroffenen Ländern gleichsam diplomatisch ab.

Dafür sollte er in Nürnberg hängen. Doch persönlich schuldig fühlte er sich nicht. Hatte er nicht nur getan, was ihm von seinem »Führer« aufgetragen worden war? Hatte er nicht ab und zu gewarnt? *Vae Victis*, sagte Ribbentrop, dem Einsicht bis zum Schluss verwehrt blieb. Wehe den Besiegten!

Hitlers Jugendführer Baldur von Schirach legte in Nürnberg ein Schuldbekenntnis ab – weil er die Jugend für einen Mörder erzogen habe. Sechs Millionen Hitlerjungen hörten vor dem Krieg auf sein Kommando. Er predigte totale Hingabe: »Wir marschieren zu Hitler. Wenn er es wünscht, werden wir für ihn marschieren.« Und das taten sie.

Im Weltkrieg machte Hitler ihn zum Gauleiter von Wien, wo die Anschlusseuphorie bereits verflogen war. Schirach veranstaltete Dichterlesungen und Opernpremieren. Der Krieg erschien in Wien weit weg. Nur der Holokaust war nah. Schirach wollte Wien »judenrein« machen. Und gab in Nürnberg vor, er habe erst durch Himmlers Posener Rede vor den Gauleitern im Oktober 1943 vom Judenmord erfahren.

Vorher habe er an Umsiedlung gedacht. Das war eine Lüge. Denn wir wissen heute, dass Schirach schon weit vor der Himmler-Rede Bescheid wusste.

Die Ironie war, dass Schirach in Nürnberg für etwas verurteilt wurde, das er nie als persönliches Verbrechen akzeptierte: die Deportation der Juden aus Wien. Nicht verurteilt wurde er für die Indoktrination einer ganzen Generation. Er entging dem Galgen, musste zwanzig Jahre in Haft und starb 1974 als gebrochener Mann.

Roland Freisler, Hitlers Hinrichter, hatte nie Gelegenheit, ein Schuldbekenntnis abzulegen. Er hätte es auch nie getan. Freisler starb bei einem Bombenangriff vor dem Ende der Gewaltherrschaft, die er mit richterlichem Terror stützte. Recht war, was der Herrschaft Hitlers nützte.

So wurde Freisler zum Prototyp des »furchtbaren Juristen«.

Hektisch, lärmend, launenhaft, eitel, barsch und arrogant. Er wollte den, der vor ihm stand, nicht nur vernichten – er wollte auch seine Würde zerstören. Das gelang ihm nicht: Nicht die Verschwörer des 20. Juli verloren in den Prozessen ihre Ehre, sondern ihr tobender Richter. Da saß der brüllende Mime vor einer Hakenkreuzflagge und tobte sich aus.

Und was erreichte er? Am ehesten noch peinliche Betroffenheit, ja Mitgefühl. Sein Tod im Krieg ersparte ihm das Todesurteil in Nürnberg.

Dieses Urteil traf den Transporteur des Todes, Adolf Eichmann, erst Jahrzehnte nach dem Krieg gegen die Juden, den er beflissen geführt hatte. Wie ein Motor, der nicht mehr zu stoppen war, verfolgte er Hitlers Ziel, Europas Juden zu vernichten. Noch im Sommer 1944, als der Krieg schon längst verloren war, kämpfte Eichmann um jeden Zug, der seine Opfer zur Ermordung bringen sollte.

Banal und böse, war der Todesbürokrat ein kleines Licht. Als er in Israel am Ende vor Gericht stand, sagte er, er habe niemals einen Juden umgebracht. Aber hatte er sie nicht zur Tötung abgeliefert? Das geschah, so Eichmann, doch nur auf Befehl. Seine Verteidigung hätte auch unter dem Leitspruch stehen können: »Ich war nur der Schaffner!«

Nach seiner Hinrichtung erging es ihm, dem Täter, ebenso wie seinen Opfern. Seine Leiche wurde verbrannt, die Asche im Mittelmeer verstreut. Nichts sollte mehr an ihn erinnern. Doch die Erinnerung an Eichmann, den Vernichter, sie ist unauslöschlich.

Ebenso wie die an Dr. Josef Mengele, den Todesarzt von Auschwitz. Er handelte nicht aus krankhafter Mordlust, sondern aus kaltherzigem Kalkül. Mit der Zwillingsforschung wollte Mengele Professor werden. »Meine Meerschweinchen« nannte er die Zwillingskinder, die er an der Rampe aus dem Strom der Todgeweihten herausgefischt hatte. Am nächsten Tag lagen sie auf seinem Seziertisch: Kinderleichen zum Ausweiden. Er entnahm lebenden Körpern Organe, verpflanzte Knochenmark, nähte Zwillinge am Rücken aneinander.

Gleichwohl war er kein mörderischer Sadist. Er war ein kühler Zyniker, den die Leiden seiner Opfer nicht interessierten. Als die Rote Armee im Januar 1945 das Lager Auschwitz befreite, hatten von Mengeles 3000 Zwillingen 180 überlebt. Er entzog sich der Verfolgung bis nach Südamerika.

Seine Strafe war nicht die Entdeckung, sondern die Angst vor ihr. Der KZ-Arzt, der einst Kinder auseinandergenommen hatte, klagte über Schlafprobleme und Verdauungsstörungen. Es war die Todesangst. Vierunddreißig Jahre lang war er ihr ausgesetzt, bis zu seinem Tod im Meer bei São Paulo. Es war die Strafe eines Massenmörders, der zu Forschungszwecken tötete.

Das Fazit: Alle Porträtierten waren Verbrecher. Doch dazu geboren war wohl keiner. Jeder hätte Helfer Hitlers werden können. Jeder ist gefährdet, wenn ein krimineller Staat die Schranken zwischen Recht und Unrecht niederreißt. Die menschliche Natur allein ist schwach. Nur ein starker Staat mit klaren Normen, die ganz einfach nicht verhandelbar sind, kann verhindern, dass der Mensch des Menschen Wolf wird.

Natürlich boten wir in manchen Fällen Neues: Für den Eichmann-Film hatten meine Kollegen Jörg Müllner und Stefan Simons bislang unveröffentlichte Tonaufnahmen aufgetrieben, in denen dieser Helfer Hitlers im argentinischen Exil bekennt: »Hätte ich den Befehl bekommen, Juden zu vergasen oder zu erschießen – ich hätte den Befehl durchgeführt.« Teddy Kollek, später Bürgermeister von Jerusalem, schilderte, wie er mit Eichmann über die Ausreise von 3000 jüdischen Kindern verhandelte. Und wie der Mossad Eichmann entführte, berichteten erstmals die Agenten Zvi Aharoni und Isser Harel. So entstand das packende Psychogramm eines Täters, von dem der Eichmann-Jäger Simon Wiesenthal gesagt hatte: »Hätte man ihm befohlen, alle Rothaarigen zu ermorden, hätte er es getan.«

Auch in den anderen Filmen gab es zahlreiche Zeitzeugen, die sich zum Teil erstmals äußerten – und noch unveröffentlichte Dokumente nicht zuletzt aus Moskauer Archiven.

Journalistisch war der Boden also vorbereitet. Allerdings war schon im Planungsstadium klar, dass es für diese Staffel weit weniger dokumentarisches Filmmaterial geben würde als in der ersten Reihe. Um also wesentliche Phasen der Porträts wirklichkeitsgetreu schildern zu können, beschloss ich, dass die Filme »szenische Zitate« erhalten sollten: Spielhandlungen ohne Dialoge, die auf der Basis nachweisbarer Vorgänge zu inszenieren waren. Also keine Fiktionalität, sondern szenische Rekonstruktion historischer Schlüsselmomente. Heute ist das gängige Praxis, aber damals waren wir die Pioniere.

Wie in den anderen Fällen beteiligte sich Arte auch hier an den Produktionskosten. Das war Fluch und Segen zugleich. Segen, weil der ohnedies nicht üppige Etat entlastet werden konnte. Fluch, weil Arte das »ius primae noctis« für sich beanspruchte – das Erstausstrahlungsrecht. Und nicht nur das: Die Arte-Versionen waren bis zu zehn Minuten länger als die finalen ZDF-Filme.

Ich betrachtete die Arte-Stücke deshalb nur als eine Art von Preview, auf deren Basis man dann das straffere Endprodukt der ZDF-Filme herstellen konnte. Das hatte bei der Hitler-Reihe und der ersten Helfer-Staffel bestens funktioniert – nun aber boten wir ein Angriffsfeld.

Und das lag an den szenischen Zitaten. Mangels Geld engagierten wir keine zusätzlichen Regisseure. Die Autoren inszenierten alle selbst, je nach Begabung. Das geriet mitunter gut, mitunter ordentlich, mitunter nur befriedigend. Die Lehre, die ich später daraus zog, hieß: Szenische Zitate müssen mit demselben Kostenaufwand, mit derselben Akribie und Professionalität inszeniert werden wie teure Fernsehfilme.

In den Jahren später ist das auch gelungen, doch bei der zweiten Staffel »Hitlers Helfer« war die Inszenierung in der Arte-Fassung teils noch etwas holprig. Wenngleich dann in der ZDF-Version der Schnitt, die musikalische Gestaltung und der Kommentartext teils noch besser waren als in Staffel eins.

Die ersten Presserezensionen hoben darauf ab: Die gelungene Mixtur aus Zeitzeugen und Dokuteilen wurde ebenso gelobt wie der rasante Schnitt, vor allem nach der ersten Folge über Eichmann.

Dann aber brach etwas hervor, was man heute einen Shitstorm nennen würde. *FAZ*-Herausgeber Frank Schirrmacher hatte sich vorab die Arte-Versionen einiger Filme schicken lassen. Und bewies auf einer ganzen Seite unter dem Titel »Hitler, nach Knopp« seine Bereitschaft zur Verdammung: Die ZDF-Redakteure seien auf den bizarren Gedanken verfallen, das »Dritte Reich« und seine Helfer mit den Mitteln der Massendramaturgie interessant zu machen. Man wisse nicht, was beunruhigender sei: die Gedankenlosigkeit des Vorgehens oder das Kalkül, die Verbrechen des »Dritten Reichs« bedürften des dramaturgischen Stylings, um Aufmerksamkeit zu erregen. Die Hersteller dieser Sendungen sollten »von Marktanteil, Quote, Reichweite und Remmidemmi« reden, aber von historischer Aufklärung sollten sie schweigen. Und etliche Tage später legte Claus Heinrich Meyer in der *Süddeutschen Zeitung* nach, die Serie sei ein »Video-Clip-Geraschel«, ein »Fanal bedingungsloser Anpassung an das Zeitgeist-Gespenst«. Er kam zu dem Schluss: »Was wir sehen, ist der Untergang eines Genres.« Er meinte die klassische Dokumentation.

Was die beiden und noch ein paar andere Rezensenten, die flugs auf den Anti-Knopp-Zug aufsprangen, vor allem störte, waren unsere Spielszenen. Die sprengten, hieß es, jeden Rahmen dokumentarischer Geschichtsvermittlung. Sie seien bloße »Fiktionalisierung«.

Das war starker Tobak. Und ich war natürlich gehalten, dem

entgegenzutreten. Mein Aufsatz trug den Titel »Aufklärung braucht Reichweite« – was in den nächsten anderthalb Jahrzehnten generell zum Motto meiner Arbeit wurde. Ein Auszug:

Alles für die Quote? In der Tat, wir sprechen auch von Reichweite und Marktanteil. Wir reden aber mit demselben Nachdruck von historischer Aufklärung. Denn Aufklärung braucht nicht nur Tiefe, sie braucht auch Reichweite. Unsere zeitgeschichtlichen Programme erreichen nicht nur generell ein Millionenpublikum, sondern meist auch überdurchschnittlich viele junge Zuschauer. Wohl auch deshalb, weil wir uns bemühen, unsere Dokumentationen spannend und bewegend zu gestalten, und zugleich authentisch. Doch wer Qualität und Quote anstrebt, Anspruch und Zuspruch, der erregt Verdacht. Darf seriöse Dokumentation so spannend wie ein Thriller sein? Ja, sie darf, wenn die Ereignisse so spannend, so erschütternd sind, dass sie dies zulassen ... Es ist auch ein Abschied von der betulich-belehrenden Dokumentation, die in nächtlichen Nischen ihr Publikum sucht ... Um Ältere und Jüngere für Geschichte im Fernsehen zu interessieren, sind andere Vermittlungsformen notwendig als Hochschulseminare oder Feuilletonartikel. Geschichte, zumal die der NS-Zeit, ist zu wichtig, um sie einer Minderheit zu überlassen, die ohnedies schon alles weiß oder zu wissen glaubt. Möglichst viele aber müssen wissen, was uns alle angeht. Das bedeutet: Demokratisierung der historischen Erkenntnis ... Um ein breites Publikum auf Dauer zu gewinnen, bedarf es heute mehr denn je einer Bildsprache und Wortwahl, die verstanden wird und nachempfunden werden kann – nicht nur von Fachleuten, sondern auch von Menschen, die kein Studium der Geschichte absolvieren konnten. Ein Fernsehfilm ist keine Doktorarbeit. Ein Film muss Geschichte sinnlich erfahrbar machen, eine Schneise durch den Dschungel des Geschehens schlagen, das Besondere zeigen. Das Geschehene dann vertiefen und ergänzen und erweitern, ist die Chance anderer Medien, etwa der gedruckten.

»Fiktionalisierung«? Die szenischen Zitate unserer Dokumentationen sind nicht fiktiv, sondern stets historisch verbürgt... Wenn eines der Zitate zeigt, wie Mengele an der Rampe von Auschwitz »selektierte« und mit einer Handbewegung über Leben und Tod entschied – dann ist das keine fiktionale Inszenierung, sondern bittere Wahrheit, verbürgt durch eindringliche Aussagen von Augenzeugen, die sich oft erst nach langem Zögern durchgerungen haben, ihre schmerzlichen Erinnerungen einer breiten Öffentlichkeit zu offenbaren...

Wir stellen Wendepunkte in den Lebensläufen von historischen Figuren nur dann szenisch dar, wenn sie filmisch nie dokumentiert worden sind. Von Eichmann etwa gibt es aus der Kriegszeit kein einziges bewegtes Bild, Mengele ist nur auf wenigen Fotos zu sehen. Szenische Zitate sind kein Selbstzweck, sondern schließen Lücken, geben Chancen, Schlüsselszenen eines Lebens in den Kontext dokumentarischer Geschichtsvermittlung einzufügen.

Den Filmen über »Hitlers Helfer« fehle der Erkenntnisgewinn, schrieb ein Rezensent. Ist es etwa kein Erkenntnisgewinn, wie ein kleiner Handelsvertreter namens Eichmann binnen eines Jahrzehnts zum Organisator des Holokaust werden konnte? Ist es etwa keine Erkenntnis, dass der Jugendführer Schirach, als Gauleiter von Wien, mehr als bisher angenommen, eine überaus aktive Rolle bei der Judendeportation gespielt hatte? Ist es keine Erkenntnis, von den Opfern Mengeles zu hören, wie ein skrupelloser Arzt unter dem Deckmantel der Wissenschaft Tausende von Menschen in den Tod trieb? Ist es kein Erkenntnisgewinn, all die bislang unveröffentlichten Filmsequenzen wahrzunehmen? Tondokumente, die noch nie zu hören waren? Es ist eine Erkenntnis, dass auch Hitlers Helfer eben nicht geborene Verbrecher waren, sondern anfangs ganz gewöhnliche Deutsche, die durch eigene Schwäche, eigenen Ehrgeiz, falsch verstandene Tugenden zu jenen wurden, die wir kennen: Synonyme einer kriminellen Diktatur.

Nach dem Krieg geborene Deutsche sind für Hitler nicht verantwortlich zu machen. Doch sie sind verantwortlich für das Erinnern. Ohne Wissen aber ist Erinnerung nicht möglich. Deshalb legen wir auch Wert auf Marktanteile, Reichweiten und Quoten. Möglichst viele sollen möglich viel von dieser Zeit erfahren. Kollektivverantwortung beginnt mit kollektivem Wissen.

Das war 1998. Doch ich hätte es auch heute schreiben können.

Die Schlacht war nunmehr voll entbrannt. Während sich die *Berliner Zeitung* auf die Seite der *FAZ* schlug (»Knopp übte sich in Dämonologie«) und Historiker wie Hans-Ulrich Wehler und Dieter Pohl zwar den Ansatz lobten, kontroverse historische Stoffe für das große Publikum aufzubereiten, jedoch die Machart kritisierten, verdammte der Historiker Ulrich Herbert »das naive Geschichtsbild, das hier propagiert wird« und erklärte es zu »Nazikitsch«.

Nun aber meldeten sich auch zahlreiche Unterstützer meiner Arbeit. Simon Wiesenthal, Chef des Dokumentationszentrums des Bundes Jüdischer Verfolgter des Naziregimes, verteidigte die Reihe als »verdienstvoll« und lobte, dass ich vor allem viele junge Menschen für den Stoff interessiert habe. Der Historiker Wolfram Siemann erklärte, er halte die Sendungen »für mitunter atemberaubend, erregend, aber keineswegs manipulativ«. Die Serie kombiniere »die Möglichkeiten des Fernsehens in bisher nicht vorgeführter Weise, ohne den Boden einer historisch beglaubigten Dokumentation zu verlassen«. Die nachgestellten szenischen Zitate empfand Siemann als legitim, da formal immer deutlich werde, welche Passagen Rekonstruktionen seien. Peter Scholl-Latour, Publizist und schon damals TV-Urgestein, hielt diese Szenen ebenso für eine »absolute Notwendigkeit«. »Fernsehen«, so Scholl-Latour, »macht man nun mal mit Bildern.«

In der Tat hatten die sechs Filme der zweiten Staffel bei einem Marktanteil von 15 Prozent im Durchschnitt 4,35, in der Spitze über fünf Millionen Zuschauer erreicht. Und schon während der Ausstrahlung war klar, dass die Reihe zeitnah in über vierzig Ländern laufen würde. Heute sind es über hundertfünfzig Länder geworden.

Damals war es für mich wichtig, dass der *Spiegel* auf dem Höhepunkt der Debatte ein mehrseitiges Interview mit mir brachte, in dem ich die Chance hatte, meinen Standpunkt darzulegen. Das Tüpfelchen auf dem i war dann die Nachricht, dass ich für »Hitlers Helfer« den österreichischen Fernsehpreis »Romy« erhalten sollte. Die Schlacht um »Hitlers Helfer«, sie war also erst einmal gewonnen. Doch die Auseinandersetzung um »szenische Zitate« und dergleichen dauerte noch Jahre an.

»Alle Deutschen waren schuldig«

Hitlers Helfer und die Goldhagen-Debatte

Im Umfeld unserer Reihen über »Hitlers Helfer« tobte in den deutschen Feuilletons die »Goldhagen-Debatte«. Der junge amerikanische Soziologe Daniel Jonah Goldhagen stellte damals in seinem Buch *Hitlers willige Vollstrecker* die These auf, zu Hitlers Helfern hätten alle Deutschen gehört. Nicht Hitler allein, nicht seine Paladine und schon gar nicht eine ominöse Gruppe »sadistischer Nazis« seien die willigen Vollstrecker der »Endlösung« gewesen, sondern die »ganz gewöhnlichen Deutschen«, Hunderttausende von freundlichen Familienvätern. Getrieben von einem »virulenten Hass«, einer »halluzinatorischen Wahrnehmung des Juden als Gespenst des Bösen«, seien »die Deutschen« zu der Überzeugung gelangt, dass »die Juden« den Tod verdient hätten. Sie hätten nicht gemordet, weil sie dazu gezwungen worden seien, nicht aus blindem Gehorsam oder aus Angst vor Bestrafung. Sie mordeten freiwillig, grausam, ja sogar freudig. »Die Deutschen«, so der Amerikaner, hätten seit mindestens hundertfünfzig Jahren die Liquidierung des Judentums gewünscht oder für nötig gehalten. Der Boden für das Vernichtungsprogramm sei längst bereitet gewesen, als Hitler an die Macht kam. Das totalitäre Regime habe die nationale Blutgier lediglich legitimiert. »Das Selbstverständnis der Deutschen lief keineswegs darauf hinaus, dass sie die Wahnsinnspläne eines kriminellen Verrückten durchsetzten; sie sahen vielmehr die Notwendigkeit eines derart radikalen Handelns; um die Existenz ihres Volkes zu sichern, schien ihnen die Vernichtung der Juden ein notwendiges nationales Projekt zu sein.«

Das war provokant. Ich hörte zum ersten Mal im Januar 1996 von diesem Buch, als ich dem Verleger Wolf Jobst Siedler in seinem Stammlokal in Berlin-Dahlem gegenübersaß und er mir einen Brief seines New Yorker Kollegen Alfred Knopf über den Tisch reichte, in dem dieser von einem »wichtigen Buch« für den Herbst 1996 berichtete, dessen deutsche Rechte Siedler erwerben sollte, was er dann auch tat. Da mein Hitler-Buch bei Siedler erschienen war, warb der Verleger darum, dass auch *Hitlers Helfer* bei ihm verlegt werden sollte. Er hoffte darauf, dass zwei Bücher mit so unterschiedlichen Ansätzen in seinem Verlag die Diskussion beflügeln sollten. Das war eine ehrenwerte Überlegung, doch ich ging mit meinem Buch dann doch zu meinem Stammverlag C. Bertelsmann in München. Und das war eine gute Entscheidung. *Hitlers Helfer* wurde ein internationaler Bestseller.

Das galt ebenso für Goldhagens Buch. Es wurde in den Feuilletons teils zerrissen, teils gelobt. Eberhard Jäckel befand in der *Zeit*, es sei »einfach ein schlechtes Buch«, weil Goldhagen nur solche Quellen herangezogen habe, die zu seiner These passten. Doch die Promotionsreise des Autors in Deutschland geriet zu einem Triumphzug. In allen Fernsehdiskussionen machte der alerte, gut aussehende Amerikaner eine exzellente Figur, vor allem gegen die bemoosten Häupter deutscher Historiker, deren Einwände irgendwie kleinkrämerisch wirkten. Ich hatte ihn auch zu meinen Aschaffenburger Gesprächen eingeladen und zu ihm eine schmucke Riege von Zeitgeschichtlern (Jäckel, Hildebrand, Mommsen) aufgeboten. Und immer wenn diese ein kritisches Wort wagten, erwiderte Goldhagen: »That's not in my book. Just read it!« Der jüngere Teil des Publikums war ganz auf seiner Seite, während die Älteren betreten schwiegen. Es war ein Spiegel seiner Resonanz beim »ganz normalen deutschen Publikum«.

Da die Debatte während der gesamten Phase unserer Arbeiten zu »Hitlers Helfer« hin- und herwogte, fühlte ich mich selbst veranlasst, in einem Aufsatz einzugreifen. Ich argumentierte zunächst, dass der virulente Antisemitismus keine urdeutsche Spezialität war, sondern eher in Österreich-Ungarn, Russland und Rumänien vor dem Ersten Weltkrieg seine Wurzeln hatte. Ganz abgesehen davon, dass Goldhagen die weitgehende Assimilation des deutschen Judentums vor 1933 ignorierte; ganz abgesehen davon, dass der Antisemitismus in Deutschland (wie eine andere amerikanische Studie ergeben hatte) am Ende der Weimarer Republik schon im Abflauen begriffen war; ganz abgesehen davon, dass Hitler in den Wahlkämpfen 1932 seine antisemitische Propaganda fast zurückgezogen hatte, weil damit keine neuen Wählerstimmer zu gewinnen waren; ganz abgesehen davon hatten sich auch Zehntausende von Nichtdeutschen – Luxemburger, Polen, Letten, Litauer, Rumänen – an den Mordkommandos Himmlers beteiligt. Und wenn Judenhass die »Triebfeder deutscher Mordlust« war – warum wurden dann Sinti und Roma, Behinderte, Geistliche, Kommunisten, Homosexuelle und Zeugen Jehovas getötet?

Waren gleichwohl »alle Deutschen« schuldig? Oder nur die »Täter«? Wenn »die Deutschen« den Völkermord so leidenschaftlich unterstützt haben sollten, wie Goldhagen behauptete, dann hätten sie ja alle zumindest davon wissen müssen. Wenn wir fragen, wie viel »die Deutschen« wussten, dann musste man zunächst genau bestimmen, was sie wann gewusst haben sollen.

Dass die Nazis Antisemiten waren, wusste jeder. Dass die Juden in Deutschland nach 1933 verfolgt wurden, war augenscheinlich. Die Kennzeichnung der Juden durch den gelben Stern seit September 1941 war auf den Straßen zu sehen. Die Deportationen seit Oktober 1941 konnten nicht verborgen bleiben.

Aber diese waren schon »geheime Reichssache«, auf deren

Verrat die Todesstrafe stand. Das galt vor allem für die Massen-erschießungen im Rücken der Ostfront und den »eigentlichen Holokaust« in den Vernichtungslagern Auschwitz, Belzec, Chelmno, Majdanek, Sobibor und Treblinka. Diese »Schlacht-höfe für Menschen« wurden ganz bewusst nicht auf deutschem Boden errichtet. Warum, wenn doch laut Goldhagen alle Deut-schen die Tötung der Juden herbeisehnten?

1943 erging eine Bormann-Direktive an die Gauleiter: Beim Thema Juden müsse »jede Erörterung einer künftigen Gesamt-lösung unterbleiben«. Himmler gab erst 1943 den Gauleitern offiziell bekannt, der »Führer« habe sich entschlossen, »die Juden auszurotten«, und fügte hinzu: »Man wird vielleicht in ganz spä-ter Zeit sich einmal überlegen können, ob man dem deutschen Volke etwas mehr darüber sagt.«

Das Volk sollte glauben, die deportierten Juden seien noch am Leben, irgendwo im Osten. Aber ahnten, sahen, wussten Hunderttausende von Deutschen an der Front und in der Hei-mat nicht genug? Vieles sickerte doch durch, zumindest von den Mordtaten der Einsatzgruppen. Drei Millionen Landser waren ständig an der Ostfront im Einsatz. Manche wurden da und dort zu Augenzeugen von Erschießungen. Darüber zu schweigen, gebot ihnen niemand. In Feldpostbriefen haben die Soldaten kaum davon geschrieben. Diese unterlagen der Zensur. Doch wenn die Landser auf Heimaturlaub waren, dann erzählten sie darüber, natürlich hinter vorgehaltener Hand, ihren Ehefrauen, Eltern und Geschwistern.

Wer in Hitlers Deutschland was wann wusste, ist heute ganz exakt nicht mehr zu klären. Das »Dritte Reich« kannte keine Demoskopie. Und so versuchten wir im Sommer 1996, diesem Manko abzuhelfen. Eine repräsentative Bevölkerungsumfrage der Forschungsgruppe Wahlen, die im Auftrag meiner Redak-tion diese Frage untersuchte, kam (bei aller Vorsicht gegen-über »nachträglicher Demoskopie«, die auf Ereignisse vor über fünfzig Jahren zielt) zu einem sensationellen Ergebnis. Sechs Prozent aller Befragten über fünfundsechzig Jahre gaben zu, Massenerschießungen von Juden nach dem Überfall auf die Sowjetunion selbst mitbekommen zu haben. 15 Prozent erklärten, sie hätten damals schon davon gehört. Überträgt man das Ergebnis allein dieser Umfrage auf die gesamte deutsche Bevölkerung von damals, dann haben 21 Prozent der Deutschen, also rund 16 Millionen Menschen, von den Massakern gewusst oder davon gehört. Immerhin erklärten 76 Prozent der Befragten, sie hätten von den Massenerschießungen erst nach dem Krieg erfahren.

Eine solche Umfrage wäre heute nicht mehr möglich, da die Zeitgenossen meistens nicht mehr leben. Damals war es gerade noch möglich. Und deshalb ist diese Umfrage auch heute noch so wertvoll.

Vollends überraschend sind die Zahlen bei der Antwort auf die Frage, wer von den »Judenvernichtungen in Konzentrationslagern« etwas gewusst habe. Man sollte annehmen, dass die Vernichtungslager besser isoliert waren und die Nachricht von dem grausamen Geschehen kaum nach draußen drang. Doch über acht Prozent der befragten Deutschen über fünfundsechzig gaben an, die Vernichtung im KZ »selbst mitbekommen« zu haben. Acht Prozent! Das waren, hochgerechnet, sechs Millionen Deutsche! 19 Prozent der Befragten erklärten, sie hätten damals schon vom Judenmord und von den Konzentrationslagern gehört. 70 Prozent der Befragten bekundeten, sie hätten davon erst nach 1945 erfahren. Überträgt man diese Zahlen wiederum auf die gesamte deutsche Bevölkerung, kommt in der Addition ein erschreckendes Ergebnis zustande: 22 Millionen Deutsche haben von der Judenvernichtung im KZ gewusst oder davon gehört. Diese Zahlen waren, bei jedem Vorbehalt, auch ein Politikum. Sie sind es immer noch.

Aber wissen heißt nicht gleich auch wollen. Goldhagen

meinte, kaum einen Deutschen hätten moralische Skrupel geplagt. Dem gegenüber standen aber zeitgenössische Berichte wie etwa die Tagebuchnotiz von Victor Klemperer bei der Einführung des sogenannten Judensterns im September 1941. Der Autor registrierte zwar, dass ihn verhetzte Jugendliche angepöbelt hätten. Häufiger aber begegnete er Gesten der Freundlichkeit und der Beschämung. Einige Dresdener gaben ihm zu verstehen, dass sie nicht einverstanden waren, wie man mit ihm und seinesgleichen verfahre. Sie signalisierten auch die Angst, wegen kleinster Gesten menschlicher Solidarität selbst denunziert zu werden. Reagierte so ein Volk, das von einem »eliminatorischen Antisemitismus« besessen war? Selbst Goebbels gab gegenüber Albert Speer zu, dass die Einführung des Judensterns nicht den gewünschten Effekt habe: »Überall zeigen Leute Sympathie für die Juden. Diese Nation ist einfach noch nicht reif. Sie ist voller idiotischer Sentimentalität.«

Das NS-Regime war am Meinungsbild der Bevölkerung in hohem Maße interessiert. Zahlreiche Behörden – der Sicherheitsdienst SD, Polizei, Verwaltung und Justiz – verfassten wöchentlich Berichte über die Stimmung des Volkes, die auf lokaler, dann auf regionaler Ebene gesammelt wurden und schließlich, in ihrer Essenz, in die Reichsberichte des SD einflossen. Diese waren längst veröffentlicht – nicht jedoch die vielen Vorstufen auf lokaler und regionaler Basis.

Eberhard Jäckel arbeitete damals an einem Forschungsprojekt, das diese Tausende Berichte werten und gewichten sollte. Ich konnte darin Einblick nehmen: Aus den Quellen ging hervor, dass die Nürnberger Gesetze von den Deutschen weithin akzeptiert worden waren. Was die Bevölkerung ablehnte, waren wilde Pogrome. Aus Hunderten von Berichten zur sogenannten Reichskristallnacht 1938 ging hervor, dass die Deutschen die Ausschreitungen eher mit Missfallen betrachteten. So schrieb etwa der Regierungspräsident aus Minden in Westfalen: »Über die von der Partei befohlene Aktion herrscht betretenes Schweigen, selten äußert sich offene Meinung, man schämt sich.«

Eine andere Stelle sagte:»Die Stimmung der Bevölkerung und weiter Parteikreise ist gedrückt.« In einem Bericht aus Stuttgart über das Novemberpogrom heißt es:»Die Judenaktion gab weitestgehend Anlass zur Kritik. Es wurde hervorgehoben, dass die Zerstörung der jüdischen Geschäfte und auch der Synagogen in keiner Weise im Sinne des Vierjahresplanes sei.«

Da wurde nicht moralisch, sondern ökonomisch argumentiert. In Einzelfällen wurden auch bewusste Sympathieakte bekannt: So ist von einem einundachtzig Jahre alten Oberst die Rede, einem NSDAP-Mitglied, der einem Juden nach dem 9. November 1938 einen Blumenstrauß gesandt habe, um ihm seine innere Verbundenheit zu bekunden. Das war nicht überall so, und es galt ganz sicher nicht für alle Deutschen. Doch es gab ein weit verbreitetes Gefühl der Scham.

Wie reagierte die Bevölkerung auf die Deportationen ihrer jüdischen Mitbürger seit dem Oktober 1941? Aus den Berichten ging hervor, dass schon die Brandmarkung der Juden mit dem gelben Stern im Vormonat oft kritisch betrachtet wurde:»Die Kennzeichnung der Juden wird abgelehnt.« Und dann häuften sich die kritischen Anmerkungen zu Aktionen, über die schon nichts mehr in den Zeitungen zu lesen war. In einem Bericht aus Westfalen heißt es:»Es wird erzählt, in Russland würden die Juden zur Arbeit in ehemals sowjetischen Fabriken herangezogen, während die älteren und kranken Juden erschossen werden sollten. Es wäre nicht zu verstehen, dass man mit Menschen so brutal umgehen könnte, ob Jude oder Arier, alles wären doch von Gott geschaffene Menschen.« In einem anderen Bericht ist zu lesen:»Es konnte beobachtet werden, dass ein großer Teil der älteren Volksgenossen die Maßnahmen des Abtransports der Juden aus Deutschland allgemein negativ kritisierte. Innerhalb kirchlich gebundener Kreise wurde geäußert, wenn das deutsche Volk nur nicht eines Tages die Strafe Gottes zu gewärtigen hat.«

Wie viele grauenhafte Einzelheiten zu den Deutschen in der Heimat durchgedrungen waren, bewies ein Bericht des SD aus Erfurt: »Über den Einsatz der Sicherheitspolizei in den besetzten Ostgebieten werden die tollsten Gerüchte verbreitet. So werde in der Bevölkerung kolportiert, dass der Sicherheitspolizei die Aufgabe gestellt sei, das Judentum in den besetzten Gebieten auszurotten. Zu Tausenden würden die Juden zusammengetrieben und erschossen, während sie zuvor erst ihre Gräber gegraben hätten. Die Erschießungen der Juden nähmen zeitweise einen Umfang an, dass selbst die Angehörigen der Erschießungskommandos Nervenzusammenbrüche bekämen.« Das war eine ziemlich genaue Beschreibung der Tat. Doch die Ängste und Besorgnisse der Deutschen widerlegten alle Thesen, sie, »die Deutschen«, seien gleichgültig oder abgestumpft gewesen – ganz zu schweigen von der Annahme, der Massenmord sei begeistert begrüßt worden. »Viel wird in der Bevölkerung davon gesprochen, dass alle Deutschen in Amerika zum Zwecke ihrer Erkenntlichkeit ein Hakenkreuz auf der linken Brustseite tragen müssen – nach dem Vorbild, wie hier in Deutschland die Juden gekennzeichnet sind. Die Deutschen in Amerika müssten dafür schwer büßen, dass die Juden in Deutschland so schlecht behandelt würden«, heißt es in einem Bericht aus Minden.

Als 1943 das vom sowjetischen Geheimdienst angelegte Massengrab mit polnischen Offizieren bei Katyn entdeckt wurde und die Nazis diesen Befund zum Gegenstand antisowjetischer Kampagnen machten, vermerkte die Gestapo, »dass ein großer Teil der Bevölkerung diese Propaganda merkwürdig oder heuchlerisch fand, weil deutscherseits in viel größerem Umfange Polen und Juden beseitigt worden sind«. Reagierte so ein Volk, das die »Endlösung« als ein nationales Projekt verstand?

Das Fazit aus den Stimmungsbildern und der Demoskopie war ziemlich deckungsgleich: Viele Deutsche wussten eine Menge, haben es verdrängt und auch geduldet, aber weithin nicht gewollt. Diese Meinung vertrat auch die überwiegende Mehrheit unserer 1285 repräsentativen Befragten: 30 Prozent der Deutschen 1996 gaben sich überzeugt, ihre Zeitgenossen damals hätten von der Ermordung der Juden gewusst. 62 Prozent waren der gegenteiligen Ansicht. Gerade anderthalb Prozent erklärten, dass der Judenmord von den meisten Deutschen ihrer Meinung nach »eher unterstützt« worden sei. Rund 22 Prozent meinten, er sei »eher geduldet« worden. Und nur sechs Prozent der Deutschen 1996 vertraten die Ansicht, dass der Judenmord von den meisten »eher verurteilt« worden sei.

Wäre doch nur mehr »verurteilt« worden! Als die Kardinäle Faulhaber und Galen die offiziell als »Gnadentod« verbrämte Mordaktion T4, die sich gegen geistig und körperlich Behinderte richtete, von ihren Kanzeln öffentlich als Mord anprangerten, ließ Hitler sie einstellen. Als Anfang 1943 in Berlin nichtjüdische Gatten von Juden, die zum Abtransport in die Vernichtungslager vorgesehen waren, vor der Sammelstelle öffentlich dagegen protestierten, wurden viele Registrierte wieder freigelassen. Zumindest in Deutschland wollte das Regime jedes Aufsehen vermeiden. Alles sollte ordentlich und ruhig verlaufen – bis zur Gaskammer. Hätten ähnliche Versuche in geballter Form im In- und Ausland auch den Holokaust verhindern oder vorzeitig beenden können? Der Versuch ist nie gewagt worden.

Wer trägt die Verantwortung für das Jahrhundertverbrechen, den Mord an den Juden Europas? Auch diese Frage stellten wir. Fast 70 Prozent erwiderten: Hitler – gefolgt von dessen Paladinen (37 Prozent) und der SS (32 Prozent). »Den Deutschen insgesamt« gaben nur 20 Prozent die Schuld an der Ermordung der Juden. Auffällig ist hierbei allerdings, dass junge Menschen unter dreißig Jahren eher geneigt waren, »allen Deutschen« einen Teil der Verantwortung zu übertragen (35 Prozent), während lediglich fünf Prozent der über fünfundsechzig Jahre alten Deutschen diese Ansicht vertraten. Das alles war ein Stimmungsbild zur Zeit der wohl erbittertsten Debatten zu den Themen deutscher Zeitgeschichte. Ein Stimmungsbild, das heute nicht mehr einzuholen wäre, denn die Zeitgenossen Hitlers sind zumeist nicht mehr am Leben.

Was folgern wir aus alledem? Millionen Deutsche haben zugesehen und weggesehen.

Der Judenmord war nicht die Folge von chaotischen Strukturabläufen in der Diktatur, sondern ein bewusst von Hitler inszeniertes Staatsverbrechen. Hitler hat das Morden nicht nur eingeleitet, sondern auch geleitet – über seinen Delegierten Himmler. Doch all das wurde durchgeführt von vielen kleinen Helfershelfern, die sich später auf Befehlsnotstand beriefen. Und das waren keine Psychopathen, sondern ganz gewöhnliche Deutsche aus dem Volk der Mitläufer. Wir wissen heute, dass es rund 500 000 Menschen waren, nicht nur Deutsche, die den Holokaust betrieben haben. Was sie antrieb, war nicht nur und nicht am meisten mörderischer Antisemitismus. Es war stattdessen die Gelegenheit, die ihnen ein Regime bot, das erklärte: »Wo gehobelt wird, da fallen Späne«, und das ihnen die Gelegenheit verschaffte, ihre niedersten, gemeinsten Triebe auszuleben, nicht nur gegen Juden.

Und um auf Goldhagen zurückzukommen: Schuldig waren ganz gewiss nicht alle Deutschen und wohl auch nicht viele, aber ohne jeden Zweifel allzu viele. Die Geschichte hat bewiesen, dass Völkermord im 20. Jahrhundert keine deutsche Originalität war. Zu millionenfachen Massenmorden kam es auch in Stalins Gulag, in Armenien, China und Kambodscha. Was den Holokaust so einzigartig machte, war vor allem die fabrikmäßig geplante Durchführung der Tat.

Wir, die nach dem Krieg geborenen Deutschen, sind für all das nicht verantwortlich zu machen. Doch wir sind verantwortlich für das Erinnern, gegen das Vergessen und Verdrängen. Das bedeutet: keine Kollektivschuld, sondern Kollektivverantwortung dafür, dass wenigstens bei uns so etwas niemals mehr geschieht.

Wer das einsieht, ist ein Patriot.

»Aufklärung braucht Reichweite!«

Das Märchen vom »Knoppismus«

Nach der Diskussion zur zweiten Staffel »Hitlers Helfer« wurde es bei einigen Fernsehkritikern und auch Historikern, den Mandarinen der political correctness, manchmal üblich, unsere Art der Filme als »Knoppismus« zu bezeichnen. Sie witterten gar eine »Knoppisierung des Programms« auch jenseits unserer eigenen Sendungen, was freilich Unsinn war. Und natürlich kam im Gefolge unserer Hitler-Reihen bald die obligate Häme: Wann denn endlich eine Reihe über »Hitlers Hunde« komme, hieß es. Wir haben das nie kommentiert. Und immer wieder, und das war in Deutschland unvermeidbar, suchten mich die Unentwegten weltanschaulich festzulegen. Doch gelungen ist es ihnen nicht.

Am besten gefallen haben mir stets die Stimmen von rechts und von links, die mich jeweils auf der anderen Seite wähnten und mit schierer Lust deshalb verdammten. Dabei war ich von Anfang an ein Weltkind in der Mitten. Und das hieß: Ich war nie nur schwarz oder rot, aber immer schwarz-rot-gold.

Ich bin in Zeiten aufgewachsen, in denen das Hissen der bundesdeutschen Fahne an sich bereits als reaktionärer Akt gegeißelt wurde. Ich habe das nie verstanden: Schwarz-weiß-rot war die Flagge einer unseligen Tradition, des Deutschen Reichs, das 1945 unterging. Schwarz-Rot-Gold jedoch sind die Farben der deutschen Demokratie, der guten Tradition in unserer Geschichte. Hambacher Fest, Paulskirche, die Republik von Weimar – diese

Tradition hat oft verloren, aber war stets vorhanden und am Ende siegreich. Und so habe ich auch keine Scheu, in meinem Garten gelegentlich Schwarz-Rot-Gold zu hissen. Allerdings bin ich da alles andere als monomanisch: Beim Oktoberfest ist Weiß-Blau angesagt, und wenn meine ungarischen Schwiegereltern zu Besuch kommen, begrüßt sie eine rot-weiß-grüne Fahne.

Ich habe nie verstanden, warum in Deutschland immer noch zu viele Zeitgenossen Nationalismus mit Patriotismus verwechseln. Dass Patriotismus nicht die überhebliche Betonung des Eigenen gegenüber dem anderen ist, sondern schlicht und einfach die Liebe zum eigenen Land – das ist in den Ländern um uns herum fast allen klar, bei uns vielen noch nicht.

Die Folgerungen für ein gutes zeitgeschichtliches Fernsehprogramm sind offenkundig: Identität und Investigation. Die Nazizeit und ihre Hintergründe gilt es detektivisch, investigativ zu behandeln, ihre Abgründe, Verstrickungen, Verbrechen. Und ebenso gilt es zu zeigen, dass unsere Geschichte auch jenseits dieser zwölf Jahre stattgefunden hat.

Ich habe es immer als besondere Verpflichtung verstanden, dass sich mein Themenfeld in der Regel auf das 20. Jahrhundert konzentrierte. Ein Jahrhundert, das so faszinierend war wie furchtbar. Ein Jahrhundert, das den Menschen mehr vom Guten und vom Bösen auferlegt hat als jedes Jahrhundert zuvor: mehr Leid und Tod, aber auch mehr Wohlstand und mehr Fortschritt.

Es war das Jahrhundert von Ideologien, die die Welt beglücken wollten, ob die Welt es wollte oder nicht, und die sie auf Jahrzehnte hin ins Unglück stürzten: unmenschliche Utopien, die am Ende jämmerlich gescheitert sind, vom Faschismus bis zum Kommunismus. Ein Jahrhundert zweier Menetekel: Hiroshima und Auschwitz. Seit dem atomaren Urknall über Japan wissen wir, dass die Menschheit imstande ist, materiell und technisch, sich selbst auszulöschen. Auschwitz hat gezeigt, dass die Welt moralisch dazu fähig ist.

Mathematisch zählt das 20. Jahrhundert hundert Jahre. Doch politisch sind es eigentlich nur fünfundsiebzig. Das Jahrhundert begann so richtig erst im Jahr 1914, als die Lichter in Europa jäh erloschen, und es endete im Jahr 1989 mit dem Abschied von der zweigeteilten Welt. Ein kurzes 20. Jahrhundert also: Die Geschichte war in Eile nach dem überlangen 19. Jahrhundert, das bereits im Jahr 1789 anfing, mit dem Sturm auf die Bastille – und 1914 endete.

Nur fünfundsiebzig Jahre also. Es sind zwei komplette Zeitalter. Zuerst die Zeit der Katastrophen: 1914 bis 1945. Je mehr Abstand wir von dieser Ära haben, desto mehr wird deutlich, dass es ein Weltbürgerkrieg gewesen ist – einunddreißig Jahre lang, der Dreißigjährige Krieg des 20. Jahrhunderts. Denn der Zweite Weltkrieg speiste sich aus dem Ersten, und dazwischen gab es keinen wahren Frieden, sondern lediglich eine Zwischenkriegszeit.

Zwischen 1945 und 1989 folgte das Zeitalter des Kalten Krieges, die Ära der dualen Weltherrschaft. Zwei Supermächte, Sieger des Weltbürgerkrieges, hielten sich in Schach – in viereinhalb Jahrzehnten Nichtkrieg. Kalter Frieden nicht allein durch menschliche Vernunft. Nur eine Art von Stillhalten durch die Angst vor der Atombombe, die eine friedenstiftende Erfindung war. Mit dem Fall der Mauer von Berlin, dem wirkungsmächtigsten Symbol der zweigeteilten Welt, war diese Ära abgeschlossen – und damit das 20. Jahrhundert.

Rein historisch hat das 21. Jahrhundert also schon mit der deutschen Einheit begonnen. Ein ganz anderes Jahrhundert tritt uns da vor Augen! Vorerst offenkundig eine Zeit der Unordnung, der Auflösung bestehender Strukturen, vieler kleiner Kriege, die zuvor verhindert wurden durch die Angst vor einem großen. Eine Zeit, die uns mehr abverlangt als die Jahrzehnte vorher. Die Herausforderung der islamischen Welt; eine Flüchtlingskrise, die uns fragen lässt, ob wir die Konsequenzen wirklich tragen wollen; die Blutspuren des internationalen Terrorismus; das Ende atomarer Monopole; Nuklearwaffen auch für Tyrannen zwischen Teheran und Pjöngjang. Diese Welt ist nicht mehr schwarz und weiß, wie sie vermeintlich in der Zeit des Kalten Krieges war – sie schimmert grau in vielerlei Nuancen.

Vergleichen wir die Weltordnung des 21. mit der europäischen Ordnung des 19. Jahrhunderts, sind die Parallelen recht verblüffend. Damals gab es die großen Mächte Preußen, Österreich, Russland, Frankreich, England. Deren Zusammenspiel hat ziemlich lange funktioniert. Heute sehen wir auf dem Globus Japan, China, Indien, Russland, die USA und nicht zuletzt, trotz alledem, Europa. Aber damals gab es einen Metternich und einen Bismarck, die das wackelige System in der Balance hielten. Ein moderner Metternich, geschweige denn ein Bismarck, sind weit und breit nicht zu erkennen. Oder brauchen wir sie gar nicht? Dennoch können wir nur hoffen, dass, wie in der zweiten Hälfte des vergangenen Jahrhunderts, nicht Vernunft allein den großen Frieden sichert, sondern auch die Angst vor dem großen, letztlich unkontrollierbaren Konflikt.

Was hat all das mit einem guten ZDF-Programm zu tun? Vor einem solchen Hintergrund versuchten und versuchen wir, gleichsam als »Detektive der Geschichte«, eine Schneise durch den Dschungel der Vergangenheit zu schlagen. Es ging und geht uns darum, durch die Darstellung des Einzigartigen, Besonderen und Symptomatischen den Rückschluss zu erlauben auf das Allgemeine und das Gegenwärtige.

Und das forderte der Zeitgeist. In den Neunzigerjahren konzentrierten sich unsere Programme auf die NS-Zeit und ihre Protagonisten. Die großen historischen Debatten jener Zeit, sie diskutierten ebenso den Umgang mit der Nazizeit im nun vereinten Deutschland. Die offizielle DDR-Sicht hatte ihren Bürgern ja vermittelt, sie stünden auf der guten Seite der Geschichte, denn ihr Staat habe eine antifaschistische Tradition und sei nicht zu vergleichen mit dem braun verseuchten Revanchismus West-deutschlands. Als diese Sicht dann auf dem Kehrichthaufen der Geschichte landete, wurden auch die Bürger zwischen Suhl und Rostock von der unbarmherzigen veröffentlichten Meinung angehalten, sich gefälligst ebenfalls als Angehörige des »Tätervolkes« zu bekennen.

Die Debatten gingen nahtlos ineinander über: Die Wehrmachtsdebatte erstickte die Legende von der sauberen Wehrmacht, während vorher alles Böse der SS in die Stiefel geschoben werden konnte. Die Goldhagen-Debatte behandelte den oberflächlichen Befund des US-Historikers, alle Deutschen seien in der Nazizeit von einem vernichtungsbereiten Antisemitismus besessen gewesen. Die Walser-Bubis-Debatte, deren Protagonisten der Schriftsteller Martin Walser und der Vorsitzende des Zentralrats der Juden in Deutschland, Ignatz Bubis, waren, zielte auf den Umgang mit dem Judenmord in Deutschland. Die Debatte um das Holocaust-Denkmal behandelte die kontroversen Standpunkte um Standort und Art der Erinnerung. Und die Debatte um die Entschädigung für Zwangsarbeiter in der deutschen Rüstungsindustrie des Zweiten Weltkrieges betraf die Frage, ob deutsche Firmen über fünfzig Jahre danach auch für all das bezahlen sollten – was sie schließlich taten.

Das Besondere an diesen Diskussionen war der Ton, in dem sie in den Medien geführt wurden – und die fast absolute Verdammungsbereitschaft beider Seiten gegenüber dem jeweils anderen Standpunkt. Da war keine gesittete Debattenkultur britischer Couleur, da war ein fast religiös anmutender Eifer bis hin zur persönlichen Verunglimpfung. Das erinnerte mich an die auch sehr deutschen Debatten in Reformation und Gegenreformation. Sind wir in Sachen Neid und Eifer Weltmeister?

Verdammungsbereitschaft war mitunter auch in einigen Artikeln spürbar, die die Wirkung unserer Filmreihen behandelten. Sie mochten noch so viele Preise einheimsen, sie mochten in noch so vielen Ländern laufen und davon zeugen, auf welchem Level das Geschichtsfernsehen aus Deutschland mittlerweile stand – die Kritiker arbeiteten sich vor allem an den Stilmitteln ab, die unsere Filme auszeichneten. Ob es die szenischen Zitate waren, die assoziative Knappheit der Texte oder die generelle Kürze eines Films von 43 Minuten. Immer wenn das »Dritte Reich« zum Thema wurde, folgte zuverlässig ein beleidigt anmutendes Grundrauschen. Und das war schon bemerkenswert. Denn wenn unsere Filme ganz andere Themen hatten, seien es Stoffe aus dem Kalten Krieg, der Zeit vor 1914 oder Buntes, blieb die Munition im Trockenen. Auch wenn die Sendungen mit genau denselben Stilmitteln gemacht worden waren wie etwa eine Doku über »Hitlers Manager«. Offenkundig störte es, wenn gerade diese Filme genauso professionell gemacht worden waren wie etwa eine Sendung über Fidel Castro. Durften Filme über die Nazizeit nicht dramaturgisch stimmig und formal attraktiv sein, weil sie vermeintlich durch die Hintertür ein böses Faszinosum provozieren?

Gott sei Dank gab es stets Rezensenten, die auf unserer Seite standen und die ehrlich Lob zollten, wenn etwa wieder eine Ehrung oder Preisverleihung anstand, sei es die Goldene Kamera oder der Deutsche Fernsehpreis. Ich konnte mich wahrhaftig über mangelnde Anerkennung nicht beschweren. Wenn ich gefragt werde, welcher Preis mir der liebste ist, dann sage ich: der erste von zwei Emmys, in New York 2005. Im Jahr 2003 waren wir, der Autor Sebastian Dehnhardt und ich, schon einmal nominiert und ziemlich optimistisch gewesen. Ich hatte meine Dankesrede vorher sorgsam eingeübt – umsonst. Zwei Jahre später hatte ich aus Aberglauben gar nichts vorbereitet – da erhielten wir den Emmy. Die Fernsehmoderatorin Oprah Winfrey und Hillary Clinton, damals noch die Senatorin von New York, lächelten mir gnädig zu, als meine Dankesrede sich vor allem in dem Satz erschöpfte: »Thank you, America!«

Oft wurde ich gefragt: Was verbindet Ihre Filme? Was ist Ihre Philosophie? Meine Antwort hieß: Geschichte, die das Fernsehen aufgreift, hat eine große Chance, denn sobald sich der Rauch der Nebelkerzen, die die aktuelle Politik zu legen pflegt, verzogen hat, können wir näher an die Wahrheit rücken. Das Lügen und Vertuschen hat dann keinen Sinn mehr. Das ist die Gnade der Geschichte.

Diese Arbeit muss, wenn sie ein großes Publikum erreichen will, natürlich investigativ betrieben werden – und man darf keine Scheu vor Emotionen haben. Die seriöse Dokumentation kann spannend wie ein Thriller sein, wenn die Ereignisse, die sie beschreibt, so spannend, so erschütternd sind, dass sie dies zulassen. Formulierbar ist alles – vor allem die Wahrheit. Auf den Fernsehmessen dieser Welt sprach man seit Mitte der Neunzigerjahre von einer Renaissance der Dokumentation, vor allem der historischen. Wenn unsere Serien in über hundertfünfzig Ländern, von den USA bis nach Australien zu sehen sind, dann ist dies ein Indiz dafür, dass Zeitgeschichte »made in Germany« ein Markenzeichen ist.

Doch wird auf dem Altar von Reichweite und Quote nicht der Inhalt geopfert? War das, was wir gesendet haben, nicht längst »Histotainment«? Wir haben dem erwidert: Nur wenn ein Filmstoff nicht nur sachgerecht, sondern auch mediengerecht und attraktiv vermittelt wird, haben wir unsere Aufgabe erfüllt, ein großes Publikum zur Primetime zu interessieren. Und natürlich ist es möglich, Qualität und Quote, Anspruch und Zuspruch, Markt und Marke miteinander zu verbinden: Qualität im Populären. Ich verglich das Phänomen gern mit dem Bild des Eisbergs, von dem vielleicht zehn Prozent über der Meeresoberfläche sichtbar sind. Und das gleicht dem Film, den man sieht. Die restlichen 90 Prozent sind unter Wasser, man sieht sie nicht, doch sie sind da. Das ist die Summe aller Materialien und Recherchen, die bei der Vorbereitung eines Films anfallen. Und diese kann man wiederum in einem Buch behandeln, das den Film ergänzt. Eigentlich eine Win-win-Situation.

Daran haben wir uns immer orientiert. Und auch daran, dass wir in unseren Sendungen generell mit handfesten Belegen, Daten, Fakten arbeiten – und uns bemühten, auf dem jeweils neuesten Stand der Forschung zu agieren. Das fand Resonanz: 74 Prozent unserer Zuschauer fanden unser Genre Zeitgeschichte im Programm nach Umfragen der Forschungsgruppe Wahlen »besonders wichtig«. Und andere Umfragen belegen, dass die Zuschauer dem ZDF in Sachen Zeitgeschichte besondere Kompetenz zusprachen – vor allen anderen Sendern.

Was das historische Wissen unserer Zuschauer betrifft, so hat uns wiederum die Forschungsgruppe Wahlen immer wieder relevante Daten an die Hand gegeben. So verbindet nur jeder Zweite mit der gescheiterten ersten deutschen Republik von 1919 bis 1933 den Begriff »Weimarer Republik«. Und weniger als die Hälfte weiß, was sich am 30. Januar 1933 ereignet hat. 43 Prozent der Menschen wussten nicht, wer Stauffenberg war. 60 Prozent der Westdeutschen hatten keine Ahnung davon, was am 17. Juni 1953 geschehen ist. Und dennoch sind 38 Prozent der Befragten stark oder sehr stark an Geschichte interessiert. Musste, so gesehen, das Fernsehen nicht doch auch ein wenig Schule der Nation sein?

Manche Kritiker – rechercheschwach, doch meinungsstark – gebrauchten mit dem Blick auf einige unserer Sendungen Begriffe wie »zu flach«, »zu wenig tiefgründig«, »zu sehr geprägt von Pathos und von unnötiger Dramatisierung«. Im Anschluss an einige unserer Dokureihen hat das Meinungsforschungsinstitut Forsa repräsentative Umfragen zur Bewertung des Programms durchgeführt – und dabei qualitative und quantitative Kriterien abgefragt. Quer durch alle Milieus erhielt etwa die Reihe »Sie wollten Hitler töten« von 85 Prozent der Zuschauer die Note Gut bis Sehr gut. Generell erklärten 75 bis 90 Prozent, unsere Dokumentationen seien »informativ«, »glaubwürdig« und »verständlich«.

Im Jahr 2002 haben Medienwissenschaftler der Universitäten Düsseldorf, München und Los Angeles eine empirische Studie zur Wirkung unserer Reihe »Holokaust« auf junge Zuschauer erstellt und konnten darin den Vorwurf »unnötiger Emotionalisierung« entkräften. Drei unterschiedliche Passagen aus den Filmen wurden ausgewählt und Neunt- und Zehntklässlern an Gymnasien und Gesamtschulen vorgeführt. Es ging um das Geschehen im Vernichtungslager Auschwitz. Ein Ausschnitt war eher sachlich abgefasst, ein zweiter enthielt einige emotionale Komponenten, ein dritter aber zeigte ein bewegendes persönliches Schicksal und war auch in der Form gefühlsbetonter angelegt.

Die Wirkung auf die Schüler wurde mehrfach untersucht. Nach drei Wochen war nur noch der dritte Ausschnitt nachhaltig präsent. Einer der Beteiligten an der Studie, Professor Werner Wirth von der Universität München, resümierte: »Wir haben gemessen, ob emotionsgeladene Darstellungen, natürlich stets in Kombination mit sachlichen Passagen, den Antisemitismus abbauen helfen. Und wir haben festgestellt: Nur mit stark emotionalen Szenen lässt sich dieses Ziel erreichen. Wissensvermittlung allein reicht nicht aus. Ohne den Appell an die Gefühle geht es nicht.« Und der Historiker Siegfried Quandt formuliert es so: »Gefühlszugänge zur Geschichte sensibilisieren und setzen Anker für weiter reichendes Geschichtsinteresse. Geschichtskultur wird im Multi-Medien-Zeitalter mehr als bisher auch Gefühlskultur sein müssen. Vor allem in der Erlebnisgesellschaft, in der wir leben.«

Mein Fazit heißt: In der Flut medialen Überangebotes auf dem Unterhaltungssektor hat nur spannendes, bewegendes Ereignisfernsehen eine Chance, zu bestehen und vor allem junge Zuschauer für Zeitgeschichte zu gewinnen. Denn Geschichte ist zu wichtig, um das Wissen um sie und das Interesse an ihr einer Minderheit zu überlassen. Möglichst viele müssen wissen, was uns alle angeht. Erinnerung ist ohne Wissen nicht möglich. Dafür braucht es eine Bildsprache und Wortwahl, die bewegt, die fesselt und verstanden wird – nicht nur vom Professor, sondern auch vom Arbeiter, der von der Werkbank kommt. Wenn wir die Demokratisierung des historischen Diskurses wollen, hat am ehesten das Fernsehen die Chance, sie zu fördern. Aufklärung braucht Reichweite.

»Das ist ein knochenharter Job!«

Meine deutschen Bundeskanzler

Kanzler ist ein knochenharter Job, gewiss der härteste, den die nachkriegsdeutsche Demokratie zu vergeben hat. Nach acht Jahren Amtszeit – zwei normalen Legislaturperioden – sind selbst die Stärksten verbraucht. Das Glück der Einheit zur Halbzeit hatte nur einer als Stütze. Als Helmut Schmidt den Kanzlereid auf die Verfassung schwor, war sein Haupthaar noch tiefschwarz. Das Kanzleramt verließ er mit schlohweißem Schopf.

Und dennoch hingen seine Inhaber an diesem Amt, so sehr mitunter, dass man sie, wenn nicht durch Volkes Stimme, nur durch Intrigen loswurde, durch einen Partnertausch, ein Misstrauensvotum oder einen Spion. Was trieb sie alle an? Nur der Geschmack der Macht, die Droge reifer Männer? Die ersten fünfeinhalb Jahrzehnte waren es ja nur Männer.

Im Jahr 1999, zum fünfzigsten Jahrestag der Bundesrepublik, präsentierte ich im ZDF die Reihe »Kanzler« – Porträts aller sechs Bundeskanzler, die sich bis dahin schon in die Geschichtsbücher eingetragen hatten. Gerhard Schröder war damals erst ein paar Monate im Amt. Für einen Eintrag in die Geschichtsbücher hatte er noch etwas Zeit.

Im Lauf der Jahre lernte ich fast alle porträtierten Kanzler kennen – bis auf Konrad Adenauer. Für den alten Herrn aus Rhöndorf war ich noch zu jung. Doch im Herbst des Jahres 2003 hatte ich die Ehre, in der ZDF-Reihe »Unsere Besten« für Adenauer in den Ring zu steigen. Es ging darum, wen die Deutschen zu dem Besten ihrer Geschichte wählen würden – live, um der Gefahr von Manipulationen zu begegnen. Am Ende standen unter anderem Luther, Bismarck, Marx und Goethe gegen Adenauer. Jeder hatte einen Paten: Gregor Gysi stand für Marx, Bischöfin Margot Käßmann für Luther, Helmut Markwort für Bismarck, Nina Ruge für Goethe – und ich schlug mich für Adenauer.

Was waren meine Argumente? Alles, was der alte Herr aus Rhöndorf seinerzeit erkämpft hatte, hat heute noch Bestand: die freiheitliche Demokratie, die Bindung an den Westen, die Einigung Europas sind die Fundamente unseres Lebens heute. Adenauer hat die Aussöhnung mit Frankreich auf den Weg gebracht und die Verständigung mit Israel geschafft. Zwei wesentliche Schritte, um die junge Bundesrepublik überhaupt wieder »hoffähig« zu machen.

Vor Beginn der Ära Adenauer, 1945, war Deutschland ein besiegtes und besetztes, verfemtes und zerstörtes Land – es lag am Boden, nicht nur materiell, vor allem auch moralisch. Zehn Jahre später aber, 1955, war zumindest das von Adenauer regierte Westdeutschland halbwegs souverän, ein gesuchter, anerkannter Partner in der NATO. Er schuf Vertrauen. Und es war seine Politik, die den demoralisierten Westdeutschen ein neues Selbstvertrauen gab. Vielleicht war es seine größte Leistung, die Demokratie in Deutschland wieder wetterfest gemacht zu haben – auch wenn die Zahl der überzeugten Demokraten anfangs überschaubar war.

Als die Westmächte den Eingeborenen von Trizonesien eine neue Demokratie verordneten, sagten sie sich: Safety first. Und so hatte unser Grundgesetz, auf das wir ja mit Recht so stolz sind, zwar die allgemein bekannten deutschen Eltern – sechsundsechzig Väter und immerhin vier Mütter, aber eigentlich war es ein Baby aus dem Brutkasten der Westmächte: mit Uncle Sam als Taufpaten, Marianne als verspätet eingetroffener Amme und dem Union Jack als Windel. Adenauer musste einen Staat regieren, dessen Grundgesetz bei Bedarf als Festung dienen sollte – notfalls gegen seinen Souverän, das Volk.

Woher sollte die junge Bundesrepublik auch eingefleischte Demokraten haben? Nehmen wir allein die in den Zwanzigerjahren Geborenen: Im Krieg wurden die jungen Männer dieser Generation zur Schlachtbank geführt; junge Frauen mussten in der Heimat den Bombenkrieg über sich ergehen lassen; die Niederlage 1945 brachte für Millionen Flucht und Vertreibung. Wer die Schrecken des totalen Krieges überlebt hatte, war gezeichnet. Auf den Schultern dieser Generation lastete der Wiederaufbau, im Gedächtnis die Erinnerung an Angst und Elend, Not und Tod – und ebenso an eine Zeit, in der die Diktatur nicht nur Gewalt zu bieten hatte, sondern auch Verführung. Millionen sogenannter Mitläufer waren in den neuen Staat zu integrieren.

Der Katholik aus Rhöndorf löste das Problem pragmatisch – und deckte den Mantel christlicher Nächstenliebe über die Sünden seines Wahlvolks. Seine Kritiker beschied er mit dem sprichwörtlichen Satz: »Sie können schmutziges Wasser nicht wegschütten, wenn Sie noch kein frisches haben.« Dies führte allerdings dazu, dass sich allzu viele alte Nazis in höheren Ämtern tummelten – bis in die Sechzigerjahre hinein.

Es ist das eigentliche deutsche Nachkriegswunder, dass dem Kunstgebilde Bundesrepublik in seinen Kinderjahren eine doppelte Integration gelang: zum einen die Eingliederung von 13 Millionen Flüchtlingen in einem ausgebombten ruinierten Land – eine grandiose Leistung angesichts des Sprengstoffs, der sich aus den sozialen Konflikten hätte ergeben können. Und ebenso die Integration der traumatisierten Kriegsgeneration, die sich weithin selbst als Opfer der Geschichte sehen wollte.

Bei all dem stand das ungeschriebene innere Grundgesetz der alten Bundesrepublik für Adenauer nie infrage: die Bindung an den Westen. Wenn die Gegner moserten, die Westbindung vertiefe die Spaltung der Nation und komme einer Preisgabe der deutschen Einheit gleich, so konterte der Kanzler, nur in Freiheit sei die Einheit akzeptabel. Nur ein starkes Bündnis könne die Sowjetunion bewegen, eines Tages auch den Osten Deutschlands freizugeben. Zwar erstarrte diese Hoffnung mit den Jahren zur Rhetorik. Und es war auch richtig, dass der Rheinländer die Preußen nicht mochte und schon zu Weimars Zeiten auf dem Wege nach Berlin im Zug spätestens bei Magdeburg die Vorhänge zuzog – Ostelbien war für einen Kölner wie Sibirien. Doch der Weg zur Einheit 1989/90 hat den alten Herrn bestätigt. Im Rückblick haben sogar Widersacher eingeräumt, die Westbindung des Konrad Adenauer sei der Königsweg zur Einheit gewesen – auch wenn die Teilung so für mehr als eine deutsche Generation zur schmerzlichen Gewissheit wurde.

Offenkundig wirkten diese Argumente: Adenauer siegte. Für die Deutschen war der alte Herr der »Beste Deutsche«. Allerdings gab es auch Unterschiede: In den neuen Ländern lag Karl Marx an erster Stelle. Das war dreizehn Jahre nach der Einheit schon bemerkenswert. Doch an der Gesamtzahl aller Stimmen änderte es nichts.

Bei der Vorbereitung für »Unsere Besten« gab es eine wunderbare Diskussion im Sommerloch des Jahres 2003, die etliche Wochen durch die Medien tobte und der Reihe schon vorab die nötige Beachtung schenkte. Guten Gewissens hatten wir für die Vorauswahl dreihundert Menschen benannt, die als Deutsche Bedeutendes geleistet hatten – und für die Zeit vor 1806 waren das natürlich auch Personen, die in den Grenzen des Heiligen Römischen Reiches Deutscher Nation gelebt hatten. Darunter befand sich, aus guten Gründen, Wolfgang Amadeus Mozart.

Ein Sturm der Entrüstung erhob sich in der österreichischen Presse. Das Zentralorgan der Nation, die *Kronen Zeitung*, titelte empört: »Da hört sich's auf: Deutsche wollen unseren Mozart klauen!« Das sei ein »schwerwiegender Fauxpas« und zeuge von einem »zweifelhaften Geschichtsverständnis«. Und der *Kurier* forderte »bittere Rache«: Man möge sich als Österreicher an der Wahl beteiligen und Dieter Bohlen zum größten Deutschen aller Zeiten wählen.

Dankenswerterweise gab mir der ORF Gelegenheit, dazu Stellung zu nehmen. Ich hatte mehrere Argumente: Erstens war Mozart als gebürtiger Salzburger Untertan des Heiligen Römischen Reiches Deutscher Nation. Zweitens gehörte Salzburg damals zum Bayerischen Reichskreis, nicht aber zur »österreichischen« Habsburgermonarchie, deren Kaiser freilich in Personalunion Regent des »deutschen« Reichsverbundes war. Überdies war Mozarts Vater in der Freien Reichsstadt Augsburg geboren. Und in seinen Briefen bezeichnete sich Mozart selbst als »teutschen Künstler«, und noch mehr: »Was mich am meisten aufrichtet und guten Muthes erhält, ist, dass ich ein ehrlicher Teutscher bin!« Und ich fügte hinzu: »Lasst uns doch bei der Gelegenheit daran denken, dass es einmal eine Zeit gab, in der wir alle beieinander waren.«

Umsonst: Für ein Land, dessen Fluglinie ihre Passagiere schon beim Betreten der Kabine mit Mozarts »Kleiner Nachtmusik« beschallt, zählt das in einem Wiener Armengrab bestattete Genie zur unveräußerlichen Grundausstattung der Zweiten Republik. Und als dann noch die *Bild*-Zeitung die Fehde aufnahm und titelte: »Geigen die noch richtig? Österreicher wollen unseren Mozart klauen!«, war der Amadeus-Graben zwischen beiden Nachfolgestaaten des Heiligen Römischen Reiches unüberbrückbar. Doch es war »eine wunderbare Hetz«, wie unsere österreichischen Nachbarn zu sagen pflegen.

Unserer Reihe hat der Trubel natürlich geholfen. Die Einschaltquoten waren hoch, und als Mozart in der Endausscheidung auf Platz zwanzig landete, weit zum Beispiel hinter Bach, der auf Platz sechs kam, war die Grundsatzfrage nationaler Zuständigkeit demokratisch klug geklärt. Adenauer als der »beste

Deutsche« im Jahr 2003 – das war auch Ausdruck einer Sehnsucht nach Verlässlichkeit.

Als Adenauer 1967 starb, war ich noch Schüler. Ludwig Erhard, seinen ungeliebten Nachfolger, lernte ich als junger Journalist im Sommer 1976 kennen. Es war in Bonn, und ich wunderte mich darüber, dass er von der Politik, die ihm so übel mitgespielt hatte, offenkundig immer noch nicht lassen konnte. Der Reiz der Macht konnte es ja nicht mehr sein. Es gehe darum, meinte er auf meine höflich verklausulierte Frage, dass er den Jüngeren in der Fraktion, die ihn um Rat fragten, diesen auch erteilen könne. Und das sei nun einmal hier in Bonn, wo die Musik spiele, eher möglich als in seinem Domizil am Tegernsee.

Im Jahr zuvor war seine Frau gestorben. Ludwig Erhard war gezeichnet von den Niederlagen seines kurzen Kanzlerlebens, das er zwischen 1963 und 1967 geführt hatte. Ihm war bewusst, dass er in den Geschichtsbüchern nicht als starker Regierungschef eingetragen würde. Und er deutete unmissverständlich an, dass er, der immer nur das Gute, ja das Richtige gewollt habe, sich zu Recht als Opfer von Intrigen fühlen dürfe. Nicht zuletzt von »dem Herrn Barzel«.

Die Offenheit des Altkanzlers war meiner Zusage geschuldet, zu seinen Lebzeiten kein Sterbenswort von unserem Gespräch zu publizieren. Gefragt, was er für seine größte Leistung halte, meinte er, ganz ohne Zweifel sei das seine Entscheidung gewesen, trotz aller Widerstände die Währungsreform mit einer Wirtschaftsreform zu verbinden – weg von der Planwirtschaft, hin zur Marktwirtschaft. Tatsächlich war das ja die Grundlage des sagenhaften Wirtschaftsaufschwungs jener Jahre, dem das Wort vom »Wunder« künstlich angeheftet wurde. Dessen Fundamente aber ruhten auf dem Rezept von harter Arbeit und Verzicht. Harte Arbeit war die beste Therapie für das besiegte und besetzte und geteilte Volk. Millionen Menschen waren froh, aus dem Dreck rauszukommen, wollten von »den schlimmen Jahren« nichts mehr sehen, nichts mehr hören, nichts mehr wissen – wie die drei berühmten Affen. Flucht in das Private – viele Bürger steckten ihre Energie ins eigene Vorwärtskommen, in den Aufbau ihrer Familien. Überall im Lande feierte man Produktionsrekorde wie den einmillionsten VW-Käfer. Unverfängliche Symbole eines neuen Selbstgefühls. Denn mit der Wirtschaft wuchs der Wohlstand, mit dem Wohlstand auch die Akzeptanz gegenüber dem politischen System, in dem er sich entfaltete.

Das war Erhards Leistung. So geriet der Wirtschaftsminister in den Aufbaujahren zur Legende. Die Deutschen liebten den beleibten Franken, der wie eine fleischgewordene Verkörperung des neuen Wohlstands schien und dessen ewig qualmende Zigarre ein Symbol für all die Schlote war, die wieder rauchten. Nicht seine Fähigkeit trug ihn ins Kanzleramt, sondern seine große Popularität, die ihm Adenauer, wie Erhard meinte, am Ende neidete. In der Tat ließ dieser jahrelang nichts unversucht, um seinen ungeliebten Kronprinzen als Nachfolger im Palais Schaumburg zu verhindern. Trotz aller Diffamierungen missglückte das. Doch Adenauer blieb in seiner Überzeugung unerschütterlich: »Der Erhard schafft dat nich!« Dem Professor fehle das, was einen Staatsmann ausmache: ein gesundes Verhältnis zur Macht.

Adenauer sagte jedem, der es selbst ahnte, dass sein Nachfolger als Wirtschaftsmann ein Ass war, als Kanzler jedoch ein Versager. Der »gute Mensch vom Tegernsee« war weder Ränkeschmied noch Machtpolitiker. Ihm fehlte jenes Quäntchen Machiavelli, welches sein Intimfeind Adenauer bis zum Übermaß besaß. Unentschlossen, wankelmütig, führungsschwach – seit Ludwig Erhard wissen wir, so sagte es der Publizist Johannes Gross, dass nicht nur Politik schädlich für den Charakter, sondern Charakter manchmal schädlich für die Politik ist.

Am Ende stand eine Ironie der Geschichte: Seine eigene Partei (»der Herr Barzel«) stürzte ausgerechnet ihn, den Mr. Wirtschaftswunder, im Zuge einer leichten Abschwächung der Hochkonjunktur. Heute würde das gerade mal als kleine Delle durchgehen.

All das hat Erhards Ruhm als Wirtschaftsguru nicht geschadet. Bis heute beanspruchen Politiker ganz unterschiedlicher Parteien im In- und Ausland sein Erbe für sich. Und immer wieder hören wir die Frage: Was würde Ludwig Erhard heute tun? Welcher andere Politiker kann von sich sagen, dass seine Ideen noch Jahrzehnte später ähnlich zeitlos sind?

Der alte Herr, der da in seinem Sessel etwas mühsam atmete, wusste um das Urteil der Geschichte. Sein Ruf als Ökonom war ihm bewusst. Er nahm ihn als gegeben, fast als selbstverständlich hin. Doch er grämte sich darüber, dass man ihm als Kanzler nicht mehr Zeit gelassen hatte. Ein Jahr nach unserem Gespräch ist Ludwig Erhard gestorben.

Seinen Nachfolger Kurt Georg Kiesinger traf ich in den Jahren 1986 und 1987 mehrfach. Es ging zum einen um sein Mitwirken als Zeitzeuge an einer Adenauer-Dokumentation, zum anderen um ein Interview in eigener Sache, denn ich plante damals mittelfristig eine Reihe über deutsche Bundeskanzler. Sie wurde 1999 gesendet – zum fünfzigsten Jahrestag der Bundesrepublik. Gut Ding will Weile haben.

Die Gespräche, die wir allesamt im Hause Kiesingers in Tübingen führten, waren freundlich und offen. Der Hausherr legte Wert auf stilvollen Umgang und tiefsinnigen Diskurs, ein Schöngeist und ein Bildungsbürger aus dem Bilderbuch. Natürlich wusste er um seine Vorzüge: Als »wandelnder Vermittlungsausschuss« war er das Symbol der Großen Koalition aus Union und SPD, die er zwischen 1966 und 1969 behutsam und durchaus erfolgreich leitete. Dass die verfeindeten Volksparteien – denn das waren sie damals – ein fragiles Bündnis schlossen, das solide seine Hausaufgaben löste, war vor allem sein Verdienst. Die Koalitionäre festigten die Konjunktur und sorgten für den Ausgleich mit den Nachbarn.

Und doch erschien einer reformhungrigen Protestbewegung diese Politik als Stillstand, der Kanzler als Auslaufmodell einer reaktionären Epoche. An den Notstandsgesetzen der Regierung entzündeten sich Streit und Straßenschlachten. Der Kanzler mit NS-Vergangenheit, er passte trefflich in das Feindbild mancher junger Leute. Und als Beate Klarsfeld ihn auf einem CDU-Parteitag ohrfeigte, erschien das vielen als Befreiungsschlag. Nicht nur der Kanzler, der gesamte Staat sollte mit der immer noch verdrängten Nazizeit konfrontiert werden.

Für diese Kritik fehlte Kiesinger auch zwei Jahrzehnte später jegliches Verständnis. »In einer dunklen Zeit«, erklärte er, »bin ich anständig geblieben.« Und der studentische Protest war ihm immer noch ein Gräuel: »Ich hätte mich ja gern mit den Studenten zusammengesetzt und über Hochschulnotstände diskutiert.« Kiesinger und Rudi Dutschke auf einem Podium? Das hätte man gerne gesehen. Aber keine Seite konnte es sich vorstellen – und wollte es auch nicht. »Krawalle« jeglicher Art erfüllten den Kanzler mit Abscheu: »Manchmal sind da Dämonen am Werk.«

Würde er im Nachhinein irgendetwas anders machen? Er überlegte lange, seufzte und erklärte: »Ich hätte in der Wahlnacht 1969, als es offenkundig war, dass SPD und FDP zusammen stärker waren als die Union, gleich Wehner anrufen sollen, der die Große Koalition gern fortgesetzt hätte. Das habe ich leider nicht getan. Aber alles andere war richtig.«

Der alte Herr, der vor mir saß, hatte seinen Frieden mit der Vergangenheit gemacht. Die Politik hatte ihn nicht mehr gewollt, und auch er brauchte sie nicht mehr. Ein Jahr nach unserem letzten Gespräch starb Kiesinger mit dreiundachtzig Jahren.

Willy Brandt, sein Nachfolger, war zumindest in Begegnungen mit mir ein wenig mürrisch. Er mochte keine Fernsehinterviews und wahrscheinlich entsprach die jeweilige Tageszeit unserer Gespräche, in der Regel zwischen zehn und elf Uhr vormittags, nicht ganz seinem Biorhythmus. Dabei hatte ich ihn, was ich allerdings für mich behielt, immerhin zweimal gewählt! Wir unterhielten uns über die großen Momente seiner Kanzlerschaft, die Symbole für den Kalten Krieg und seine Überwindung wurden: allen voran der Kniefall von Warschau, wo er auch für die kniete, die selbst nicht knien konnten oder wollten.

Mit dieser schlichten Geste hatte Willy Brandt einen Augenblick geprägt, der nach dem Zweiten Weltkrieg mehr als alle Reden und Verträge für ein neues Bild von Deutschland in der Welt gesorgt hat. Noch zwei Stunden vorher, sagte er, habe er nicht gewusst, dass er das tun würde. Denn er hat sich nicht hingekniet, es hat ihn hingekniet.

Was mich neben unseren Interviewthemen wie Mauerbau und Luftbrücke vor allem interessierte, war die Frage, warum er 1974 wirklich zurückgetreten ist. Ein DDR-Spion im Vorzimmer? Na und? Gerüchte über Bettgeschichten? Na und? Erpressbarkeit deswegen? War das nicht nur ein vorgeschobenes Szenario? Hatte er nicht selbst gesagt, dass ein deutscher Bundeskanzler nicht erpressbar sei? Hätte er nicht um sein Amt kämpfen müssen?

»Was ich jetzt sage, kommt ja nicht in Ihren Film«, erwiderte der Altkanzler. Sein eigentlicher Rücktrittsgrund sei das Gefühl gewesen, von den engsten Mitgenossen nicht mehr hinreichend getragen zu werden. Wehner verachtete er – nicht wegen dessen viel zitierter Äußerung in Moskau (»Der Herr badet gerne lau«), sondern wegen seines emotionalen Doppelspiels. Brandt spürte ganz genau, dass Wehner ihn für überfordert hielt und Helmut Schmidt als Nachfolger bevorzugte. Und wie ernsthaft konnte er am Ende Schmidts Treueschwüren glauben, als der ihn in der Affäre um Guillaume beschwor, »wegen dieses Scheißkerls muss ein deutscher Bundeskanzler nicht zurücktreten« – wo doch jedermann erkennen konnte, dass der Hanseat mit den Hufen scharrte und sich ohnedies ja für den besseren Mann gehalten habe?

Gewiss, die Mühen der Ebene zu beackern, das war Brandts Sache nicht. Er war der Mann für die großen historischen Visionen. Seine Ostverträge waren ebenso umstritten wie die Westverträge Konrad Adenauers. So wie die SPD sich in den Fünfzigerjahren gegen Adenauers Westpolitik gewandt hat mit dem Vorwurf, diese zementiere Deutschlands Teilung, genauso wetterte die Union nun mit dem gleichen Vorwurf gegen Brandts Ostpolitik.

Der Verlauf der Geschichte hat nicht nur Adenauers Weg nach Westen recht gegeben, sondern auch Brandts Weg nach Osten. Jahre später zeigte sich, dass beide Strategien entscheidend waren für das Grundvertrauen, das die Nachbarn im Westen und im Osten der Bundesrepublik entgegenbrachten. Ohne dieses Vertrauen hätte es die deutsche Einheit nicht gegeben. Und deshalb zählt Willy Brandt, neben Konrad Adenauer und Helmut Kohl, zu den drei großen Kanzlern der Bundesrepublik.

Helmut Schmidt war sicherlich der tüchtigste von allen Kanzlern. Doch er hatte nie die Chance, in einer großen historischen Stunde das Staatsschiff zu lenken. Vermutlich hat ihn das gewurmt. Gewiss, er steuerte das Schiff zwischen 1974 und 1982 durch schweres Fahrwasser: Der Frieden war bedroht, im Innern und nach außen. Der Rüstungswettlauf zwischen Ost und West schürte die Angst vor einer atomaren Eskalation. Und im Innern wurde das Land von der RAF terrorisiert.

Da war er schon der richtige Mann, und das gab er uns im Gespräch für ein Porträt auch gerne zu verstehen: Schmidt, der erprobte Krisenmanager. Ob als Innensenator bei der verheerenden Hamburger Sturmflut, als Fraktionschef in der Großen Koalition, als Minister und als Kanzler – wer konnte ihm das Wasser reichen?

Seine Partei hat ihn nie so geliebt wie Willy Brandt, den Visionär. Doch sie hat Helmut Schmidt lange respektiert, vor allem wegen seiner Kompetenz und militärisch wirkenden Entscheidungsfreude – auch wenn seine Selbstsicherheit mitunter an Arroganz grenzte. Trotz seiner Bilderbuchkarriere hatte Schmidt Angst vor der Bürde der Verantwortung. Hinter der Fassade eines »Staatsschauspielers«, zu dem er sich bekannte, verbarg sich ein sensibler Mensch, ein Musiker und Moralist. »Helmut fällt es schwer, Gefühle zu zeigen, und was arrogant erscheint, ist in Wahrheit eine gewisse Schüchternheit und Verletzlichkeit«, sagte uns sein Freund Henry Kissinger.

Mir ist es immer so erschienen, als habe er sich innerlich ein Leben lang mit dem Dilemma herumgeschlagen, in Hitlers Reich zumindest zeitweise ein Anhänger des »Gröfaz« gewesen zu sein. Für einen CDU-Mann, siehe Kiesinger, mochte das noch angehen. Für einen Hamburger Sozialdemokraten war das nicht tolerabel. Und so musste Schmidt in den Nachkriegsjahren auch an der Legende stricken, er sei schon früh »dagegen« gewesen, habe von den schlimmen Dingen lange Jahre nichts gesehen, nichts gehört und nichts gewusst.

Das war eine Art von nachträglichem Selbstschutz, und wer mochte ihn dafür verdammen? Eine griechische Tragödie – wie auch seine Lage, als im »Deutschen Herbst« 1977 Hanns Martin Schleyer ebenso entführt war wie die Lufthansamaschine »Landshut« und der Kanzler zu entscheiden hatte. Allen wohl und keinem wehe, das war nicht möglich, und so blieb ihm nach der glücklichen Befreiung der »Landshut« in Mogadischu nur die bittere Pflicht, sich bei der Witwe Schleyers zu entschuldigen.

Dass ihm das Wohl des Staates mehr am Herzen lag als die Parteiräson, dass ihm Prinzipien wichtiger waren als Popularität, erwies sich in der quälenden Debatte um die NATO-Nachrüstung. Während die Friedensbewegung die Menschen auf die

Straße trieb und der Mainstream seiner eigenen Partei gegen die weitere Aufrüstung war, agierte Schmidt als Spiritus Rector des NATO-Doppelbeschlusses – und blieb dabei, auch als ihm seine SPD darin nicht folgte.

Unter den Spannungen zwischen Kanzler, Kanzlerpartei und Koalitionspartner litt die Regierungsfähigkeit. 1982 wurde Schmidt als erster Bundeskanzler durch ein konstruktives Misstrauensvotum gestürzt. »Ich bin damals von der FDP nicht anständig behandelt worden«, sagte er uns, »aber das Ende war wohl unvermeidlich.«

Sein Bild vor der Geschichte hat das Ende nicht getrübt, im Gegenteil. Zumindest bei der Nachrüstung hat sie ihm recht gegeben. Und Henry Kissinger schlug für uns den großen Bogen: »Die Geschichte hat Schmidt übel mitgespielt, weil sie ihm nicht die ganz große Chance gab, die seinem Talent entsprochen hätte.«

Seinem ungeliebten Nachfolger gab die Geschichte diese Chance. Das erste indirekte Treffen mit dem Kanzler Helmut Kohl hatte ich im Februar des Jahres 1990, zu Beginn des ersten freien Wahlkampfs in der DDR. Da besuchte ich in Leipzig den Pfarrer Ebeling, damals Chef der DSU, eines DDR-Ablegers der CSU, die damit hoffte, auf dem Umweg über die DDR deutschlandweit Fuß zu fassen – was nicht ganz gelang. Ich besuchte also Ebeling, der damals ein gewisser Hoffnungsträger war, und fuhr dann mit dem Leihwagen nach Erfurt, wo die erste große Wahlveranstaltung mit Helmut Kohl stattfand. Der hatte gerade die Allianz für Deutschland gegründet, die später die Wahlen haushoch gewinnen sollte. Das wusste man aber damals noch nicht, und ich war neugierig, wie die Menschen auf den Kanzler reagieren würden. Ich fuhr also auf der maroden Autobahn nach Erfurt, bog an der Auffahrt ab – und wen sehe ich da, mit einer Aktentasche und einem Regenmäntelchen, wie einen Anhalter: den Pfarrer Ebeling, den Chef der DSU. »Ja, Herr Ebeling, was machen Sie denn da?«, fragte ich. »Ach, das Kanzleramt hat mich angewiesen, hier zu warten, bis die Wagenkolonne des Kanzlers vorbeikommt und mich aufnimmt.« Das war 1990 DDR-Wahlkampf live. Am Abend stand Ebeling als Teil der Allianz stolz hinter Kohl und ließ sich feiern. Da fiel im Übrigen zum ersten Mal das Wort von den »blühenden Landschaften«.

Das erste längere Gespräch mit Helmut Kohl hatte ich im November 1990, eine Woche vor den ersten gesamtdeutschen Wahlen, als ein klarer Wahlerfolg des Einheitskanzlers längst schon vorbestimmt war. Das Interview war der letzte Baustein für meine sechsteilige ZDF-Reihe »Die deutsche Einheit«, deren zweite Staffel an Weihnachten 1990 gesendet wurde. Das Interview dauerte 90 Minuten, davon eingeschnitten wurden gerade einmal acht. Als unsere 3sat-Leute davon hörten, baten sie mich für den Januar 1991 um eine Sondersendung mit diesem Material. Ich sagte: »Da gibt es ein Problem, wir haben das Gespräch nur mit einer Kamera gedreht, die ausschließlich auf Kohl gerichtet war.« Bei Dokumentationen ist das so üblich, bei einer Gesprächssendung geht es natürlich nicht. »Dann stellen Sie halt die Fragen mit einer neuen Kamera nach«, erwiderten die 3sat-Leute. Ich war einverstanden. Wir brauchten nur noch einen Hintergrund, der so ähnlich aussah wie das Interviewzimmer im Kanzleramt. Eine solche braune Holzvertäfelung fand sich dankenswerterweise in der Konferenzzone des ZDF. Aus dem Weihnachtsurlaub heimgekehrt, war meine erste Amtshandlung die Nachstellung der Fragen. Die Produktionsleitung hatte den Termin schriftlich schlicht als »Interview Helmut Kohl« avisiert. Angekommen in der Konferenzzone, wunderte ich mich, dass die Kameraleute alle schon mit Anzug und Krawatte dastanden. Dann erschienen prominente ZDF-Hierarchen mit der Frage: »Wo ist denn der Kanzler?« – »Der kommt nicht«, sagte ich. »Ich stelle hier nur die Fragen nach.« Verärgert zogen sie von dannen.

Es war die Phase nach der Wahl, als die harten finanziellen Folgen der Vereinigung zutage traten und der Kanzler aufgefordert wurde, eine »Blut, Schweiß und Tränen«-Rede zu halten, um vor allem die Westdeutschen zu einem nationalen Opfer aufzurufen. Doch Kohl, so wirkte er auf mich, war Ende 1990 einfach zu erschöpft, um auch noch einen solchen Kraftakt zu vollbringen. Er wollte einfach in die Weihnachtsferien gehen und genießen, was ihm nunmehr keiner nehmen konnte: die geglückte deutsche Einheit.

In den Neunzigerjahren hatte ich dann mehrere Gesprächstermine mit ihm – es ging meist um Details der Jahre 1989/90. Wir trafen uns zum Vorgespräch gern bei Kohls Lieblingsitalienern, mal in Bonn und mal in Mainz. Es lag gewiss an seinem Diabetes, dass er von seinem Riesling immer nur den ersten Schluck zu kosten pflegte und sodann verdünnt als Schorle weitertrank.

Bei einem dieser Vorgespräche sagte Helmut Kohl etwas, was mir stark im Gedächtnis haften blieb. Als wir darüber sprachen, wie gefährdet unser Weg zur Einheit gewesen war, sagte er spontan: »Wissen Sie, wir haben einfach Glück gehabt. Und jetzt sage ich Ihnen etwas, was ich öffentlich nie sagen würde: Es war der liebe Gott, der seine Hand im Spiel gehabt hat.« Er ließ seine Worte ein wenig wirken und fuhr dann fort: »Und wenn der liebe Gott in einer glücklichen Stunde seine Hand im Spiel gehabt hat – wer hat dann in den bösen Stunden unserer Geschichte 1914, 1933, 1939, 1944, als das Attentat auf Hitler scheiterte, seine Hand im Spiel gehabt?« Das konnte dann ja nur das Gegenteil von Gott gewesen sein: der Einfluss des Leibhaftigen. Kohl war Christ, ein gläubiger zumal. Doch eine solche Sicht auf die Geschichte war einzigartig.

Als seine größte Leistung sah er selber, dass er 1990 Gorbatschow das Zugeständnis abgerungen hatte, das vereinte Deutschland in der NATO zu belassen. Ohne größere finanzielle Zugeständnisse. Als ich ihn bei unserem letzten Treffen, in seinem Haus in Oggersheim, fragte, ob er dafür notfalls statt nur 15 auch 150 Milliarden D-Mark gezahlt hätte, sagte er ganz einfach: Ja!

Im Frühjahr 1999 bat ich ihn für meine Reihe »Kanzler« erneut zum Interview, und diesmal brachte er auf meine Bitte Hannelore, seine Frau, mit, die seine alte Schreibmaschine unterm Arm trug. Die Schreibmaschine war im doppelten Sinne historisch: Denn auf ihr ist erstens Helmut Kohls 161 Seiten umfassende Doktorarbeit abgetippt worden, zweitens hatte Hannelore Kohl in Oggersheim im November 1989 die letzte Fassung des zuvor geheim gehaltenen Zehn-Punkte-Planes geschrieben, der den Weg zur deutschen Einheit bahnte. Ob Hannelore Kohl auch schon die Doktorarbeit abgeschrieben hatte? Das Ehepaar Kohl nebeneinander auf der Couch, er hält ihre Hand, sie die sagenumwobene Schreibmaschine auf dem Schoß – es war ein Bild für die Geschichte.

Ein halbes Jahr später waren meine Frau und ich zum »Ball der Sterne« eingeladen, dessen Reinerlös der Stiftung Hannelore Kohls zufloss. Das war schon ein Jahr nach der Abwahl Kohls im Jahr 1998. Die Regierung Schröder machte in ihren ersten Monaten bekanntlich manches falsch, und so war es kein Wunder, dass der Altkanzler im Ansehen turmhoch stand. Das Ehepaar kam in den Ballsaal, und zweitausend Gäste, im Abendkleid und Smoking, standen auf und applaudierten stürmisch: eine Standing Ovation von fünf Minuten. Nach einer Viertelstunde kam als Ehrengast Sophia Loren, immerhin ein Weltstar, und bekam auch Beifall: aber nur eine Minute. Später, an Kohls Tisch, sagte ich zu ihm: »Das war ja wie bei Bismarck 1891!« »Ach was«, knurrte er. Doch es hat ihm eindeutig gefallen.

Nicht einmal vier Wochen später begann die Spendenaffäre, und das Ehepaar ging durch die Hölle. Denn wenn die deutschen Medien einen niedermachen wollen, tun sie's gründlich. Anderthalb Jahre später nahm sich Hannelore Kohl das Leben.

Ich bin sicher, dass es nicht allein die viel zitierte Lichtallergie gewesen ist. Es war auch die Verzweiflung über die Angriffe, denen auch sie selbst ausgesetzt war. Ob sie spürte oder wusste, dass ihr Mann schon seit der zweiten Hälfte der 1990er-Jahre eine Beziehung zu Maike Richter gehabt hätte, wie Kohls Sohn später andeutete – das weiß ich nicht. Ich weiß nur, dass Helmut Kohls Leben nach der Abwahl viele tragische Momente hatte: Spendenaffäre, der Selbstmord seiner Frau, dann sein Sturz im Jahr 2008, der ihn an den Rand des Todes brachte. Es war Maike Kohl-Richter, seine junge Frau, die ihn am Leben hielt. Als ich beide im Oktober 2014 noch einmal besuchte, hatte ich das sichere Gefühl: Hier ist ein Paar, das füreinander da ist. Und vor allem: eine Frau, die ihn von Herzen liebt. Die Tragik lag im Bruch der Söhne mit dem Vater. Dafür ganz alleine die Schuld Maike Richter zuzuschieben, wäre allzu schlicht. Dazu gehören immer zwei.

Helmut Kohl ist der Einheitskanzler, das ist seine große Leistung, und das bleibt vor der Geschichte. Schon lang vor seinem Tod waren die hasserfüllten Schlammschlachten der Kanzlerjahre verweht. Unbestritten zählt Helmut Kohl neben Konrad Adenauer und Willy Brandt zu den großen Kanzlern der Bundesrepublik. Die Spendenaffäre verdunkelt sein Bild vor der Geschichte nicht. Das ist Kleinkram. Seine große historische Leistung als Kanzler der Einheit, als Ehrenbürger Europas, wird davon nicht berührt. In den ersten Jahren seiner Amtszeit wurde er nicht nur nach Kräften unterschätzt und persifliert (»Birne«), sondern chronisch angefeindet – als »Provinzler aus der Pfalz« (so sein Amtsvorgänger Helmut Schmidt) oder gar als »total unfähig« (so sein Unionsrivale Franz Josef Strauß). Und doch gehörte er am Ende zu den glücklichen Regierenden, denen die Geschichte das Los zuwies, in einer Ausnahmesituation eine neue Ordnung gestalten zu dürfen – wie Bismarck und Adenauer.

Und siehe da: Im glücklichsten, zugleich gefährdetsten Moment der deutschen Zeitgeschichte machte er, der Pfälzer, im Konzert der Mächte alles richtig. In diesem einen Jahr zwischen Mauerfall und Wiedervereinigung hat Helmut Kohl jene Qualitäten demonstriert, die sich als Glücksfall erwiesen: Standfestigkeit, diplomatische Umsicht – ja, und Charme. Denn selbst bei seinen Kritikern war eines unumstritten. Helmut Kohl verfügte über eine große politische Begabung: Er war imstande, im Gespräch eine persönliche Beziehung zu seinem Gegenüber aufzubauen. Ohne die persönliche Bindung etwa zu George Bush, dem Älteren, und Michail Gorbatschow hätte es die deutsche Einheit nicht gegeben. Der stimmte auch sein listenreicher Freund François Mitterrand am Ende zähneknirschend zu. Bezeichnend die Erinnerung von Gorbatschow: »Er hat mir seine Seele geöffnet. Er zeigte mir, dass auch die Deutschen eine Seele haben, nicht nur die Russen. Das hat mir gut gefallen.«

Doch auch ein solcher Mann hat selbstverständlich seine Macken. Der Pfälzer war ein Patriarch. Er sorgte für die Seinen, doch wenn einer etwas tat, was ihm nicht behagte, dann bekam er das zu spüren. Und gerade mit den Seinen ging er zeitweise rüde um. Legendär sind jene nächtlichen Gelage in der »Pizzeria Castagna«, wo Kohl sich laut Augenzeugen gerne dreimal hintereinander Rigatoni arrabiata reichen ließ und spätestens um Mitternacht seinen Pressesprecher Ackermann, der wegen seiner Nudelvorliebe den Spitznamen »Carbonara« trug, gern mal anwies: »Ackermann, mach de Aff!« Der treue Eduard Ackermann tat wie geheißen und tanzte neben oder auf dem Tisch. Das kann man mögen oder nicht, die Leistung und die Größe dieses Kanzlers bleiben.

»Hier keine besonderen Vorkommnisse!«

Meine deutsche Revolution

Mitunter werde ich gefragt, ob ich ein Achtundsechziger sei. Manchen mag das wundern, aber einige Zeitgenossen unterstellen mir es regelrecht, zumal ich ja in diesem Jahr des Aufruhrs mein Studium in Frankfurt begonnen habe. Und Frankfurt war ja nun mal ein notorisches Nest.

Nein, ich bin kein Achtundsechziger. Wenn ich mich überhaupt auf eine Jahreszahl festlegen lasse, dann bin ich ein Neunundachtziger. Denn dieses wundersame Jahr hat mich geprägt. Ich hatte etwas Ähnliches erhofft. Doch niemals hielt ich es für möglich, dass es noch zu meinen Lebzeiten geschieht.

Aber dann geschah es. Alles war auf einmal denkbar. Alles das, was vorher unwahrscheinlich schien: Diktaturen stürzten, Mauern fielen, und die Menschen, die all das erlebten, fassten ihre überströmenden Gefühle in das Wort der Stunde: *Wahnsinn!*

Heute wissen wir: Es gab enorme Widerstände auf dem Weg zur deutschen Einheit – Briten und Franzosen waren lange Zeit dagegen; Gorbatschow tat bis zum Januar des Jahres 1990 alles, um den Weg zu versperren; ein Putsch in Russland hätte noch im Sommer 1990 alles kippen können. Die viel zitierte Tür zur Einheit stand nur einen Spaltbreit offen und nur für kurze Zeit. »Deutschland, einig Vaterland« war deshalb »Deutschland, eilig Vaterland«.

Es glückte, weil es nicht nur um die Einheit ging – es ging zunächst einmal um die Freiheit, um das Recht auf Selbstbestimmung. Gegen eine staatliche Vereinigung der Deutschen konnte man sich in Europa damals wenden – auch aus Gründen der Geschichte oder um die Balance der Blöcke nicht zu gefährden. Aber sich gegen freie Wahlen, gegen das verbriefte Recht auf Selbstbestimmung auszusprechen, das ging nicht. Die Einheit war ein Kind der Freiheit.

Dass die deutsche Teilung überwunden werden konnte, ist und bleibt ein Glücksfall der Geschichte. Denn es hätte durchaus anders kommen können. Etwa, wenn der alte Churchill recht behalten hätte. Der britische Premierminister machte auf der Alliiertenkonferenz von Teheran im Jahr 1943 bei Erörterung der Frage, wie man Deutschland teilen solle, einen, wie ich finde, raffinierten Vorschlag. Er sagte: Teilt die Deutschen nicht in Ost und West, das wird nicht halten. Teilt sie auf in Nord und Süd! Denn die viel zitierte Mainlinie, so Churchill, sei auch eine Mentalitätsgrenze. Da hatte er ganz ohne Zweifel recht. Und er schlug weiter vor, im Süden einen sogenannten Donaubund zu bilden, bestehend aus dem heutigen südlichen Hessen, Baden-Württemberg, Bayern, Österreich und Ungarn. Und das alles mit der Hauptstadt Wien. Der laut Churchill kriegerische Norden (wegen Preußen) sollte streng behandelt werden, und der nach seiner Ansicht friedlichere Süden rücksichtsvoll und milde. Es ist nicht dazu gekommen, weil vor allem Stalin es nicht wollte.

Wenn ich dieses kaum bekannte Szenario auf Vorträgen zwischen Kiel und Bodensee zitiere, erlebe ich ganz unterschiedliche Reaktionen. Im Norden geht das nach dem Motto: Gut, dass es nicht dazu kam. Doch in Süddeutschland (und je südlicher, desto heftiger) höre ich oft zustimmende Seufzer. Der Donaubund, der wäre eine ernsthafte Versuchung wert gewesen.

Verfasser dieses Churchill-Plans war Sir Frank Roberts, später

Botschafter Ihrer Majestät in Bonn. Als ich ihn 1990 für meine ZDF-Reihe »Die deutsche Einheit« besuchte und zu diesem Plan befragte, hatte der betagte Herr ihn schon komplett vergessen. »Was habe ich da geschrieben?«, fragte der Sir. Ich erklärte ihm noch einmal seinen Plan. »Das habe ich geschrieben?«, fragte Roberts: »Erzählen Sie mir mehr!« Das tat ich, und am Schluss zog er das Fazit: »Gar nicht mal so schlecht!«

Da hatte Roberts recht. Denn dieser Donaubund wäre gewiss ein recht beschwingtes Staatsgebilde geworden, das vielleicht sogar gehalten hätte. Die Nationalhymne war ja schon da: der Donauwalzer, was denn sonst. Viele Bayern fühlen sich ja auch heute noch in Wien a bisserl wohler als im preußischen Berlin. Gut, dass Churchill sich nicht durchgesetzt hat. Denn er hatte recht: Eine Nord-Süd-Teilung Deutschlands zu überwinden, wäre sicher schwieriger gewesen als die Überwindung der Ost-West-Teilung. Das war schon schwer genug.

Heute, in der Rückschau, mag es manchem scheinen, dass der Weg zur Einheit eine Einbahnstraße der Geschichte war. Es habe einfach dazu kommen müssen. Aber das war nicht so. Es war ein Lauf in Siebenmeilenstiefeln, und der war gelegentlich extrem gefährdet. Vieles hat so kommen können, aber keineswegs so kommen müssen.

Beginnen wir im Sommer 1989. Als ich im Juli Ostberlin besuchte, war zu spüren: Hier geschieht etwas. Die Menschen waren mutiger geworden, in den Kirchen wurden mehr und mehr die Stimmen derer laut, die friedliche Veränderungen forderten. Heute wissen wir, was damals nur zu ahnen war: Die DDR stand vor der Pleite, lebte schon von der Substanz. Der Chef der Staatlichen Plankommission kam zu dem Schluss, dass der Lebensstandard in der DDR um ein Drittel gesenkt werden müsse, um den offenen Staatsbankrott zu vermeiden. In der Bundesrepublik wusste man das nicht – weder die Politiker noch die Medien, und schon gar nicht die Geheimdienste. Noch immer kursierte das Märchen von der DDR als zehntgrößter Wirtschaftsmacht der Welt.

Der Wind des Wandels aber wehte aus Südosten. Ungarn, Land des sprichwörtlichen »Gulaschkommunismus«, kannte nicht die eine große Freiheit, aber viele kleine Freiheiten, wie Reisen in den Westen, was den DDR-Bürgern versperrt war. Ungarn, die vermeintlich »lustigste Baracke des sozialistischen Lagers«, die schon damals in die Europäische Gemeinschaft strebte, hatte erste Grenzbefestigungen Richtung Österreich abgebaut. Und so drängten sich im Sommer 1989 so viele DDR-Bürger wie nie rund um den Balaton, den Plattensee. Wenn es eine Chance gab, dem Arbeiter- und Bauernparadies zu entkommen, wollte man sie nutzen.

Wir kennen die Bilder von den vielen Grenzdurchbruchsversuchen, die im letzten Augenblick vereitelt wurden – und von den wenigen, die glückten. Wir kennen die Bilder von jenem Picknick von Sopron, als die Grenze im August 1989 plötzlich offen war und Menschen aus Erfurt und Weimar auf österreichischem Boden Freudentränen weinten. Wir kennen die Bilder vom Balkon der bundesdeutschen Botschaft in Prag, als Hans-Dietrich Genscher den berühmtesten unvollendeten Satz der deutschen Geschichte sprach: »Wir sind zu Ihnen gekommen, um Ihnen mitzuteilen, dass heute Ihre Ausreise ...« Es war die schönste Balkonszene seit Romeo und Julia.

Was wir nicht kennen, sind die Bilder vom entscheidenden Gespräch zwischen den politischen Führern der Republik Ungarn und der Bundesrepublik Deutschland. Es gibt sie nicht. Wir wissen aber, was an jenem 25. August 1989 im Wasserschloss Gymnich bei Bonn geschehen ist.

Ich habe später alle vier Akteure: Helmut Kohl, Hans-Dietrich Genscher, den ungarischen Ministerpräsidenten Miklós Németh und seinen Außenminister Gyula Horn, unabhängig voneinander nach dem Ablauf des Gesprächs befragt. Und alle erzählten überraschenderweise die gleiche Geschichte. Es beginnt Miklós Németh: »Herr Bundeskanzler, wir haben beschlossen, die Flüchtlinge aus der DDR ausreisen zu lassen. Wir öffnen die Grenze.« Daraufhin Helmut Kohl: »Herr Ministerpräsident. Das ist eine wunderbare Nachricht. Wie können wir uns dafür erkenntlich zeigen?« (Unausgesprochen: Wollen Sie dafür Geld?) Daraufhin Miklós Németh: »Nein, Herr Bundeskanzler, das ist eine Entscheidung, die unser Gewissen von uns verlangt – und die Ehre des ungarischen Volkes.« Dem Kanzler, der ein Gefühlsmensch war, traten Tränen in die Augen. Und er sagte: »Herr Németh, das wird Ihnen und dem ungarischen Volk das deutsche Volk niemals vergessen.« Allgemeine Rührung. Der Mantel der Geschichte wehte durch den Raum. Der Erste, der sich wieder fasste, war der Außenminister Gyula Horn. Er räusperte sich und sagte: »Unter diesen Umständen sollten wir den Abschluss unserer laufenden Kreditverhandlungen vielleicht etwas später bekannt geben.«

So geschah es auch. Denn der Eindruck wäre ungerecht gewesen, dass Ungarn sich die Ausreise der Flüchtlinge für ein Linsengericht von 500 Millionen D-Mark hätte abkaufen lassen.

Wenn es etwas gibt wie subkutanes Urvertrauen zwischen Völkern, dann existiert es zwischen Deutschen und Ungarn – ganz egal, wer gerade an der Macht ist. Und ich schreibe das nicht nur, weil ich mit einer Ungarin verheiratet bin. Unsere beiden Völker haben immerhin seit über tausend Jahren keinen Krieg gegeneinander geführt. Das ist in Europa einzigartig. Die Schlacht auf dem Lechfeld 955 nach Christus liegt ja nun doch schon etwas zurück, und auch das »Wunder von Bern«, ziemlich genau tausend Jahre später, hat keine tieferen Wunden geschlagen – zumindest nicht in Deutschland.

Heute mag es manchen fast skurril erscheinen, dass im Sommer 1989 Tausende von DDR-Bürgern Leib und Leben wagten, um den Westen zu erreichen – zumal sie ein paar Wochen später ohne Schwierigkeiten reisen durften. Doch das wussten sie zu diesem Zeitpunkt natürlich noch nicht.

Aber wenn wir schon von Pionieren, gar von Helden dieses Wendeherbstes 1989 sprechen, sind auch die zu nennen, welche Freunde und Familie, Hab und Gut zurückgelassen haben. Sie riskierten ihre berufliche Zukunft und nicht wenige sogar ihr Leben, um die DDR zu verlassen. Und es war nicht nur die Sehnsucht nach mehr Wohlstand, was sie trieb: Es war auch die Sehnsucht nach Freiheit.

Erst jene, die zeigten, dass der Ruf »Wir wollen raus!« Erfolg hatte, schufen Raum für jene, die mutig riefen: »Wir bleiben hier!« Denn nun formierten sich nicht nur in Leipzig montags vor den Kirchen Tausende und bald Zehntausende, die grundlegende Veränderungen einforderten. Es war eine Revolution. Wir kennen ja den viel zitierten Lenin-Spruch: »Wenn die Deutschen auf dem Bahnhof eine Revolution machen wollen, kaufen sie sich vorher eine Bahnsteigkarte.« Aber 1989 gab es keine Karten. Und so wurde es die erste deutsche Revolution, die wirklich glückte und vor allem glücklich endete. Der heiße Herbst des Jahres 1989 hatte keine Märtyrer – nur viele Wendehälse.

Die gelenkigsten von ihnen stammten aus dem Westen. Jene, die noch im November 1989 bremsen wollten, sind im Frühjahr 1990 auf den unter Volldampf fahrenden Zug aufgesprungen. Sie haben sich später gern als Lokführer gebärdet – oder wenigstens als Schaffner: Da sind viele prominente Namen dabei.

Die SED-Führung hingegen war im Frühherbst 1989 kollektiv nervös. Die Genossen waren ganz auf den vierzigsten Jahrestag der DDR-Gründung fixiert. Eine chinesische Lösung, also Blutvergießen, kam zumindest vorher nicht infrage. Man wollte den 7. Oktober glanzvoll zelebrieren, um der Welt ein Staatsschauspiel zu zeigen. Und vor allem auch dem Ehrengast aus Moskau, Gorbatschow. Der allerdings war nicht ganz auf ihrer Linie, auch wenn er die berühmten Worte »Wer zu spät kommt, den bestraft das Leben« so nie ausgesprochen hat. Der Satz klingt schön – aber was er tatsächlich gesagt hat, war Folgendes: »Gefahren warten nur auf jene, die nicht auf das Leben reagieren.«

Das hört sich schon etwas anders an. Aber wie das halt so ist: Ein findiger Redakteur hat das Originalzitat ein bisschen kreativ verändert und zur Titelzeile seiner Meldung gemacht, schon war der Satz der Sätze in der Welt und wurde unentwegt zitiert: Wer zu spät kommt, den bestraft das Leben. Gorbatschow hat dieser Satz so sehr gefallen, dass er später selbst daran geglaubt hat, dass er ihn gesagt hat. So hat er mir das später erzählt.

Zwei Tage später, am 9. Oktober, stand die ganze Sache Spitz auf Knopf. Natürlich gab es eine Vorkehrung, die große Leipziger Montagsdemonstration am 9. Oktober gewaltsam zu zerschlagen. Betriebskampfgruppen des Regimes waren schon bewaffnet, Listen waren angelegt für Internierungslager, Krankenhäuser alarmiert. Dass dennoch nicht geschossen wurde, war nicht nur das Resultat von friedlichem Protest und einem legendären Aufruf zur Gewaltfreiheit – es lag auch an der Unentschlossenheit der Machthaber. Offenkundig konnte sich die Führungsgarde eine wirkliche Bedrohung ihrer Herrschaft nur als Putsch einer gewaltbereiten Gruppe vorstellen. Der gewaltlose Aufstand passte nicht in ihre Theorie. Er hat sie wehrlos gemacht.

Das wussten allerdings die siebzigtausend Menschen, die am 9. Oktober 1989 auf dem Ring von Leipzig für die Freiheit demonstrierten, nicht. Das Schicksal der deutschen Revolution – es stand an diesem Tag im wahrsten Sinn des Wortes auf des Messers Schneide.

In den Seitenstraßen stand die Staatsmacht, schwer bewaffnet, und die Demonstranten – Frauen waren mit dabei, die Kinderwagen schoben – mussten damit rechnen, dass es ebenso zu einem Blutbad kommen könnte wie in Peking ein paar Monate zuvor – auf dem Platz des Himmlischen Friedens. Dass sie trotzdem auf die Straße gingen, voller Angst und voller Mut, das war ihr Heldentum. Was hier triumphierte, war die Sehnsucht nach der Freiheit.

Der 9. Oktober von Leipzig war der Tag der Entscheidung. Nichts war festgelegt. Es hätte durchaus anders kommen können. Und entscheidend für all das war letzten Endes eins: Die Panzer der Besatzungsmacht Sowjetunion – sie rollten nicht. Sie blieben in den Arsenalen.

Was hingegen alle überrollte, war das Volk – der große Lümmel. Als die Menschen spürten, dass die Staatsmacht diesmal Skrupel hatte, trieben sie die Mächtigen vor sich her und zwangen sie zu Reformen. Das Regime stand alsbald mit dem Rücken zu der Wand, die es mal selbst errichtet hatte, um das Volk daran zu hindern, wegzulaufen.

Die Mauer von Berlin war die teuerste Immobilie der DDR. Etwa eine Milliarde Ostmark jährlich kostete ihr Unterhalt zuletzt. Der Gedanke, das Regime zu retten, wenn die Mauer nur ein wenig durchlässiger würde, lag im Jahr 1989 nahe. Doch die Kommunikation im engsten Führungszirkel versagte im November 1989 jämmerlich.

Schabowskis ungeplante Ankündigung von der sofortigen Grenzöffnung war ganz sicher der schönste Fehler der deutschen Geschichte. Dieser Schnitzer vor den Kameras der Welt ermöglichte das Wunder von Berlin. Es war ein Wunder. Und es hat nicht dazu kommen müssen. Denn auch hier stand vor allem beträchtliche Verwirrung.

Das Politbüro der SED reagierte in den ersten Tagen des Novembers wie in Trance. Wie Schabowski selbst beschreibt, war man im Kreise der Reformer – so verstanden sie sich ja – vor allem damit beschäftigt, erst noch diesen und jenen der alten Garde abzuschießen, um dann die Politik machen zu können, die die Krise zähmen würde. Man erkannte nicht, dass die Krise längst schon ihre eigene Macht bedrohte. Niemand kam darauf, dass eine neue Reiseregelung den wirklich freien Grenzverkehr bedeuten könnte.

Ich habe Schabowski in den Jahren darauf noch etliche Male dazu befragt – und immer schwor er Stein und Bein, es sei kein Versehen gewesen, er habe seinen Satz mit Absicht gesagt. Das war ganz sicher nicht so. Denn Schabowski wollte zwar eine Öffnung der Grenze, bestimmt aber nicht in dieser unkontrollierten Form und gewiss nicht als fulminanten Mauerfall. Die Bilder jener Nacht – sie schufen Fakten.

In dieser Nacht der Nächte war ich gegen 19 Uhr zu Hause und wartete auf eine Sendung meiner Redaktion, die gegen 22.15 Uhr ausgestrahlt werden sollte: »Abrechnung mit Stalin« – ein Film von Ekkehard Kuhn über die Bemühungen in der Sowjetunion, sich von Stalin zu lösen. Schabowskis Pressekonferenz spielte in den Nachrichten von ARD und ZDF natürlich die gebührende Rolle, doch erst die Worte Hajo Friedrichs in den »Tagesthemen« gaben dem Ereignis die richtigen Worte: »Die Tore in der Mauer stehen weit offen.« Erst diese Worte waren es, die die Ostberliner an das Wunder glauben und zu den Grenzen strömen ließen. Und natürlich war die ARD gleich nach den »Tagesthemen« live dabei und berichtete mit mehreren Reportern vom Getümmel in Berlin. Das »heute journal« brachte zwar die Bilder vom Gesang der Hymne aus dem Bonner Wasserwerk. Doch als Kollegen aus Berlin einen Livebericht von der Grenze anboten, fiel, Zeitzeugen zufolge, in der Schlussredaktion der unvergessliche Satz: »Wir sind schon voll!« Auch im Anschluss änderte das ZDF nicht das Programm, sondern sendete unsere Stalin-Dokumentation – was mich zum einen freute, aber auch dazu verführte, immer wieder zur ARD hinüberzuschalten, um auf dem Laufenden zu bleiben. Ich nahm fest an, dass nach dem Stalin-Film gegen 23 Uhr eine Sondersendung aus Berlin beginnen würde. Das war allerdings ein Irrtum. Gesendet wurde stattdessen ein künstlerisch wertvoller Spielfilm über Menschen in Marokko.

Um Mitternacht hielt ich es dann nicht mehr aus und rief in der Sendeleitung an: »Sagt mal, Kinder, was ist los? Warum bringen wir nichts aus Berlin?« – »Ja, wir warten schon die ganze Zeit auf irgendeine Anweisung. Aber es geschieht nichts.«

Und so war es auch: Der Chefredakteur inspizierte gerade das ZDF-Studio in Südafrika und war natürlich außen vor, flog freilich schon am nächsten Tag schnurstracks zurück nach Deutschland. Der stellvertretende Chefredakteur war samt bestem Ü-Wagen-Equipment mit Helmut Kohl in Warschau, um die Bemühungen des Kanzlers um die deutsch-polnische Entspannung gebührend zu würdigen. Und der an seiner Statt verantwortliche Hierarch war in dieser Nacht ganz eindeutig verschollen.

Halten wir uns allerdings vor Augen: Es gab zu dieser Zeit noch keine Handys. Ständige Erreichbarkeit war eine Illusion. Und so verstrich die Zeit. Gegen drei Uhr morgens ging ich zu Bett. Es war die schönste Nacht der deutschen Geschichte – und die schwärzeste Nacht des ZDF.

Am nächsten Morgen jagten sich in Mainz die Krisenkonferenzen, um das Debakel wiedergutzumachen. Eine halbe Hundertschaft flog in die alte Hauptstadt, inklusive meiner selbst. Ich hatte ohnedies Termine in Berlin mit meinem Team, weil wir für eine sechsteilige Reihe drehten, die im Jahr 1990 gesendet werden sollte: »Die deutsche Einheit« – genau genommen eine Geschichte der deutschen Teilung seit 1945. Es war die einzige Dokureihe meiner Laufbahn, bei der wir während der Drehzeit nicht wussten, wie sie enden würde. Ein 3. Oktober 1990 war im November 1989 überhaupt nicht absehbar.

Es war das schönste Wochenende meines beruflichen Lebens.

Ganz Berlin war eine Stadt der Freude. Tausende von Trabis standen stundenlang im Stau, und sie verbreiteten in der Berliner Luft, was die *New York Times* den »Scent of Freedom« nannte – den »Duft der Freiheit«. Ich erlebte, wie der große Cellist Mstislaw Rostropowitsch eigens aus Paris anreiste, um am Checkpoint Charlie zum Gedenken an die Toten der Mauer die Solosuiten von Johann Sebastian Bach zu spielen – für den Amateurcellisten Knopp ein ganz bewegender Moment. Am Grenzübergang Glienicker Brücke – dort hat man in der Zeit des Kalten Krieges die Agenten ausgetauscht – habe ich zusammen mit dem amerikanischen Botschafter Vernon Walters so viele erwachsene Männer wie nie zuvor und nie danach in meinem Leben weinen sehen.

Und ich habe am Potsdamer Platz erlebt, wie ein Offizier der Grenztruppen der DDR die deutsche Einheit instinktiv vorwegnahm. Bundespräsident von Weizsäcker stand da und besichtigte den Durchbruch durch die Mauer. Der besagte Offizier erblickte ihn, marschierte vergleichsweise stramm auf ihn zu, salutierte und sagte: »Melde gehorsamst, Herr Bundespräsident, hier keine besonderen Vorkommnisse!«

»Deutschland, eilig Vaterland!«

Meine deutsche Einheit

Von Einheit aber war an diesem legendären Wochenende nicht, noch nicht, die Rede. Schon die Demonstrierenden der ersten Stunde, die in Leipzig noch »Wir sind das Volk« gerufen hatten, wollten erst einmal nicht die Einheit, sondern eine freiere DDR. Doch eine Woche später waren es auch andere, die auf die Straße gingen. Denn jetzt waren es die Stillen, die aus ihren Nischen kamen und die schwarz-rot-goldenen Fahnen schwenkten. Und ihr Ruf hieß: »Deutschland, einig Vaterland!« Und: »Wir sind ein Volk!«

Diese zweite Reihe war es, die den Einheitsruf erklingen ließ. Oft zum Verdruss der ersten Reihe, die etwas ganz anderes gewollt hat: nur die Freiheit, nicht die Einheit.

Doch die Kräfte, die ihr Mut entfesselt hatte, waren schließlich stärker als sie selbst – eine Ironie der Zeitgeschichte. Ohne diese Rufe aber hätte Helmut Kohl in Bonn niemals seine Meinungsführerschaft in Sachen deutsche Einheit übernehmen können. Seit dem 28. November, der Verkündung des Zehn-Punkte-Plans im Bonner Bundestag, lag der Ball in seiner Hälfte. Doch der Anstoß dazu kam von außen – von Nikolai Portugalow, dem Vertrauten Valentin Falins.

Portugalow überreichte am 21. November, also einen Tag nach den ersten Leipziger Einheitsrufen, dem Kanzlerberater Horst Teltschik in Bonn einen Fragenkatalog des Kreml über die weiteren Absichten der Bundesregierung. Portugalow und Teltschik haben mir beide unabhängig voneinander von diesem Gespräch erzählt. Und auch ihre Berichte waren nahezu identisch.

Es ging Falin darum, zu erfahren, was die Bonner überhaupt in Sachen Einheit planten. Die hatten damals allerdings noch nichts Genaues im Sinn. Denn der Kanzler wusste genau: Je konkreter und früher er in Sachen Deutschland wäre, desto heftiger der Gegenwind, der ihm dann ins Gesicht blies.

Bei diesem in der Tat historischen Gespräch im Bonner Kanzleramt am 21. November lockte Portugalow im Auftrag Falins mit »nichtamtlichen Überlegungen«. Machten die Deutschen, so hieß es, »rein theoretisch«, eine Wieder- oder Neuvereinigung zum Ziel ihrer Politik, so sollten sie öffentlich über den Austritt aus der NATO nachdenken. Im Gegenzug werde die Sowjetunion auch »Undenkbares« erwägen. Das war, so Falin später, nur ein Köder, um zu hören, was Bonn plante. Doch Bonn brauchte einen solchen Köder, um überhaupt erst mit der Planung zu beginnen.

Teltschik war nach eigenem Bekunden »wie elektrisiert« und ging sofort zu Helmut Kohl. »Wenn schon Gorbatschow und seine Berater die Möglichkeit der Wiedervereinigung diskutieren«, so Teltschik, »dann ist es höchste Zeit, dass wir das nicht länger im stillen Kämmerlein tun, sondern in die Offensive gehen.«

Die Sache war grotesk und doch historisch. Das Moskauer Kalkül bestand aus einem Missverständnis: Die Sowjets dachten, Bonn plane etwas, und sie wollten das dank ihres fetten Köders liebend gern erfahren. Bonn aber plante bis dahin aus wohlerwogenen Gründen nichts, doch nahm den Köder nun für bare Münze und begann zu planen. Und erst diese Planung führte binnen eines Jahres dann zu dem, was Moskau im November 1989 »bislang Undenkbares« nannte.

Der Zehn-Punkte-Plan des Helmut Kohl, der kommode langjährige Weg zur Einheit über eine Konföderation – die Geschichte ging darüber rasch hinweg. Damals allerdings war das eine Provokation. Als Kohl den Plan am 27. November im Bonner Bundestag vortrug, kommentierte ich all das am Abend im »heute journal« als »vorsichtigen Königsweg«. Mir war klar, dass dem Kanzler dennoch der Gegenwind der europäischen Verbündeten ins Gesicht schlagen würde.

Und so kam es auch. Wir wissen heute, welche Widerstände es gab: versteckt in Frankreich, offen in der britischen Regierung. Margaret Thatcher stand der seltsamen Idee einer deutschen Einigung zwar feindlich gegenüber (und das ist noch freundlich ausgedrückt), doch sie hielt sie immerhin für möglich – im Gegensatz zu François Mitterrand.

Der sagte seiner britischen Kollegin, er hoffe, dass Gorbatschow ein neu vereintes Deutschland in der NATO niemals billigen und Amerika es niemals akzeptieren würde, dass die Bundesrepublik die NATO je verlässt. Denn die NATO war ja, nach einem viel zitierten Spruch ihres ersten Generalsekretärs, des Briten Lord Ismay, ursprünglich dazu da, in Europa die Russen »draußen«, die Amerikaner »drinnen« und die Deutschen »unten« zu halten. »Wir können«, meinte Mitterrand zu Maggie Thatcher, »ganz beruhigt sein. Sagen wir nach außen, dass die Wiedervereinigung geschehen kann, wenn die Deutschen es wollen – im Bewusstsein, dass die beiden Großen uns davor bewahren.«

Die Pariser Strategie in jenen wendevollen Monaten hieß also: »Doppelspiel«. Nach außen die Idee der deutschen Einheit unterstützen, nach innen, hinter den Kulissen, den Prozess verzögern und dadurch vielleicht verhindern.

Der Franzose von der Straße mochte für die demokratische Idee von deutscher Freiheit in einem vereinten Land sogar Sympathie empfinden – die politischen Eliten unseres Nachbarlandes aber stimmten damals lieber jenem Bonmot zu, das die französische Seelenlage auf den Punkt brachte: Man liebe Deutschland so sehr, dass man am liebsten zwei davon habe.

Die Folge war, dass Mitterrand, besorgt ob einer sich verändernden Balance der Machtverhältnisse, noch im Dezember 1989 mit allen Mitteln versuchte, eine längere Eigenständigkeit der DDR zu fördern. Er besuchte Leipzig und animierte Männer wie den Ministerpräsidenten Hans Modrow und vor allem SED-Parteichef Gregor Gysi, sich dem Einheitsruf zu widersetzen. Was die dann auch taten.

Und noch unverblümter operierte Maggie Thatcher. Schon zwanzig Jahre nach all dem haben Akten aus dem Außenministerium Großbritanniens wieder einmal schwarz auf weiß erkennen lassen, dass sie damals alles Mögliche versucht hat, um die deutsche Einheit zu verhindern, weil, so wörtlich, »wir den Deutschen eigentlich nicht trauen sollten«. In der Downing Street fiel damals der berühmte Satz: »Zweimal haben wir sie geschlagen. Jetzt sind sie wieder da.« Wir sollten das der Lady heute nicht mehr allzu sehr verargen.

Damals gab es auch im eigenen Lande, in der alten Bundesrepublik, noch allzu viele, die sich selbst nicht trauten und den Traum von nationaler Einheit als verblassende Schimäre auf den Scheiterhaufen der Geschichte werfen wollten. Aber dort verglühte damals nur die unmutige Illusion, dass der Frieden in Europa unbedingt zwei Deutschlands brauche.

Im Dezember 1989 stand die Sache folglich auf der Kippe. Mitterrand und Thatcher waren schwer verärgert über Helmut Kohls Zehn-Punkte-Plan, Gorbatschow war hocherzürnt, und nur der amerikanische Präsident George Bush hielt Kohl die Stange, weil er in globalen Dimensionen dachte.

Während sich der Ring der Siegermächte, die zutiefst beunruhigt waren, enger als zuvor um die ruhelosen Deutschen schloss, vollzog sich die friedliche Revolution. In Leipzig und in vielen anderen Städten demonstrierten mittlerweile nicht nur Hunderttausende, es waren schon Millionen: friedlich und mit Kerzen – Bilder, die bis heute unauslöschlich sind.

Ganz Osteuropa war in diesen Monaten im Aufbruch: Polen hatte sich als Erstes aus der Klammer der Sowjetunion gelöst und seit dem Sommer 1989 schon ein frei gewähltes Parlament, die Ungarn waren auf dem Weg dorthin, die Balten wollten raus aus der Sowjetunion, um jeden Preis, und wieder ihre eigene nationale Souveränität gewinnen. Die Tschechen, deren kommunistisches Regime besonders dumpf war, inszenierten das wohl zauberhafteste Geräusch der Rebellion: 300 000 Demonstranten schüttelten in Prag mit ihren Schlüsselbunden – und machten auf eine ebenso sanfte wie unmissverständliche Weise klar, dass dem Regime die Stunde schlug.

All das war schön und wichtig. Doch die Gretchenfrage an die internationale Politik hieß: Wie hältst du es mit Deutschland?

Als ich im Dezember 1989 Valentin Falin und Nikolai Portugalow im Moskauer ZK-Gebäude besuchte, um mich ihrer Unterstützung für mein Film-Projekt »Der verdammte Krieg« zu versichern, gaben sich beide in hohem Maße besorgt. »Ihr Kanzler spielt ein gefährliches Spiel«, sagte Falin. Und Portugalow präzisierte: »Kohl spielt va banque.« Offenbar war beiden die deutsche Reaktion auf ihren Vorstoß unheimlich geworden.

Dass das Ziel der deutschen Einheit am Ende dennoch erreicht wurde, lag vor allem an der Macht der Bilder. Der Besuch von Helmut Kohl in Dresden am 19. Dezember, die Aufnahmen von der Öffnung des Brandenburger Tors an Weihnachten und vor allem die ekstatischen Bilder von der ersten gemeinsamen Silvesterfeier am Brandenburger Tor ließen in den Kabinetten der vier Mächte das mitunter resignierende Bewusstsein reifen: Gegen eine solch machtvolle Bewegung ist kein (demokratisches) Kraut gewachsen. Allein der Ruf nach Einheit wäre wohl ungehört geblieben. Aber weil er untrennbar mit dem Ruf nach Freiheit, Selbstbestimmung, freien Wahlen verknüpft war, hatte er Erfolg.

Ein damals oft zitierter Schlüsselsatz des Kalten Krieges hieß: »Die deutsche Frage ist so lange offen, wie das Brandenburger Tor geschlossen ist.« Jetzt stand das Brandenburger Tor weit offen und die deutsche Frage auf der internationalen Tagesordnung.

Der Januar des Jahres 1990 brachte eine Vorentscheidung. Beim legendären Strandspaziergang Kohls und Mitterrands an der Atlantikküste fiel eine Art von Doppelbeschluss: Für die Einführung des Euro kam die Zustimmung der »grande nation« zur deutschen Einheit.

Helmut Kohl hat das zwar damals dementiert. Doch es gibt eindeutige Hinweise, dass die Aussicht auf eine einheitliche europäische Währung das Einlenken Frankreichs zumindest nicht erschwert hat. So viel jedenfalls steht fest: Für Mitterrand war die Einbindung der D-Mark mit entscheidend, um sich mit der Einheit abzufinden. Das im Jahr 1990 laut zu sagen, wäre jedoch wenig populär gewesen. Denn die D-Mark galt als deutsches Heiligtum! Wie hieß es auf den Leipziger Plakaten damals: »Kommt die D-Mark, bleiben wir, kommt sie nicht, geh'n wir zu ihr!«

Die D-Mark kam. Und sie hatte ganz schön viel zu leisten. Denn in Moskau tagte ebenfalls im Januar 1990 das Politbüro. Die Genossen analysierten die Lage und kamen zu dem Schluss: Angesichts des Baltikums, das sich gerade von der Sowjetunion ablöste; angesichts von Staaten wie Polen, der Tschechoslowakei und Ungarn, die lieber heute als morgen aus dem Warschauer Pakt austreten wollten; mangels eines eigenen Landkorridors nach Ostdeutschland lohne es sich nicht, die DDR zu halten. Aber wenn man sie nun schon nicht halten könne, so die Forderung von Gorbatschow-Berater Falin, dann sollte man doch wenigstens versuchen, für die darbende Sowjetunion so viel wie möglich rauszuschlagen. Es zählt zu den kleinen Wundern dieses Jahres 1990, dass es letzten Endes, jenseits von Krediten, doch nur 15 Milliarden D-Mark waren, die die Bundesrepublik an die Sowjetunion direkt bezahlen musste. Die Ablösung der Kriegsbeute DDR war also äußerst günstig.

Heute wird immer noch der Vorwurf formuliert, der ganze Einigungsprozess sei viel zu schnell vorangegangen, viel zu überstürzt, er hätte viel mehr Zeit gebraucht. Das ist natürlich ökonomisch richtig, doch politisch ist es falsch. Wir lebten und wir leben nun mal leider nicht auf einer ruhigen Insel, nur vom blauen Meer umgeben, sondern mitten in Europa. Die bewusste Tür zur Einheit war nicht lange geöffnet. Schon im Dezember 1990, nach dem Rücktritt des Außenministers Schewardnadse, wäre manches schwieriger geworden. Nach dem Sturz von Gorbatschow im Jahre 1991 ohnehin.

Wir wissen heute, dass es schon 1990 zweimal einen ernsten Putschplan gegen Gorbatschow gegeben hat. Einmal im September, kurz vor Unterzeichnung des Zwei-plus-Vier-Vertrages, und zuvor im Sommer, als sich Generäle der Nationalen Volksarmee, die genau wussten, dass sie abgewickelt werden würden, mit Generälen der Sowjetarmee zusammentaten. Sie planten, Gorbatschow in die DDR einzuladen und dort zu verhaften. Das Ganze scheiterte daran, dass die anstelle Gorbatschows erkorene Galionsfigur des Putsches, der Marschall Sergej Achromejew, im letzten Augenblick Skrupel bekam und sich verweigerte. Ein Jahr später aber, im August des Jahres 1991, zählte ebendieser Achromejew zu den Moskauer Putschisten. Und als dieser Putsch am Widerstand von Jelzin scheiterte, erschoss sich Achromejew – eine tragische Figur.

Doch wenn der Putsch bereits im Sommer 1990 stattgefunden hätte, hätten wir die deutsche Einheit wohl vergessen können. Denn der viel zitierte Mantel der Geschichte wehte nur ein kurzes Weilchen. Es war richtig, zunächst die äußeren Aspekte unter Dach und Fach zu bringen – eingedenk dem Bild vom Bauern, der bei Blitz und Donner seine Fuhre mit der Peitsche antreibt, um die Ernte vor dem großen Regen in die Scheuer einzufahren. Wie man dann die Ernte lagert, welche Mühlen weiterhin mahlen, mahlen können, mahlen dürfen, steht auf einem anderen Blatt.

Ich habe diese potenzielle Putschgeschichte zum ersten Mal in unserem Dokudrama »Deutschlandspiel« im Jahr 2000 veröffentlicht – und ich sage hier: Der erste Hinweis darauf kam von Valentin Falin. Wenn es einen gab, der das wissen musste, war es er.

Der Einigungsvertrag hatte das Zieldatum 3. Oktober. Ich persönlich hätte es schon damals gern gesehen, wenn nicht der 3., sondern der 9. Oktober Stichtag der Vereinigung geworden wäre – zur Erinnerung an den 9. Oktober von Leipzig, den Tag der Entscheidung, als alles auf Messers Schneide stand. Das wäre ein wahrhaft würdiger nationaler Feiertag geworden: unser 14. Juli! Aber damals gab es Zeitgenossen, die sich davor fürchteten, bei einer Wahl des 9. Oktober noch einmal den 7. Oktober feiern zu müssen – als 41. Jahrestag der DDR. So wurde es eben der 3. Oktober. Den wollen wir dann auch in Ehren halten.

Wenn wir uns fragen: Warum war das Glück uns ausnahmsweise hold im Jahr 1989/90, komme ich zu meinem ganz besonderen Steckenpferd und antworte: Es lag vor allem am Vertrauen. Zwei Elefanten deutscher Politik, und das ist liebevoll gemeint, die Herren Kohl und Genscher, wucherten mit diesem Pfund. Helmut Kohl war für seine Partner in den Machtzentren der Welt der Prototyp des guten Hausvaters, auf dessen Ehrenwort man sich verlassen kann – in jedem Fall. Und sein Partner Genscher, der Mann mit dem gelben Pullover, die fleischgewordene vertrauensbildende Maßnahme, der so viele europäische Politiker in Ost und West kannte und dank der von ihm erfundenen Sitte des sogenannten »Arbeitsfrühstücks« – um 6.30 Uhr morgens eine barbarische Institution – seine Kollegen so häufig traf, dass ihm die Gabe der Bilokation nachgesagt wurde, der

Präsenz an zwei Orten zugleich. Diesem souveränen Schlitzohr kauften seine Partner ohne Mühe das Versprechen ab, dass die Deutschen mit der neuen großen Freiheit und der unverhofften Einheit keinen Unsinn machen würden.

Dank gebührt George Bush – dem Vater. Als es letztlich um die Frage ging, welchem Bündnis das vereinte Deutschland angehören sollte, hat vor allem seine leise Politik des Understatements das Größtmögliche erreicht – ein Meisterstück moderner Staatskunst und ein Beispiel für den Sohn.

Und Gorbatschow? Bis in den Januar des Jahres 1990 wollte er die deutsche Einheit nicht. Er wehrte sich sogar vehement dagegen. Erst als sicher war, dass nur noch Panzer den Zug zur staatlichen Vereinigung der Deutschen aufhalten könnten, schwenkte er um. Nicht aus Begeisterung. Es war vor allem nüchternes Kalkül – und Einsicht in die wirtschaftlichen Zwänge. Wenn er – und als solcher wird er ja geehrt – ein Vater der Vereinigung gewesen ist, dann war die Vaterschaft eher unfreiwillig. Doch das mindert sein Verdienst um keinen Deut: Er hat die friedliche Vereinigung des Kontinents ermöglicht – um den Preis der Selbstauflösung seiner Heimat, der Sowjetunion.

Im Sommer 1990, nach dem Treffen Kohl und Gorbatschow im Kaukasus, stand das deutsch-sowjetische Verhältnis in den absoluten Flitterwochen. Eine ganz und gar romantische Phase. Alles war auf einmal möglich. Ich habe das am eigenen Leib erlebt. Anfang August 1990 habe ich in Moskau eine prominent besetzte Fernsehdiskussion moderiert, die zur gleichen Zeit im ZDF und im sowjetischen Fernsehen Gosteleradio gesendet wurde. Thema war: Europa, das zusammenwächst – in Freiheit.

Die Herausforderung lag darin, dass ich diese Diskussion unbedingt im Katharinensaal des Kreml aufzeichnen wollte, wo zwanzig Jahre zuvor der Moskauer Vertrag durch Brandt und Breschnew unterzeichnet worden war und wo bislang noch nie dergleichen stattgefunden hatte. Was im Vatikan die Sixtinische

Kapelle, das war im Kreml der Katharinensaal – ein nationales Heiligtum. Die Kreml-Verwaltung stand der verrückten Idee, dort so etwas Profanes wie eine Fernsehdiskussion zu platzieren, ausgesprochen kritisch gegenüber. Die Verhandlungen waren lang und zäh. Wir waren alle schon erschöpft, als offenbar ein Engel durch den Raum flog. Denn eher aus Zufall haben wir unsere Partner gefragt: »Können wir euch irgendwie behilflich sein? Braucht ihr irgendwas?« Sie schauten sich an, schauten uns an und rückten auf einmal mit der Sprache raus: »Uns fehlen Staubsauger!«

Das war unsere Chance! Wir bildeten eine Luftbrücke Frankfurt-Moskau und schickten zwanzig nagelneue Staubsauger der Marke Kärcher in den Kreml. Die Diskussion im Katharinensaal fand statt. Und ich bin sicher: Gorbatschow, Jelzin, Putin, Medwedjew und jetzt wieder Putin – die Kreml-Herrscher kommen und gehen, aber unsere Staubsauger, made in Germany, die laufen immer noch!

Es waren übrigens nicht unsere einzigen Liebesgaben an die Kreml-Verwaltung. Bei einer anderen Gelegenheit hatte mein erfahrener Produktionschef Josef Stader bei einer Ortsbesichtigung mitbekommen, dass es im Kreml gewaltig zog und viele Angestellte niesten. Befragt, ob man denn helfen könne, hieß es: Ja, moderne Inhaliergeräte wären gut. Die besorgte Josef Stader, und die Drehgenehmigung war nur noch Formsache.

Nach außen hin wurde 1989/90 alles richtig gemacht, nach innen, wie wir wissen, leider nicht. Ein schmerzliches Versäumnis unter manchen anderen ist für mich, dass wir im Jahr 1990 nach der äußeren Einheit keine neue Verfassung geschaffen haben, die den Wert der Freiheit für das neue Deutschland deutlicher markiert. Diese Verfassung hätte ja zu 99 Prozent das Grundgesetz sein können. Denn das hat sich ja bewährt. Aber sie hätte doch ein paar Elemente der direkten Demokratie miteinbeziehen können – getreu dem Ruf der ostdeutschen Bür-

1 | »Die Schätze des Archivs«
Der Autor mit »bislang unveröffentlichtem Material«

2 | »Das erste Nachkriegs-Faschingsfest«
Guidos Eltern Ende der vierziger Jahre

3 | »Vorsorglich gemästet«
GK als Siebenmonatskind

4 | »Ihr könnt Fritz zu mir sagen«
GK mit sieben Jahren

5 | »Cellist aus Leidenschaft«
GK spielt bei der Abiturfeier

6 | »Zwei begabte Söhne«
GK's Älteste Mitte der Achtzigerjahre

7 | »Im Visier der Stasi«
GK als junger Redaktionsleiter 1984

8 | »Zeitzeuginnen gesucht«
GK mit zwei Herero-Damen in Namibia

9 | »Das Bindeglied zur alten Heimatstadt«
GK moderierte 30 Jahre lang die »Aschaffenburger Gespräche«

10 | »Hitler heute – Gespräche über ein deutsches Trauma«
Das Podium der ersten Aschaffenburger Gespräche 1978

11 | »Ein neues Hitlerbild?«
Symptome einer »Hitler-Welle« 1977/78

12 | »Die grosse Flucht«
Das Podium der Aschaffenburger Gespräche 2001

13 | »Die letzten alliierten Überlebenden
der Kapitulation der Wehrmacht«
Vor Ort in Berlin-Karlshorst mit GK und
seiner russischen Komoderatorin

14 | »Der verdammte Krieg«
GK und sein russischer Komoderator
vor einem deutschen Panzer bei Moskau

15 | »Die gleichen Bilder und der gleiche Text im Fernsehen beider Länder«
GK und seine russische Komoderatorin auf dem Dach des Reichstages

16 | »Mythos Panzerschiff Aurora«
GK mit dem letzten Überlebenden vor Ort

17 | »Who is the kissing sailor?«
Das legendäre Paar auf dem Times
Square 1945

18 | »I am the kissing sailor!«
Das Paar Jahrzehnte später mit GK
vor Ort

19 | »Meine Sekretärin ist in Kur!«
GK mit Valentin Falin in dessen Arbeitszimmer

20 | »Der beste tote Briefkasten ist eine Bank«
GK mit Topspion Oleg Gordijewski im Londoner Hydepark

21 | »Die Teilung ist kein Strafgericht«
GK mit Ekkehard Kuhn vor der Berliner Mauer

22 | »So wurde Russland rot«
Dreharbeiten für den Film in Leningrad

23 | »Damals – vor vierzig Jahren«
Der Moderator im Berliner Studio

24 | »Damals – vor vierzig Jahren«
GK mit Komoderator Gustav Trampe

25 | »Damals – vor vierzig Jahren«
GK mit Komoderator Charly Weiss

26 | »Mit ›Hitlers Helfern‹ in die Primetime«
GK mit den Autoren Christian Deick und Sebastian Dehnhardt

27 | »Aufklärung braucht Reichweite«
GK inmitten der Redaktion Zeitgeschichte

28 | »Immer wieder gerne«
Für Satire stand GK oft zur Verfügung

29 | »Dann werden wir halt weniger«
Gk moderiert die Reihe »Vatikan – die Macht der Päpste«

30 | »50 Jahre Frieden«
Prominent besetzte Diskussion in Potsdam, moderiert von Klaus Bresser und GK.
Gorbatschow und Kissinger wurden zugeschaltet

31 | »Staubsauger für den Kreml«
Diskussion im Allerheiligsten mit Barzel, Bahr, Falin, Koptelzew und GK

32 | »Die einzige Alternative zum Krieg«
GK und Walter Scheel im Plenum der UNO

33 | »Ich war Stalins Dolmetscher!«
GK mit Valentin Bereschkow in Moskau

34 | »Der liebe Gott hatte seine Hand im Spiel«
GK mit Helmut Kohl im Bonner Kanzleramt

35 | »Ein Zauberlehrling, der den Geist der Freiheit nicht mehr bannen konnte«
GK mit Michail Gorbatschow in Moskau

36 | »Was wäre der *Spiegel* ohne mich?«
GK mit Franz Josef Strauß in seinem Amtszimmer

37 | »Adenauers Politik war amoralisch, aber nicht schlecht«
GK mit Rudolf Augstein in seinem Hamburger Büro

38 | »Sich zu vereinen heißt teilen lernen«
GK mit Richard von Weizsäcker in der Villa Hammerschmidt

39 | »Schuld ist immer individuell, nicht kollektiv«
GK und Maurice Philip Remy mit Simon Wiesenthal in dessen Wiener Büro

40 | »Die Detektive der Geschichte«
Eine von vielen Konferenzen der *History*-Redaktion

41 | »Die Gabe der Bilokation«
GK mit Hans-Dietrich Genscher

42 | »Der beste Nachfolger«
GK mit Stefan Brauburger

43 | »Die Augen der Geschichte«
GK im Gespräch mit ZDF-Altintendant Karl Holzamer

44 | »Das Gedächtnis der Nation«
GK und Hans-Ulrich Jörges – die »Väter« der Aktion

45 | »Die Frau macht den Mann«
Guido und Gabriella Knopp heiraten

46 | »Einfach unnachahmlich«
GK und Gabriella Knopp

47 | »Das Wunder von Bern«
GK mit dem Schuh von Helmut Rahn

48 | »Die Welt zu Gast bei Freunden«
GK und Sohn Christopher bei der WM
2006

49 | »Der Alte war ein Herzensbrecher«
Adenauers Abschied im Kreis seiner Sekretärinnen

50 | »Noch ein Abschied!«
GK und Kollegen nach der letzten *History*-Moderation

51 | »Ich danke den Sächsinnen und Sachsen auf den Straßen«
Harald Schmidt überreicht GK den Telestar für »Die deutsche Einheit«

52 | »Thank you, America!«
Der erste Emmy für GK, Sebastian Dehnhardt und Leo Hoesch

53 | »Ich widme sie den Zeitzeugen!«
GK mit seiner »Goldenen Kamera«

54 | »A bisserl scho fürs Lebenswerk«
GK mit seinem zweiten Bayerischen
Fernsehpreis

55 | »Ich sehe viele Ihrer Sendungen mit Interesse«
Johannes Rau verleiht GK das Bundesverdienstkreuz Erster Klasse

56 | »Die Welt ist jung und schön!«
Familie Knopp im Jahre 1997

57 | »Gratuliere, Bachelorette!«
Familie Knopp bei der Bachelor-Feier von Tochter Katharina 2017

gerrechtsbewegung: »Wir sind das Volk!« Eingeführt im Jahr 1990/91, hätte das die Menschen in den neuen Ländern mehr an diesen neuen Staat gebunden. Sie hätten sich ernst genommen gefühlt – und wären nicht nur beigetreten oder angeschlossen worden.

Denn es waren schließlich sie gewesen, die Sachsen und die Thüringer, Brandenburger, Anhaltiner und all die anderen, die die Mauer zum Einsturz gebracht hatten. In der ersten gelungenen Revolution der deutschen Geschichte. Die Bauernkriege sind gescheitert. Die Revolution von 1848 ist gescheitert. Die Revolution von 1918 ist gescheitert. Der Aufstand von 1953 ist gescheitert. Die Revolution von 1989 ist geglückt. Die erste friedliche Freiheitsbewegung der deutschen Geschichte, die es geschafft hat. Darauf können die Menschen zwischen Suhl und Rostock stolz sein. Und der Rest des Landes auch.

Wir, die Bürger des geeinten Deutschland, haben nach dem dramatischen 20. Jahrhundert allen Grund zur Dankbarkeit und Freude. Und wir müssten eigentlich auf den Straßen jauchzen und frohlocken: Einheit, Freiheit, Frieden – diese lange unerfüllten Hoffnungen und Ziele unserer Geschichte sind zum ersten Mal erreicht. Zum ersten Mal zur gleichen Zeit. An unseren Grenzen stehen keine Gegner, keine Feinde, sondern Nachbarn, Partner, Freunde. Zum ersten Mal in unserer Geschichte sind wir umzingelt von Verbündeten.

Noch in den Achtzigerjahren waren für die Westdeutschen nicht nur Polen oder Ungarn oder Tschechen potenzielle Kriegsgegner, sondern für die Hessen auch die Thüringer, für die Rheinländer und die Westfalen auch die Brandenburger. Sie hätten aufeinander geschossen, wenn man es ihnen befohlen hätte. Noch in den Achtzigerjahren waren wir das potenzielle Schlachtfeld eines atomaren Krieges, der uns Gott sei Dank erspart geblieben ist – ein Glück und eine Gnade der Geschichte.

An einem Wendepunkt der Weltgeschichte haben unsere

Nachbarn in Europa das latente, alte Misstrauen dem Volk der Mitte gegenüber überwunden. Im Prozess zur deutschen Einheit wurde letzten Endes eines klar: Europa funktioniert nicht ohne das geeinte Deutschland.

Und genauso wenig ist auch Deutschland ohne das Bekenntnis zu Europa überlebensfähig. Wenn Geschichte einen Sinn hat, und ich glaube fest daran, dann hat sie uns am Ende des blutigen 20. Jahrhunderts ein Happy End beschert. Heute sind wir das vereinte Land der Mitte in Europa. Das ist Chance und besondere Verantwortung.

Europa ist, trotz alledem, so notwendig wie nie, trotz aller Mühen und Probleme. Wir, die Europäer, sind am Ende alle aufeinander angewiesen, ob wir wollen oder nicht. Wir sitzen in einem Boot. Wie gut die Kommunikation an Bord ist, das entscheidet über unsere Zukunft in der Welt.

Das ist die Botschaft der Geschichte. Und sie gilt für ganz Europa – und natürlich auch für das vereinte Deutschland.

»Dann werden wir halt weniger!«

Ein Protestant im Vatikan

Mein Urerlebnis hatte ich bereits im Vorfeld einer Filmidee, die mein protestantisches Gemüt seit Jahren plagte. Wittenberg samt Luther erschienen mir, zumal ich in der evangelischen Diaspora erwachsen wurde, viel zu trocken. Doch der Vatikan, die Trutzburg der Katholiken, zweitausend Jahre saftige Geschichte – das regte meine Fantasie nach Kräften an. Und so nahm ich Anfang der Neunzigerjahre mit Freuden einen Termin wahr, den mein Freund, der Regisseur Harald Schott, bei einem Kardinal in Rom erwirkt hatte. Von diesem ahnte damals niemand, dass er einmal als Papst Benedikt XVI. die größte deutsche Zeitung zu der triumphalen Schlagzeile bewegen sollte: »Wir sind Papst!«

Joseph Ratzinger empfing uns in dem Haus der Glaubenskongregation, der früheren Inquisition. Im Keller lagern immer noch die alten Prozessakten. Ich erinnere mich an dieses Gespräch, als ob es gestern gewesen wäre. Auf die Frage, was die Kirche denn zu tun gedenke, um dem Schwund der Gläubigen in einem Land wie Deutschland zu begegnen, sagte Ratzinger ganz einfach: »Nichts. Die Kirche wächst vor allem in der Dritten Welt. Wenn sie in Deutschland schrumpft – sei's drum. Dann werden wir halt weniger. Die Kirche ist ja wie ein Baum. Bei einem Baum ist es doch immer besser, die verdorrten Zweige abzuschneiden, damit der Rest gesund bleibt.« Offiziell, vor Kameras, hätte er das natürlich nie gesagt.

Harald Schott legte nach: »Aber sollte man in einem Land wie Deutschland nicht doch endlich das veraltete Zölibatsgebot ad acta legen?« Ratzinger schaute ihn milde lächelnd an und fragte: »Lieber Herr Schott, sind Sie verheiratet?« – »Ja.« – »Wie lange?«– »Siebenundzwanzig Jahre«, erwiderte Harald wahrheitsgemäß. »Dann wissen Sie ja, was das für eine Leistung ist!« – »O ja«, sagte Harald aus tiefster Seele. – »Na sehen Sie. Und soll ich meine jungen Priester all dem aussetzen? Sie sollten doch all ihre Kraft der Seelsorge ihrer Gemeinden widmen.«

Ein solcher Dialog bleibt im Gedächtnis und beflügelte mein Vorhaben, mich den Geheimnissen dieser globalen Institution zu widmen – mit einer Reihe über die Geschichte der Päpste im 20. Jahrhundert: »Vatikan – Die Macht der Päpste«. Mich interessierte nicht so sehr die Religionsgeschichte als vielmehr die weltliche Macht der Stellvertreter Christi. Und so begannen Ende 1995 zwei wunderbare Jahre, in denen wir in therapeutischen Etappen immer wieder mal die Schönheit Roms genießen durften. Meinen Freund Maurice Philip Remy betraute ich mit Produktion und Koautorenschaft, ich selbst entschied mich, ausnahmsweise selbst als Autor aktiv zu werden. Harald Schott bat, die Regie für unseren Film über Johannes XXIII. führen zu dürfen, was ich ihm mit Freude zusagte. Wir begannen in den Dreißigerjahren des 20. Jahrhunderts mit »Pius XII. und der Holocaust«, porträtierten in Teil zwei »Johannes XXIII. und der Aufbruch«, machten weiter mit »Paul VI. und die Pille«, widmeten uns dem Thema »Johannes Paul I. und der Tod« und beendeten die Reihe mit dem damals aktuellen Papst: »Johannes Paul II. und die Freiheit«.

Da war Recherche nötig. Und die konnte nur vor Ort erfolgen. »Zwei Dinge sind im Vatikan schwer zu bekommen. Ehrlichkeit und eine gute Tasse Kaffee.« Das hat Albino Luciani gesagt, ein lieber und naiver Mensch, der gegen seinen Willen dreiunddreißig Tage Papst sein musste und daran zerbrach. Ich habe Hunderte von Tassen Kaffee trinken müssen, um im Vatikan am Ende Ehrliches zu hören. Nicht nur in den heiligen Hallen selbst, sondern auch in den Trattorien drumherum.

Keine Sünden sind so schwer zu fassen wie die kleinen Sünden großer Moralisten. Wer sich auf die Suche nach der wahren Macht der Päpste macht, braucht neben der Begabung eines Diplomaten, Journalisten, Historikers und Detektivs vor allem einen eisernen Magen. Denn fünf Gänge, Antipasti, Pasta, Pesce, Carne, Dolce, und so mancher Grappa waren in der Regel notwendig, um geistliche Zungen zu lösen. Die Sünden der Tafel sind die einzigen, die man im Vatikan zumindest offiziell begehen darf.

Mein Lieblingsrestaurant bei all dem war eines, das die Herren Ratzinger und Wojtyła besuchten, als sie noch nicht Päpste waren: die »Trattoria Quattro Mori«. Momentaufnahmen beider Herren hängen an den Wänden, und der Ober fragt am Anfang »Pesce o Carne?« Und als die Antwort »Pesce« kommt, da raunt er fast verschwörerisch: »So hat sich auch der Papst entschieden, als er noch bei uns aß.« Und tatsächlich sind die Fischgänge vom Besten, doch vor allem: der »Spezialpreis Vatikan«, den wir bezahlen durften, war bescheiden.

Wer im Gewirr der zuständigen Monsignori einen Überblick behalten will, braucht Unterstützer. Unser Guide war der Monsignore Hans Schwemmer, Chef der deutschen Abteilung im vatikanischen Staatssekretariat, ein barocker Bayer, der das Leben und die Menschen liebte. Er machte manchmal möglich, was unmöglich schien. War es der Dank für seine Hilfe, die er uns gewährte, dass der Papst ihn noch während unserer Dreharbeiten als apostolischen Nuntius nach Papua-Neuguinea schickte? Oder war es eher eine Strafversetzung?

Wer den kleinsten souveränen Staat der Welt auf seine imponierende Folklore reduziert, macht einen Riesenfehler: Weißer Rauch und Schweizergarde lassen sich gut filmen, doch die wahre Macht der Päpste spiegeln sie am wenigsten. Der Vatikan ist kein Mysterium. Hier wird Interessenpolitik gemacht. Auch wenn die Zeit, so scheint es, hinter seinen Mauern stillsteht und das Leben um St. Peter seinen eigenen, zweitausend Jahre alten Regeln folgt.

Was war Anspruch, was war Wirklichkeit? In der Spannung zwischen Heiligkeit und Sünde lag der Wandel, der die Macht der Päpste längst erfasst hatte. Wenn Pius XII. auf der Sedia gestatoria durch die Menge getragen wurde, warfen ihm die Menschen ihre Taschentücher zu. Der Pontifex fing sie auf, strich sich damit über die Stirn und gab sie zurück – als Reliquien seiner absoluten Autorität. Ein halbes Jahrhundert verging zwischen Pius XII. und Johannes Paul II., und doch lagen Welten zwischen diesen beiden. Pius steht für den noch ungebrochenen Anspruch, letzte und unfehlbare Instanz der Christenheit zu sein. Johannes Paul für den verzweifelten Versuch, den Stürmen des Zeitgeistes zu trotzen. Weltweit waren es zum Zeitpunkt unserer Dreharbeiten über eine Milliarde katholischer Christen, die seinen Weisungen zu folgen hatten – wenn sie wollten.

Ohne Gnade hat das 20. Jahrhundert den Vatikan in die Defensive getrieben: Völkermorde, atomares Wettrüsten, Abtreibung und künstliche Empfängnisverhütung – Themen, die die Päpste seit dem Zweiten Weltkrieg mehr denn je auf den Prüfstand der Geschichte brachten. Und wir stellten uns noch vor Beginn der Dreharbeiten diese beiden Fragen: Braucht die Welt überhaupt noch eine letzte moralische Instanz, auf die zumindest in den reichen Ländern des Westens immer weniger Menschen hören wollen? Oder braucht sie sie vielleicht gerade deshalb mehr denn je?

»Ich bin hier nur der Papst. Mir sagt keiner was«, hatte Johannes XXIII. gefrotzelt. Seinem Vorgänger Pius XII. wäre ein solch offenes Geständnis nie über die Lippen gekommen. Er war der letzte Kirchenfürst auf dem Stuhl des Petrus, ein geborener Diplomat, ein Mann aus Elfenbein. Eugenio Pacelli liebte die Deutschen. Das war auch damals selten. Er verhandelte als zweiter Mann das Konkordat mit Hitler, und obwohl er sich mitnichten Illusionen machte, trimmte er die Außenpolitik des Heiligen Stuhls auf Ausgleich mit den Machthabern des »Dritten Reichs«. Als frisch gewählter Papst ließ er die unter seinem Vorgänger schon vorbereitete Enzyklika gegen die Verfolgung deutscher Juden in den Kellern des Vatikan verschwinden – um, wie er sagte, »den Frieden zu retten«.

Wohlgemerkt, das war im Frühjahr 1939, alle Welt sprach von der drohenden Kriegsgefahr. Pius hatte schon einmal im päpstlichen Auftrag »den Frieden retten« sollen, mitten im Ersten Weltkrieg, und er war gescheitert. Nun wollte er den Zweiten Weltkrieg gar nicht erst entstehen lassen. Dazu brauchte er den diplomatischen Kontakt zu jener mörderischen Meute, die das Deutsche Reich regierte. Eine flammende Enzyklika, so Pius, hätte da gestört. Wenn man Erfolg mit solcher Taktik hat, wird man gelobt. Er aber hatte keinen.

Das war erst das Vorspiel. Denn der Krieg, so schrecklich er auch war, tritt im Gedächtnis der Nationen mehr und mehr zurück und wirkt fast wie ein Mantel, unter dessen Hülle sich das eigentliche Phänomen, der Holokaust, verbergen konnte. Hätte Pius ihn verhindern können?

Als der italienische Feldgeistliche Scavizzi, ein Zeuge des Mordens, dem Papst die schreckliche Wahrheit vortrug, zeigte sich Pius tief erschüttert. »Ich sah ihn weinen wie ein Kind«, berichtete Scavizzi. Der Papst erwog sofort, den Nazismus mit dem Bannstrahl der Exkommunikation zu belegen. Doch auf dem Schlachtfeld des Gewissens siegte der Zauderer. »Vielleicht hätte mir ein feierlicher Protest das Lob der zivilisierten Welt eingetragen«, sagte Pius zum Pater, »aber er hätte den armen Juden eine noch unerbittlichere Verfolgung gebracht.«

Das war sein Credo. Und er fühlte sich bestätigt, als die holländischen Bischöfe von ihren Kanzeln gegen die Verschleppung von Juden in die Todeslager protestierten – und die Besatzungsmacht als Antwort darauf gleich auch die getauften Juden deportierte. Pius sei, als er dies hörte, »kreidebleich« geworden, sagte uns die Vertraute, Schwester Pasqualina. Er habe seinen schon geschriebenen Protest im offenen Feuer verbrannt. Und so verdammte er in seiner Weihnachtsbotschaft 1942 nicht die Täter, sondern nannte nur das Leid der Opfer.

Nein, geschwiegen hat er nicht. Aber was er sagte, war zu leise, zu verhalten und zu diplomatisch. Pius war kein Luther. Und schon gar kein Petrus. Dessen 259. Nachfolger protestierte niemals laut, um, wie er meinte, »Schlimmeres zu verhindern«. Die Vorstellung des Grauens war zu schrecklich, als dass Zeitgenossen, die davon erfuhren, dem in vollem Ausmaß glauben wollten. Das galt nicht nur für den Papst. Es galt auch für die Staatsmänner der Alliierten, die den Krieg nicht führten, um den Holokaust schnellstmöglich zu beenden; sie führten ihn, um Hitler an der Weltherrschaft zu hindern.

Das ist gelungen. Doch der Holokaust fand statt. Heute können wir beklagen, dass der Papst dagegen seine Stimme nicht zur rechten Zeit erhoben hat. Welch ein Ruhmesblatt in der gesamten Vatikan-Geschichte wäre das gewesen!

Aber hätte es geholfen? Nach dem Tode Pius' im Jahr 1958 schrieb Golda Meir, damals Israels Außenministerin, versöhnlich: »Er erhob seine Stimme zur Verurteilung unserer Verfolger und voller Mitgefühl für ihre Opfer.« Das war so, und es war doch nur die halbe Wahrheit. Denn der Papst selbst zeigt in seinem Testament am Ende reuevolle Selbstkritik: »Ich war ungeeignet und der Rolle nicht gewachsen.« Ja, er hätte protestieren sollen. Aber Leben hätte er dadurch nicht retten können. Keine noch so donnernde Enzyklika hätte einen Zug nach Auschwitz aufgehalten.

Alle unsere Filme endeten mit einem Schwenk auf das Grab

des jeweiligen Papstes. Pius' Grab liegt etwas abseits in St. Peter. »Ohne Monument, bescheiden« hat er es gewünscht: »Je mehr im Verborgenen, desto besser.« Als ich vor dem Grab stand und für Pius betete, hatte ich vor allem Mitleid.

Pius wurde von den Gläubigen verehrt, sein Nachfolger Johannes von der Welt geliebt. Er war der Papst zum Anfassen, volksnah, lebensfroh und populär. Der Bauernsohn Angelo Giuseppe Roncalli war die Lichtgestalt unter den Päpsten des 20. Jahrhunderts. Und diese Liebe spürten wir bei allen Weggefährten, die wir zum Gespräch vor unsere Kamera baten. Anfangs hatten sie ihn unterschätzt, der Siebenundsiebzigjährige galt als Papst des Übergangs. »Habemus Opapam«, spöttelten deutsche Katholiken liebevoll. Der Opa aber löste schon mit seiner Ankündigung eines zweiten Vatikanischen Konzils einen Erdrutsch in der Kirche aus.

Ballast sollte abgeworfen, Fenster und Türen im Kirchenschiff sollten aufgestoßen werden, um frische Luft hereinzulassen. Die Losung der Stunde hieß »Aggiornamento« – Erneuerung. Johannes hatte in ein Wespennest gestochen. Die Kurie blockierte auf breiter Front. Die Kirche, Hort der letzten Wahrheit, sollte bleiben, wie sie war: *Roma locuta, causa finita.* Am meisten aber stand der Papst sich selbst im Weg. Er hatte aus dem Bauch heraus entschieden, und der war geräumig – nach dem Credo »Schau'n wir mal, was dann passiert«. Johannes ging es um Erneuerung der Kirche, nicht um Machterhalt der Kurie.

Doch der Mangel an konkreten Vorgaben drohte das Projekt im Keim zu ersticken. Als 1962 zweieinhalbtausend Vertreter der Weltkirche in Rom zusammenkamen, war die Zukunft des Konzils völlig ungewiss. In den ersten Tagen kam es zu tumultartigen Revolten. Doch dann, und gerade deshalb, entwickelte das Konzil, zumindest zu Beginn, jene Eigendynamik, die sich der Papst gewünscht hatte. War es Aufbruch aus dem Mittelalter oder Quell der Unordnung?

Weder noch. Nichts wirklich Wesentliches durfte das Konzil entscheiden, doch der Welt bot sich das Bild einer Kirche, die sich der Moderne öffnen will. Das war zu dieser Zeit erstaunlich und ein Wert an sich.

Für Traditionsverhaftete jedoch blieb dies ein Ärgernis bis heute. Bruno Heim, zeitweise der Privatsekretär von Angelo Roncalli, nahm in seinen Interviews mit uns kein Blatt vor den Mund und schilderte ganz offen die Probleme, die das Vatikan-Establishment mit Johannes hatte – und das galt zum Zeitpunkt unserer Dreharbeiten immer noch. Da war üble Nachrede im Spiel. Es ging darum, ob Johannes XXIII. seliggesprochen werden sollte. Doch die Kongregation für die Selig- und Heiligsprechung im Vatikan habe ihm, Heim, gegenüber mehrmals angedeutet, Roncalli habe als Nuntius in Paris zweifelhafte Kontakte gepflegt, auch im homosexuellen Milieu. Dies, so Heim, sei allerdings total erfunden. Bei einem weiteren Besuch in Rom erfuhr der Sekretär nach eigenem Bekunden dann den wahren Grund der Ablehnung: »Also gut, es ist nicht wahr«, habe ihm der Kardinal Pietro Palazzini erklärt, »aber er ist schuld am Konzil.« Trotz alledem: Im Jahr 2000 sprach Johannes Paul II. seinen Amtsvorgänger selig. Und Papst Franziskus sprach ihn im Jahr 2014 heilig.

Als Regisseur für unseren Film über Johannes XXIII. hatten wir Harald Schott engagiert, den Urheber meines Faibles für den Vatikan. Er lieferte seine wohl beste Leistung ab. Und seine letzte. Harald verstarb noch während der Dreharbeiten an einem Lungenkarzinom. Der Johannes-Film ist ihm gewidmet.

Das Konzil – diese so euphorisch begonnene Zusammenkunft der Weltkirche – vernünftig zu vollenden, vor allem deshalb wählte das Konklave 1963 Giovanni Battista Montini, den »Hamlet von Mailand«, zum Nachfolger. Zwischen Tradition und Fortschritt waren Kräfte frei geworden, die die Kirche auseinandertrieben. Paul VI. steuerte einen Kurs des Ausgleichs und geriet dabei mehr als einmal zwischen die Fronten. Als sich das Konzil 1965 dem Ende zuneigte, herrschte Verunsicherung, ja Ratlosigkeit. Den einen ging's nicht weit genug, den anderen viel zu weit. Es war dies auch ein Spiegel der Persönlichkeit des Papstes Paul VI.: auf der einen Seite der »Prinz der Reformen«, der gegen den Widerstand der Kurie den Apparat der Kirche demokratisierte und der früher als andere Konfliktthemen der Zukunft erkannte und die wachsende Kluft zwischen den Industriegesellschaften und den Ländern der Dritten Welt anprangerte. Auf der anderen Seite der erzkonservative Kirchenfürst, der althergebrachten Lehren fest verpflichtet war: einer, der den Zölibat für überholt hielt – und doch nicht als der Papst in die Geschichte eingehen wollte, der ihn abschafft.

Das Schwanken zwischen Tradition und Moderne hat man diesem Papst oft angekreidet. Doch gerade wegen seines Spagats zwischen Kontinuität und Fortschritt ist Giovanni Montini überhaupt erst Papst geworden.

Während 1968 revoltierende Studenten, empört über die Gräuel des Vietnamkrieges, »Make Love, not War« skandierten, verbot der Oberste Hirte den Liebenden in seiner Herde den Gebrauch der Antibabypille. Und es erhob sich ein Schrei der Entrüstung, fortan wurde Paul verhöhnt als »Pillenpaule«, galt als Inbegriff reaktionären Denkens, ja als Mitschuldiger an der weltweiten Bevölkerungsexplosion, was nun wahrhaftig Unsinn war. Ein Pontifikat, das voller Impulse begann, stand künftig ganz im Schatten dieser Entscheidung. Der Papst hatte die Vision der einen Welt vor Augen, aber wurde allzuoft auf das Verbot der Pille reduziert. Kaum einer auf dem Stuhle Petri ist so missverstanden worden wie der Mann aus Mailand.

Dabei hatte Paul VI. selbst eine höchst italienische Interpretation seiner eigenen Enzyklika: Der Wiener Kardinal Franz König, einer unserer besten Zeitzeugen, erzählte uns von einem Gespräch, das er mit Paul VI. wenige Wochen nach der berühmten Enzyklika »Humanae Vitae« geführt hatte. König zu Paul:

»Heiligkeit, das wird ja nun sehr schwer für die Frauen, wenn ihnen diese Möglichkeit verwehrt bleibt.« Darauf der Papst: »Ach, Eminenz, ich weiß doch, dass die Frauen diese Möglichkeit« – er meinte die Pille – »auch weiter nützen werden. Und sie können es ja aus medizinischen Gründen, zur Regulierung ihres Zyklus.« Sprich: Nicht der Gebrauch der Pille als solcher wurde gegeißelt, sondern nur die – kirchlich gesehen – »kriminelle Energie« zum Zwecke der Verhütung. Wenn er das mal laut gesagt hätte!

In den letzten Jahren seines Lebens wollte Paul VI. physisch leiden. Er trug um seine Hüften einen Büßergürtel, dessen Stacheln ihm ins Fleisch drangen. »Pius hatte den Respekt der Welt, Johannes die Liebe, Paul braucht unser Verstehen«, sagte uns Kardinal König, der sich diesem Papst besonders nahe fühlte. Montini konnte nicht zurück zur aristokratischen Einfalt seines Lehrmeisters Pius XII., und es war ihm nicht gegeben, der gewinnenden Direktheit von Johannes XXIII. nachzueifern.

Er wollte eigentlich zurücktreten – und ließ sich davon abraten. Am Ende ließ man ihn allein mit seinen Zweifeln. Er war eine tragische Figur.

Noch tragischer war freilich die Geschichte seines Nachfolgers im Amt, Albino Luciani. Wir haben vor der Ausstrahlung von »Vatikan – Die Macht der Päpste« eine Umfrage erhoben, in der wir unter anderem nach Papst Johannes Paul I. fragten. In acht von zehn Fällen erhielten wir die Antwort: »Sie meinen den Ermordeten?« Selten hat ein Buch so sehr zur Zementierung zäher Vorurteile beigetragen wie der Bestseller *Im Namen Gottes?* des Briten David Yallop. Yallop hat ein schillerndes Gespinst von Halbwahrheiten und Legenden um den angeblichen Mord am »lächelnden Papst« geflochten – Mord, um einen fortdauernden Diebstahl zu vertuschen. Yallop behauptete, der Papst sei vergiftet worden, weil er korrupte Machenschaften der Vatikanbank habe aufdecken und beseitigen wollen.

In der Tat geriet der Vatikan durch seinen Tod ins Zwielicht. Als Johannes Paul I. in der Nacht zum 29. September 1978 plötzlich starb, war er gerade dreiunddreißig Tage im Amt. Die Nachricht von seinem Tod verbreitete allerdings nicht nur Trauer und Bestürzung. Schon Tage darauf mischte sich Skepsis in die Anteilnahme. Fromme, offizielle Lügen verstärkten bestehende Zweifel: Wurde dieser Papst zum Opfer krimineller Machenschaften?

Nein, er wurde es nicht. Storys über Sex and Crime rund um den Heiligen Stuhl finden allemal ihr Publikum, doch werden sie dadurch nicht wahrer. Der Vatikan ist keine Brutstätte von Mördern, Räubern und Betrügern. Er ist bis heute allerdings ein byzantinischer Palast, erfüllt von Heucheleien, Schmeicheleien, Eifersüchteleien. In dieser Atmosphäre voller Klatsch, Komplexe und Intrigen ging der arglose, empfindsame, schon kranke Mann zugrunde.

Der Papst ist nicht nur Stellvertreter Christi, Diener Gottes, Oberhaupt der Kirche – er ist auch ein Arbeitgeber, Chef des kleinsten souveränen Staates dieser Erde, und damit einer Behörde, die enorme Aktenberge produziert. Mit einem Wort: Der Job ist anstrengend. Mittler sein zu müssen zwischen Überirdischem und äußerst Irdischem – das muss man wollen.

Albino Luciani war ein Papst wider Willen. »Der Herr möge euch verzeihen, was ihr mir angetan habt«, sagte er nach seiner Wahl zu den Kardinälen. »Am liebsten wollte er Landpfarrer werden«, erzählte seine Nichte, die ebenso wie Lucianis Geschwister ganz offen zu uns sprach. Er hatte eine Abneigung dagegen, im Mittelpunkt zu stehen. Der lächelnde Papst, er lächelte vor allem aus Verlegenheit. »Jeder wusste, dass er nicht zurande kam«, erinnerte sich einer jener Monsignori, mit denen wir zu Mittag aßen – und die im Nachhinein die Nase rümpften oder sich klammheimlich lustig machten über ihren Herrn, weil er sich mit kindlich heiteren Reden Luft verschaffte.

Gefangen in einem goldenen Käfig, überhäuft mit Akten über Vorgänge, die er nicht überblickte, einsam, überfordert, überanstrengt, befielen den gestressten Pontifex die Warnsignale eines Herzinfarkts. An ihm ist er gestorben, ohne dass ihn in den dreiunddreißig Tagen seines Pontifikats trotz sichtlicher Alarmsignale auch nur einmal einer der Vatikan-Ärzte wirklich gründlich untersucht hätte. Sein alter Leibarzt aus Vittorio Veneto wollte ihn im Oktober 1978 besuchen – doch da war der Patient schon tot.

Streng medizinisch starb Johannes Paul, weil ein Blutpfropf sein erschöpftes Herz verschloss. Überhöht gesprochen starb er an gebrochenem Herzen. Er starb, weil er sich hinter den Mauern des Vatikan nicht hinreichend geliebt fühlte.

Dergleichen wäre seinem Nachfolger, dem ersten Papst aus Polen, nie passiert: »Ich treffe die Entscheidungen«, erklärte er gleich anfangs Kurienkardinälen, die am liebsten »business as usual« betrieben hätten. Karol Wojtyła aus Krakau war geprägt von einem Leben unter zwei Diktaturen. Unbeirrbar fest im Glauben ging er seinen Weg – bis hin nach Rom. Seine erste Reise führte ihn zurück an seine Wurzeln nach Polen. Es war der Anfang vom Ende des Kommunismus in Osteuropa. »Fürchtet euch nicht!« Dieser Satz wog mehr als all die Divisionen, die ein Papst nicht hat. Fordernd und mäßigend zugleich unterstützte er den Kampf vor allem seiner Landsleute um ihre Freiheit – nicht ahnend, dass diese nach deren Gewinn unter »Freiheit« etwas anderes verstehen wollten, als er dachte.

Doch vor dem Fall der Mauer stand das Attentat. Am Nachmittag des 13. Mai 1981 feuerte der Türke Ali Ağca auf dem Petersplatz in Rom zwei Schüsse auf den Papst. Ein Projektil verletzte seinen Arm, das andere drang in den Unterleib ein und führte zu enormem Blutverlust. Der Schusskanal führte nur wenige Millimeter am Rückgrat vorbei, direkt an einer Hauptschlagader. Die Ärzte und natürlich auch der Papst selbst glaubten später an ein Wunder. Hätte die Kugel die Ader getroffen, der Papst wäre noch auf dem Weg ins Krankenhaus verblutet.

Natürlich haben wir da kräftig nachgegraben, und die Mehrzahl der Indizien zeigt, dass der sowjetische Geheimdienst KGB hinter alldem steckte. Denn auf dem Petersplatz stand nicht nur der Attentäter Ağca, sondern rund um ihn noch mehrere Komplizen. Einer von ihnen wurde fotografiert. In solchen Fällen befleckte sich der KGB nicht selbst, sondern schaltete den sehr befreundeten bulgarischen Geheimdienst zwischen, der sich wiederum den nützlichen Idioten Ağca suchte. Wir fanden ein geheimes Protokoll aus dem Moskauer Politbüro, datiert vom November 1979, das belegt, wie überaus nervös die Herren im Kreml über das Wirken des polnischen Papstes waren. Und sie hatten recht. Denn seine bloße Existenz hat in Polen Solidarność gerettet, ohne Solidarność hätte es keine Demokratisierung in Polen gegeben, ohne diese keine in Ungarn, ohne diese keine Öffnung der ungarischen Grenzen, ohne diese keinen Flüchtlingsstrom aus der DDR, ohne diesen keinen Zusammenbruch der SED-Herrschaft, keine Öffnung der Berliner Mauer, keine deutsche Einheit, keinen Zusammenbruch des kommunistischen Systems in Osteuropa, keinen Zusammenbruch vor allem der Sowjetunion. Der Zeigefinger, der den ersten Dominostein berührte, war der des polnischen Papstes. Ja, der Kreml hatte allen Grund zur Sorge.

Übrigens stand unter dem von mir zitierten Protokoll des Moskauer Politbüros auch der Name des im Westen so gerühmten Genossen Michail Gorbatschow. Unser Kronzeuge war ein Mann, dessen Existenz nach 1980 zu den bestgehüteten Geheimnissen der USA gezählt hat. Sein Name ist Victor Sheymov. Damals, 1997, lebte er unter falschem Namen irgendwo im Osten der Vereinigten Staaten. Heute ist er Millionär, US-Bürger und leitet eine florierende Internetfirma.

Sheymov arbeitete bis zu seiner Flucht 1980 in der Dechiffrierabteilung des KGB, über seinen Tisch liefen die gesamten Befehle der Zentrale an die Außenstellen des Dienstes. Und ebendieser Sheymov sagte uns in einem Gespräch vor der Kamera: »Ich bezeuge, dass im November 1979 ein Befehl von KGB-Chef Juri Andropow kam, Vorkehrungen zu treffen, um sich dem Papst ›physisch zu nähern‹.« Und in der Sprache des KGB, so Sheymov, hieß das ganz eindeutig: Die Entscheidung war gefallen, den Papst zu töten.

Doch die wundersame Errettung des Pontifex – die er persönlich dem Wirken der Jungfrau Maria zuschreibt – machte alle Hoffnungen zunichte, den »Sprengsatz des Aufstands« in Osteuropa auszuschalten. Der Zusammenbruch des Ostblocks ist auch der persönliche Triumph des Karol Wojtyła. Diesen Kampf um die Freiheit hat er mit gewonnen.

Der Papst aus Polen hat gezeigt, was man von Petrus' Felsen aus bewegen kann. Er hat die Festungen des Kommunismus so erschüttert wie einst Josua die Mauern Jerichos. Millionen Menschen Osteuropas haben ihre Freiheit nicht zuletzt dem Kämpferherz des Karol Wojtyła zu verdanken.

Doch den Kampf um eine andere Freiheit sah er schon am Ende seiner Amtszeit fast verloren: die Auseinandersetzung mit der, wie er sagte, »falschen Freiheit der Moderne«. Es gebe keine Freiheit ohne Bindung, so der Papst. Die Kennzeichen der Freiheit, Egoismus, Hedonismus, der Verlust moralischer Prinzipien, waren für den Stellvertreter Christi keine neuen Feinde, sondern nur Erscheinungsformen des althergebrachten Bösen in der Welt. Und dabei sei der Materialismus des Westens gefährlicher als der des Ostens, weil er die Menschen nicht mit Gewalt, sondern mit Verführung von der rechten Bahn abbringe.

Wir fragten uns schon damals: Wer hat recht? Die dekadente Welt, die der Befriedigung von Lust lebt? Oder jener alte Mann im Vatikan, der vor dem leichten, aber selbstzerstörerischen Weg warnt und der den unbequemen Weg vorschlägt?

Wenn ich an Ostern in Rom bin, habe ich immer die Bilder aus den Ostertagen 2005 vor Augen, als der todkranke Papst am Fenster seiner Wohnung zu den Menschen sprechen möchte, einmal noch den Ostersegen spenden, *urbi et orbi*, der Stadt und dem Erdkreis. Er ringt vergeblich mit der Sprache. Doch die Botschaft, die damit zum Ausdruck kommt, ist eindeutig: Habt keine Angst vor Leid und Siechtum, keine Scham vor Krankheit, keine Todesfurcht. All das gehört zum Leben.

Dann der in Weiß gekleidete aufgebahrte Leichnam in der Peterskirche, an dem Hunderttausende von Menschen andächtig vorbeiziehen – an dem Mann, der noch kurz vor seinem Tod verkündet hatte: Ich bin froh, seid ihr es auch! Die Bilder von Millionen seiner Landsleute, die ihren Papst noch einmal sehen, ihm die letzte Ehre geben wollten, ganz im Sinne seines Wortes: »Ich habe euch gesucht. Ihr seid zu mir gekommen. Und ich danke euch.« Wenn es Bilder von der Macht der Päpste gibt, dann waren und dann sind es diese Bilder.

Als das Konklave für die Wahl des Nachfolgers begann, beendete ich vor Ort mit Blick auf die Sixtinische Kapelle meine Moderation mit den Worten: »Dieser Stellvertreter Christi tritt ein schweres Erbe an. Zu mächtig scheint der Schatten des Verstorbenen, und fast erdrückend die Erwartung an den Nachfolger. Denn er soll neue Wege weisen und den Traditionen folgen. Soll die Zügel lockern und die Einheit seiner Kirche sichern. Soll die Herzen seiner Gläubigen gewinnen und die Würde seines Amtes wahren – also fast die Quadratur des Kreises. Wenn die Kardinäle heute ins Konklave gehen, gibt es keinen Favoriten. Aber wenn der Heilige Geist schon einmal in den Mauern der Sixtinischen Kapelle umgeht, dann nach Kräften. Und es drängt sich der Verdacht auf, die erlauchten Eminenzen kürten immer eher das Gegenteil des alten Pontifex zum Nachfolger. Das hieße, dass der nächste Papst ein eher stiller guter Hirte wäre.«

Ich habe mich geirrt. Der Nachfolger war alles andere als ein

»Gegenteil«. Der Papst aus Bayern hat das Wirken von Johannes Paul II. nahtlos fortgeführt. Und er hat die Heiligsprechung seines Mentors wesentlich begleitet. Nicht um einen Millimeter wich der deutsche Diener Gottes ab von jener Bahn, die sein Vorgänger ihm vorgezeichnet hatte. Schon gar nicht um den Preis von Freiheit in der eigenen Kirche, der zumindest im Westen immer mehr Menschen enttäuscht den Rücken zukehren.

Und damit schließt sich nun der Kreis zu jener ersten Unterhaltung, die Harald Schott und ich mit Joseph Ratzinger, als er noch Kardinal war, führten: Die Zukunft der Kirche, sagte er, liege nicht in den überalterten Gesellschaften des Westens – sie liegt in Südamerika, in Afrika und Südostasien. Benedikt XVI. wollte stets den Schatz des Glaubens, so wie er ihn sah, unvermindert in die Zukunft retten – notfalls um den Preis auch des Verlusts von ein paar Seelen. Vor der Freiheit kommt die Wahrheit – seine Wahrheit. Die zumindest hat er in den kurzen Jahren seiner Amtszeit vehement verteidigt. Doch den Krisen seiner Kirche war er nicht gewachsen.

Sein Nachfolger Franziskus ist da aus anderem Holz geschnitzt. Wenn Jorge Mario Bergoglio noch Zeit hat, wird er ein Jahrhundertpapst, im Stil und Handeln. Seine unverkrampften Auftritte sind Kult. Schon nach der Wahl 2013 fuhr er per Bus zum Abendmahl, übernachtete im Gästehaus, holte sein Gepäck selbst ab, bezahlte selbst sein Zimmer. Sein letztes eigenes Auto war ein uralter Renault R4 mit 300 000 Kilometern auf dem Tacho. Er predigt nicht nur öffentlich Bescheidenheit – er lebt sie vor.

Dieser Nachfolger des Petrus ist ein Menschenfischer. Drei Millionen feierten Franziskus am Weltjugendtag in Rio de Janeiro, als er ausgerechnet an der Copacabana, dem Strand der Sünde, dem Ort für Diebe und Dirnen, junge Menschen bat, sich einzumischen, Solidarität zu üben mit den Armen und den Alten dieser Welt.

Er ist unbeugsam im Glauben, aber offen für den Wandel seiner Kirche, die nicht für sich selbst da sein soll, sondern in die Welt geht und das Evangelium predigt, ohne Prunk und Pomp. Er attackiert die Macht des Geldes, ist ein Revolutionär. »Wir wollen dieses globalisierte Wirtschaftssystem nicht, das uns schadet.« Er appelliert an alle Menschen, keine Lebensmittel zu verschwenden oder zu vernichten. Er forciert den Dialog der Religionen.

Zwar ist er gegen Abtreibung und Homosexualität. Doch er verurteilt Homosexuelle nicht, wenn sie denn Gott suchen: »Sie sollen Brüder sein.« Doch Frauen am Altar? Das wird noch dauern.

Er reformiert die in den Sumpf der Korruption geratene Vatikanbank, wechselt Würdenträger aus, mit einem Lächeln auf den Lippen. Zeit hat er nicht. Er ist schon über achtzig – und erinnert mich an einen anderen großen Papst, der ein Jahr älter war, als er sein Amt antrat: Johannes XXIII. war der Papst des Volkes, überraschte alle, als er ein Konzil für die Reform der Kirche einberief.

Auf seinen Spuren wandelt nun Franziskus. Johannes hatte nur fünf Jahre, dann starb er an Krebs. Hoffen wir, dass Papst Franziskus mehr Zeit vergönnt ist, um sein Werk zu vollenden. Und dass er durch sein Vorbild einer wunderbaren Botschaft neuen Auftrieb gibt, deren Kraft durch die Sünden mancher ihrer amtlichen Vollstrecker nicht kleiner wird. Eine Botschaft, die uns Trost verspricht. Auch mir, dem Protestanten, der im Vatikan danach gesucht hat.

»Das Vermächtnis
von Millionen Opfern ...«

Der Holokaust und seine Zeugen

Mir war von Anfang an bewusst, dass eine Gesamtdarstellung des sogenannten Dritten Reichs ohne eine filmische Bilanz des Mordes an den Juden unvollständig wäre. Und so begannen wir ab 1998 mit der Arbeit. Es wurde der bis zu diesem Zeitpunkt wohl umfassendste Versuch einer filmisch-dokumentarischen Darstellung des Verbrechens – von Hitlers Überfall auf die Sowjetunion im Jahr 1941 bis zur Befreiung der Konzentrationslager 1945. Selten haben so viele Historiker und Journalisten gemeinsam an einem dokumentarischen Filmprojekt gearbeitet. Mit Recherche und Regie betraute ich den Münchener Produzenten Maurice Philip Remy, dessen Mitarbeiter, mit Hilfe meiner Redakteure, in über fünfzig Archiven zwischen Washington und Moskau Millionen Meter Filmmaterial sichteten, Tausende von Originaldokumenten auswerteten – und manche Quellen aufspürten, die auch der Forschung bisher unbekannt waren.

Mit der gleichen Akribie wie bei den Dokumenten fahndeten unsere Rechercheure auch nach bisher ungezeigten Filmquellen. Oft waren es nur Fragmente. Doch auch das kleinste Filmstück, so war meine Intention, konnte dazu beitragen, weiße Flecken der Geschichte zu füllen – von heimlich mitgedrehten Amateuraufnahmen aus den Ghettos, öffentlicher Judenhetze und Pogromen bis zum Abtransport in die Vernichtungslager. Das

Projekt entstand zur rechten Zeit. Erst seit Beginn der Neunzigerjahre standen uns die Archive Osteuropas, Tatort für den Massenmord, weit offen.

Stolz war ich auf die wissenschaftliche Beratung des Projekts: Zur Verfügung stand ein kompetentes Gremium, gebildet aus den Professoren Yehuda Bauer (Israel), Christopher Browning (USA), Eberhard Jäckel (Deutschland), Ian Kershaw (England) und Peter Longerich (Deutschland/England). Diese Koryphäen auf eine gemeinsame Linie zu bringen, war nicht immer einfach. Schließlich waren sie die Protagonisten verschiedener Schulen und hatten einen Ruf zu verlieren. Am Ende ist es gelungen, wenngleich gelegentlich mit Ächzen. So wurde unsere Reihe nicht nur eine publizistische, nicht nur eine filmische, sondern auch eine wissenschaftliche Bilanz des Holokaust. Es ging darum, den aktuellen Stand des Wissens einem großen internationalen Publikum zu vermitteln. Unter unserer Federführung beteiligten sich an dem Projekt der US-History Channel, das österreichische, niederländische und australische Fernsehen SBS und Channel 4 aus Großbritannien. Dessen Kollegen arbeiteten besonders gern mit uns, vor allem, um der BBC Paroli zu bieten, dem damals einzig noch verbliebenen Konkurrenten unserer Geschichtsprogramme. Im Lauf der Jahre wurde die Reihe dann in über hundert Ländern ausgestrahlt.

Warum nannten wir die Reihe »Holokaust« – also mit »k«? Der Historiker Eberhard Jäckel hatte mir das vorgeschlagen, seine Argumente waren schlüssig. Die Schreibweise mit »c« kam aus den USA nach Deutschland, und zwar mit der im Januar 1979 ausgestrahlten Fernsehserie. In den frühen Achtzigerjahren bürgerte sich das Wort in Deutschland ein, meinte aber eher die Serie als den historischen Vorgang und wurde englisch ausgesprochen. Bis Ende der Neunzigerjahre hatte sich das geändert. Das Wort bezeichnete nun auch im Deutschen den Mord an den Juden Europas und wurde mit dem deutschen »au« ausgesprochen.

Ein englisches Wort diente also dazu, ein Ereignis der deutschen Geschichte zu bezeichnen. Dabei stammt »Holocaust« ursprünglich nicht aus dem Englischen, sondern aus dem Griechischen. »Holos« heißt »ganz«, und »kaustos« heißt »verbrannt«. Da das Lateinische den Buchstaben »K«, das griechische Kappa, nicht kennt, taucht der Begriff um 400 nach Christus als »holocaustum« auf. Um 1250 finden wir das Wort in einer englischen Bibelübersetzung als »holocaust«. Zu Beginn des 20. Jahrhunderts wurde der Begriff bereits im übertragenen Sinn als »Massaker« verstanden, im Zweiten Weltkrieg von den Zeitgenossen schon als Ausdruck für den Judenmord verwendet.

Andere Sprachen haben das Wort in ihre Traditionen eingebunden. Im Französischen begegnet es uns als »holocauste«, im Italienischen als »holocausto«. Während also Italiener und Franzosen auch nach der Ausstrahlung der amerikanischen Fernsehserie bei ihren Schreibweisen blieben, wurde im Deutschen das Wort nur in der englischen Schreibweise benutzt. Das war nicht nur sprachlich falsch.

Die Argumente Jäckels überzeugten mich. Gleichwohl bat ich Wissenschaftler um weitere Gutachten – darunter den Philologen Manfred Fuhrmann, den Rhetoriker Walter Jens, den Althistoriker Christian Meier, seines Zeichens Präsident der Deutschen Akademie für Sprache und Dichtung, und Rudolf Hoberg, den Vorsitzenden der Gesellschaft für deutsche Sprache. Sie alle befürworteten einhellig die Schreibweise »Holokaust« – Walter Jens mit dem pointierten Satz: »Wer die Tatsache, dass Millionen zu Asche gemacht wurden, präzise und in der Verfremdung erhellend bezeichnen will, muss Holokaust schreiben.«

Für mich persönlich war vor allem eines wichtig: Das Verbrechen ist von deutschem Boden ausgegangen. Der Mord an den Juden Europas gehört zur deutschen Geschichte. Ihn mit einem englisch geschriebenen Wort zu bezeichnen, kommt einer Distanzierung gleich. Und ich schrieb damals: »Wenn wir uns der historischen Verantwortung für das Verbrechen wirklich stellen wollen, dann ist die Schreibweise Holokaust auch ein symbolischer Akt der Aneignung der eigenen Geschichte.«

Geadelt wurde unsere sechsteilige Reihe durch die Schirmherrschaft von Simon Wiesenthal dem Leiter des jüdischen Dokumentationszentrums in Wien. Sein zentraler Satz war der Leitspruch unserer Arbeit: »Diese Dokumentation ist das Vermächtnis von Millionen Opfern.«

In der Tat befragten wir für »Holokaust« weltweit über fünfhundert Zeitzeugen – oft Überlebende des Terrors, die in den letzten Jahren ihres Lebens nun zum ersten Mal die Kraft gefunden hatten, Zeugnis abzulegen gegen das Vergessen: Menschen zwischen Israel und Kanada. Damals waren viele schon im hohen Alter. Noch konnten sie befragt werden. Schon ein paar Jahre später war die letzte Chance der Erinnerung unwiederbringlich vorbei.

Und diese zu ergreifen, war im Jahr 2000 nötiger denn je. Eine Umfrage des EMNID-Instituts zeichnete damals im Vorfeld unserer Serie ein eher finsteres Bild vom Wissen und Nichtwissen junger Deutscher vom Holokaust. Zwei Drittel der Vierzehn- bis Achtzehnjährigen konnten mit dem Wort überhaupt nichts anfangen. Bei den Grund- und Hauptschülern waren es sogar 86 Prozent, die vom Mord an den Juden keine Ahnung hatten. Unter jungen Menschen mit Abitur waren es immer noch 43 Prozent. Insofern war unsere Reihe »Holokaust« im besten Sinne ein Versuch der Aufklärung.

Der erste Film der Reihe galt der Menschenjagd des Jahres 1941. Während Hitlers Herold Goebbels in den Morgenstunden des 22. Juni 1941 den Überfall auf Stalins Reich fadenscheinig als Präventivkrieg zu verkaufen suchte, stießen die Divisionen der Wehrmacht tief ins Landesinnere vor. In ihrem Schatten folgten sogenannte Einsatzgruppen: dreitausend Männer der SS, die hinter der Front ihr mörderisches Handwerk verrichteten. Erstes

Ziel war die vollständige Ausrottung der »jüdisch-bolschewistischen Intelligenz«. Bolschewismus und Judentum setzten die NS-Machthaber einfach gleich. So wurden schon in den ersten Wochen des Krieges Zehntausende Juden erschossen, noch waren es überwiegend Männer im wehrfähigen Alter.

»Als der Krieg anfing, wollten wir noch flüchten, doch mein Großvater sagte: Was ist schon dabei, wenn die Deutschen kommen, die kenne ich noch aus dem Ersten Weltkrieg, das sind sehr kultivierte Leute. Überhaupt, was war schon höher als deutsche Kultur?«, erinnerte sich der litauische Jude Zwi Katz. Seine Familie habe sich trügerischen Illusionen hingegeben. »Dass ein glatter Mord passiert, auf Volksvernichtung ausgerichtet, das haben wir nie geahnt«, meinte Arnold Arluk aus Weißrussland, der wenig später floh und jahrelang als Partisan in den Wäldern Weißrusslands aktiv war.

Für Hitler war der Überfall auf die Sowjetunion Auftakt zu dem Krieg, von dem er immer schon geträumt hatte: ein Vernichtungskrieg, um Lebensraum im Osten zu schaffen. Die einheimische Bevölkerung sollte vertrieben, verstreut, verschrottet werden – so der Sprachgebrauch im »Generalplan Ost«. Zu Beginn galt dieser mörderische Plan den Juden.

Der Film eines Wehrmachtssoldaten, der Augenzeuge einer Massenerschießung in Lettland wurde, ist schon oft gezeigt worden. Es handelte sich um ein Massaker in Libau an der Ostsee im Juli 1941. Wir hatten dazu Zeitzeugen gefunden, die sich zum ersten Mal vor unserer Kamera äußerten. Die lettische Jüdin Fanny Segal schilderte für uns, wie ihr Vater damals sagte: »Am Meer werden Gräber ausgehoben. Ich glaube, die Gräber sind für uns.« Er wurde verhaftet und ins Gefängnis gebracht: »Ich wollte meinem Vater einen Mantel bringen, weil es nachts kalt war. Da sagte man mir: ›Mädchen, geh nach Hause, dein Vater braucht den Mantel nicht mehr.‹« Tausende Männer wurden inzwischen in den Dünen von Libau erschossen.

Der von Stalin alsbald proklamierte Partisanenkrieg gewähre ja, so Hitler, einen Vorteil: »Er gibt uns die Möglichkeit auszurotten, was sich gegen uns stellt.« Wer damit gemeint war, wussten die Befehlsempfänger, deren Schar, bestehend aus SS und Ordnungspolizei, inzwischen auf dreißigtausend Mann gestiegen war. Ende Juli erreichte die Menschenjagd eine neue Dimension: Erstmals waren auch jüdische Frauen unter den Opfern, wie der Bericht einer Waffen-SS-Einheit vermerkte: »800 Jüdinnen und Juden im Alter von 16 bis 60 Jahren erschossen.« Die Bilder davon hatten wir in einem russischen Archiv gefunden – Beutestück eines gefallenen SS-Manns.

Eine weitere Zäsur in der Genesis des Holokaust verbindet sich mit dem Namen der ukrainischen Stadt Belaja Zerkow. In den Wäldern dort erschoss im August 1942 ein Sonderkommando Hunderte jüdischer Männer und Frauen. Ein Soldat der Wehrmacht wurde Zeuge, ging zum Ort des Geschehens: »Frag ich, was ist mit den Kindern?« Die Antwort war, das sei nicht unsere Sache: »Wir erschießen erst ab vierzehn.« Doch nach einer Woche holten Lastwagen auch die Kinder zur Erschießung ab. Soldaten alarmierten Wehrmachtspfarrer, es kam zum Protest, die Aktion wurde kurzzeitig gestoppt. Neunzig Kinder wurden in einem Haus am Stadtrand eingesperrt, allein – ohne Wasser und Brot. Ihr herzzerreißendes Schreien und Wimmern war unüberhörbar. Nochmaliger Protest konnte sie nicht retten.

Der Feldmarschall Walter von Reichenau, ein Nazi sondergleichen, wiederholte seinen schon zuvor erteilten Befehl, die Kinder zu erschießen. Inzwischen hatte Himmler ohnedies die Weisung erteilt, auch jüdische Frauen und Kinder umzubringen. Denn der ursprüngliche Befehl, die Männer zu erschießen, Frauen und Kinder »befehlsgemäß in die Sümpfe zu treiben«, hatte nicht den gewünschten Erfolg. Enttäuscht meldete das 1. SS-Kavallerie-Regiment: »Weiber und Kinder in die Sümpfe zu treiben, hatte nicht den Erfolg, den es haben sollte, denn die Sümpfe waren nicht so tief, dass ein Einsinken erfolgen könnte.«

»Wir haben darüber keine Träne vergossen, aber wir haben uns schuldig gefühlt«, sagte uns ein Gehilfe des Massenmords: »Schließlich mussten wir ja tun, was uns befohlen wurde. Nicht einer hat den Befehl verweigert. Man konnte es einfach nicht.« Wir wissen heute, dass das so nicht stimmt. Man hätte sich durchaus entziehen können.

Vielerorts waren Soldaten der Wehrmacht Zeugen von all dem. Schuldig machten sich nicht alle und nicht viele, aber allzu viele. Nur wenige protestierten. Nicht wenige haben nie etwas von den Verbrechen erfahren, sondern waren vor allem mit dem eigenen Überleben beschäftigt. Und es gab wiederum andere, die dem mörderischen Treiben Beifall zollten. Und mitunter mordeten Soldaten selbst – oft, aber nicht immer auf Befehl. In den Briefen an die Angehörigen daheim findet sich verhältnismäßig wenig über diese erste Zeit des Holokaust. Doch wenn die Soldaten auf Heimaturlaub kamen, berichteten manche von ihnen – oft hinter vorgehaltener Hand. So sickerte die Nachricht von den Massenerschießungen im Osten allmählich durch.

Ein deutscher Besatzungsbeamter im ostpolnischen Złoczów sprach vor unserer Kamera erstmals über seine Erlebnisse. Wie so viele andere habe auch er Juden »für etwas Minderwertiges« gehalten. Doch als er mit eigenen Augen sah, dass sie ermordet wurden, habe er erkannt: »Es sind Menschen wie du und ich. Nicht die Juden sind unser Unglück, wir sind es selbst. Wir richten uns selbst zugrunde.«

Wohl im September 1941 fiel Hitlers Entscheidung, alle Juden in Europa zu ermorden. Der Diktator stellte als treibende Kraft die Weichen zum industriellen Massenmord.

Hitler war die zentrale Instanz. Er traf alle wesentlichen Entscheidungen, blieb aber stets auch angewiesen auf Helfer wie Himmler und Heydrich – Männer mit der verhängnisvollen

Gabe des vorauseilenden Gehorsams und der Fähigkeit, sich in die Gedankenwelt des Tyrannen einzufinden, seine Wünsche zu erahnen und zu erfüllen.

Was seine Henker zu tun hatten, gab er ihnen mündlich zu verstehen, durch einen klaren Befehl, eine Andeutung oder ein zustimmendes Kopfnicken. Kein Schriftstück sollte seine persönliche Verantwortung belegen. Und auch wenn der Holokaust vielerorts seine Eigendynamik entwickelte, so sind die Beweise für Hitlers Urheberschaft erdrückend. Vier Mal verwies allein Himmler auf einen »Führerbefehl«, nicht ohne mitleidheischend darauf zu verweisen, wie schwer es ihm gefallen sei, Hitlers Anweisung zu erfüllen: »Es war die furchtbarste Aufgabe, die eine Organisation bekommen konnte – den Auftrag, die Judenfrage zu lösen.« Den »Reichskommissar Ostland«, Hinrich Lohse, ließ er über die Erschießungen wissen: »Es ist mein Befehl, was auch des Führers Wunsch ist.« Als Bernhard Lösener, Referent für Judenfragen im Innenministerium, Ende 1941 seinen Staatssekretär Stuckart wissen ließ, er könne angesichts des Geschehens nicht länger im Amt bleiben, reagierte der verblüfft und ungehalten: »Wissen Sie nicht, dass diese Dinge auf höchsten Befehl geschehen?«

Eigentlich sollte die Deportation der Juden aus dem Reichsgebiet und dem besetzten Polen in die eroberten Gebiete im Osten erst nach dem Sieg über die Sowjetunion beginnen. Spätestens bis zum Herbst 1941 wollte Hitler Stalin besiegt haben. Zunächst schien das Kalkül im Osten aufzugehen, der Russlandkrieg verlief nach Plan. Der Gegner war der Wucht des deutschen Angriffs nicht gewachsen, während die Todesschwadronen hinter den Linien mordeten. Schon wenige Monate später aber war die Siegesgewissheit verflogen. Man hatte die sowjetische Widerstandskraft unterschätzt. Der Krieg würde länger als erwartet dauern. Hitlers Hass auf die Juden steigerte sich. Seine zwanghafte Einbildung, einer »jüdischen Weltverschwörung« gegenüberzustehen, verstärkte sich noch, als Briten und Amerikaner im August 1941 das gemeinsame Ziel formulierten, die Nazityrannei endgültig zerstören zu wollen. Der Weltkrieg war in Sicht. Jetzt stimmte der Diktator dem Wunsch seiner Helfer Heydrich und Goebbels zu, mit der Deportation der Juden aus Deutschland, Österreich und dem »Protektorat Böhmen und Mähren« zu beginnen. Sie sollten in Gebiete »umgesiedelt« werden, in denen die jüdische Bevölkerung – Männer, Frauen, Kinder – unterschiedslos vernichtet wurde. Die Deportation kam einem Todesurteil gleich. Zur gleichen Zeit begann die Errichtung der Vernichtungslager.

Was bedeutete das für die Juden in Deutschland? Zu ihnen kam der Tod mitunter korrekt und kultiviert. Die Gestapo-Beamten, die sieben Familien aus einer so bezeichneten »Judenwohnung« am Berliner Kurfürstendamm abzuholen hatten, grüßten höflich, forderten sie auf, ihr Gepäck zu nehmen, und geleiteten sie in einen bereitstehenden Möbelwagen.

Die wenigsten ahnten, welches Grauen sie erwarten würde. Von Arbeitslagern oder landwirtschaftlichen Gütern im Osten hatte man ihnen zur Beruhigung erzählt, von trügerischen Grußkarten bereits verschleppter Leidensgenossen wurden sie getäuscht. Stattdessen gerieten die Vertriebenen zu Beginn in die Ghettos von Städten wie Łódź oder Riga. Es waren Wartesäle des Todes.

Dort trafen sie auf polnische Juden, deren Zahl schon dezimiert wurde. Ein erschütterndes Beispiel aus dem Ghetto von Łódź: Nicht nur die Sorge um das eigene Überleben ließ die zusammengekauerten Menschen auf dem Dachboden ihres Hauses kaum atmen, sondern auch die panische Angst, ob die zweieinhalbjährige Eljunja aufwachen würde. Ihre Mutter hatte das Mädchen in der Wohnung zurücklassen müssen, als die Ghettopolizei mit der Hausdurchsuchung begann, weil sie sonst aufgewacht wäre und durch ihr Schreien das Versteck verraten hätte.

So blieb das Kleinkind, in einem großen Korb versteckt, zurück – und mit ihm die Hoffnung, dass es die Razzia im Schlaf unentdeckt überstehen würde. Mit Entsetzen vernahmen die Verborgenen, wie einer der jüdischen Polizisten die Treppe zu ihrem Dachversteck hochstieg: »Er kam rauf, sah uns, ging wieder runter und rief: ›Niemand oben‹«, berichtete uns die damals vierzehnjährige Esther Brunstein. »Als damit alles glücklich überstanden schien, hörten wir, wie das Kind in der Wohnung plötzlich anfing, nach seiner Mama zu schreien. Seine Eltern waren oben bei uns, aber sie konnten nichts tun, weil jedes Geräusch uns alle verraten hätte.« Die Räumkommandos des Ghettos nahmen das kleine Mädchen mit – in den sicheren Tod.

Dies war Alltag im besetzten Polen. Vom Winter 1941 an rollten Menschentransporte in neu errichtete Vernichtungsstätten unweit der Ghettos, in denen der Mord fabrikmäßig betrieben wurde. In Chełmno, Belzec, Sobibor und Treblinka wurden beinahe doppelt so viele Menschen umgebracht wie im ungleich berüchtigteren Auschwitz. Gemordet wurde mit Motorabgasen, in kleinen abgedichteten Kammern.

Im Juli 1942 begannen die Deportationen aus Warschau. Anfangs ließen sich nicht wenige der Deportierten von der Lüge blenden, man würde sie in Arbeitslager evakuieren. »Familien können zusammenbleiben«, versprachen die Schergen. Vergebens verteilten Mitglieder der jüdischen Untergrundbewegung Handzettel im Ghetto, die vor der wahren Bestimmung der Menschentransporte warnten. Endstation war die Todesfabrik Treblinka.

»Ich gehörte zu den vielen damals«, erinnerte sich für uns Marcel Reich-Ranicki, »die daran nicht geglaubt haben. Doch nach kurzer Zeit stellte sich etwas Schreckliches heraus: Noch am selben Tag, im Verlauf von einigen Stunden, waren dieselben Waggons, die am Vormittag mit der menschlichen Fracht abgefahren waren, wieder da: leer! Ziemlich bald war dann klar: Die sind ermordet worden.«

Vom Morden in Treblinka gibt es keinen Film, natürlich nicht. Doch es gibt eine auf Filmrollen gebannte Deportationsszene aus dem holländischen Lager Westerbork – Aufnahmen vom 19. Mai 1944, die zu Sinnbildern des Holokaust wurden.

Mit Kreide hatte die SS die Anzahl der »Passagiere« auf den hölzernen Wänden des Viehwaggons vermerkt. Ziel des Transports waren die Gaskammern von Auschwitz. Ängstlich starren die Menschen in die Kamera: Frauen, alte Menschen, Kinder. Hans Margules, ein junger deutscher Jude, war im Film zu sehen, wie er auf Befehl die Waggontüren von außen verriegelt. »Die SS«, erinnert er sich in unserem Gespräch, »hat sich mit so was die Finger nicht schmutzig gemacht. Aus den Gesprächen mit den wiederkehrenden Zugbegleitern wussten wir zwar, dass es nach Auschwitz ging, einem Konzentrationslager. Aber von Gaskammern haben wir nie etwas gehört.«

Zu diesem Zeitpunkt war das Mordverfahren längst Routine. Seit September 1941 wendete die SS in Auschwitz das Blausäurepräparat »Zyklon B« an Menschen an: »erfolgreich«, wie Lagerkommandant Höß zufrieden feststellte und später bemerkte: »Ich muss offen sagen: Auf mich wirkte die Vergasung beruhigend, da ja in absehbarer Zeit mit der Vernichtung der Juden begonnen werden musste. Mir graute immer vor den Erschießungen. Nun war ich doch beruhigt, dass uns allen diese Blutbäder erspart bleiben sollten.«

Im Juli 1942 inspizierte Himmler Auschwitz. Auf dem »Besuchsprogramm« standen Selektion und Vergasung eines holländischen Judentransports. Bis zuletzt wollten die Mörder ihre Opfer in Sicherheit wiegen. Die Auskleideräume kurz vor der Gaskammer trugen Aufschriften wie »Duschraum« und »Zur Desinfektion«. Den Menschen wurde empfohlen, ihre Kleidung abzulegen und sich die Nummer ihres Hakens zu merken. »Macht schnell«, mahnten die SS-Männer zur Eile: »Essen und Kaffee wird kalt!«

Was dann geschah, beschrieb für uns so eindringlich wie nie ein überlebender Angehöriger des Sonderkommandos – der greise Jehoshua Rosenblum, den wir in Israel besucht haben: »Als der Letzte in der Gaskammer war, wurde die Tür zugemacht, und sofort haben zwei SS-Männer durch eine Öffnung von oben das Zyklon B eingeworfen… Nach einer Weile vernahm ich von innen durchdringende Schreie, Poltern gegen die Tür, Gejammer und Gestöhne.« Der anschwellende Lärm ließ von Minute zu Minute nach und ging bald in ein vielstimmiges Röcheln über. »Das Gas war in die Lungen der Menschen eingedrungen und rief dort eine Lähmung des Atemzentrums hervor«, berichtete Filip Müller, ein anderer Häftling im Sonderkommando. Nach fünfzehn bis zwanzig Minuten war die Mordaktion vorbei. Mit bloßen Händen zogen die Männer des Sonderkommandos – von denen die meisten später ebenfalls umgebracht wurden – die Toten aus der Gaskammer und brachten sie zur Verbrennungsstätte. Bevor sie ins Feuer geworfen wurden, traten sogenannte Arbeitsgruppen in Aktion. Den Toten wurde das Zahngold ausgebrochen und den Frauen das Haar abgeschnitten. Die Goldzähne wurden eingeschmolzen und als Goldbarren an die Reichsbank übersandt.

Wir versuchten in unserem Film die Wirklichkeit der Mordfabrik minutiös zu rekonstruieren, was uns dank vieler Zeitzeugen zum Teil gelang. Jene überlebenden Opfer des Holokaust sind vor unserer Kamera noch einmal durch die Hölle der Erinnerung gegangen. Und nicht allen von uns war es möglich, das deprimierende Thema mit professioneller Distanz zu behandeln. Vor allem die Erzählungen der Augenzeugen blieben haften. Ich erinnere mich noch, wie froh ich war, mich nach der Endabnahme unserer gesamten Reihe unvermittelt auf ein völlig anderes Terrain begeben zu können, an dem wir ebenfalls zwei Jahre lang gewerkelt hatten: »Deutschlandspiel«, das Dokudrama über Deutschlands Wiedervereinigung. Ein größerer Kontrast der Emotion ist in der deutschen Zeitgeschichte gar nicht vorstellbar. Doch die verstörenden Bilder der Holokaust-Reihe, sie verschwanden nicht.

Die Resonanz war enorm – und zwiespältig. Während die deutsche Presse vor allem unsere Absicht würdigte, ein filmisches Gesamtbild zu zeichnen, und unsere internationalen Partner die Tatsache anerkannten, dass ein solcher Überblick endlich auch einmal aus Deutschland kam, setzte sich der Titel »Holokaust« in unserer Schreibweise nicht durch. Am meisten schmerzte mich, dass unsere Zuschauer – und das ist ja die ehrlichste Währung – die Reihe nicht so zahlreich sehen wollten, wie wir es gewohnt waren. Am Ende erzielten wir in Deutschland eine Reichweite von zweieinhalb bis drei Millionen Zuschauern pro Folge – was ja nicht wenig war, doch wir kannten eben ganz andere Zahlen. Erst allmählich setzte sich die Erkenntnis durch, dass sich ein erheblicher Teil des Publikums zur Primetime die sechsmalige Präsentation von deutscher Schuld und deutscher Täterschaft nicht antun wollte. Das hatten wir zu akzeptieren – und dennoch dankbar zu sein, dass jeweils bis zu drei Millionen Zuschauer die erschütternde Geschichte bis zum Ende sehen wollten.

Umso mehr war dem ZDF zu danken, dass es die Reihe »Holokaust« zur besten Sendezeit gezeigt hat. Da war kein Schielen auf den großen Publikumserfolg im Spiel. Es war politische Verantwortung, die die Verantwortlichen meines Senders hier gezeigt haben. Vor allem Dieter Stolte, unser Intendant, und meine Chefredakteure Klaus Bresser und Nikolaus Brender. Ihnen und auch allen anderen, die diese Reihe unterstützt haben, gilt auch heute noch mein Dank.

»O Gott, schon wieder Schlesienabend!«

Wir Nachkriegskinder und die große Flucht

Die Familie meines Vaters stammt aus Oberschlesien. Meine Großeltern und beide Tanten sind zunächst geflüchtet, dann für ein paar wirre Wochen nach dem Krieg in ihr Haus zurückgekehrt, sodann nach schrecklichen Erlebnissen im Sommer 1945 enteignet und vertrieben worden.

Wir lebten in Aschaffenburg, weil meine Tante nach der Flucht dort eine Anstellung als Lehrerin gefunden hatte. Mein Vater war noch in Gefangenschaft. Die Familie fand sich, wie in Hunderttausenden von anderen Fällen, dort zusammen, wo der Erste einen Job erhielt. Freitagabends bin ich mit den Eltern immer zu den Großeltern gegangen, anderthalb Jahrzehnte lang – zum Schlesienabend. Es gab schlesische Gerichte mit viel Mohn und Thymian und Erinnerungen an die alte Heimat, die ich nie gesehen hatte. Ich erinnere mich vor allem an die Wehmut dieser Abende.

Für mich war immer klar, dass ich das große Thema der Vertreibung einmal filmisch umzusetzen hatte. Das gesellschaftliche Klima in der Bundesrepublik war hierfür lange Zeit nicht reif. Bei den Protagonisten der veröffentlichten Meinung gab es eine tief sitzende Scheu, die Verbrechen der Vertreibung beim Namen zu nennen. Deutsche, hieß es, sollten sich zunächst mal ihren eigenen Verbrechen stellen. Angesichts der Dimension des Holokaust erschien es manchen Publizisten und Historikern geradezu frivol, das Leid des eigenen Volkes zu beklagen oder auch nur zu erforschen – weil die Furcht grassierte, Erinnerung könne der Aufrechnung dienen.

Ich hielt eine solche Einstellung für anmaßend, denn sie missachtete den Kontext der Geschichte. Aus der Heimat zu flüchten, aus dem angestammten Lebensumfeld vertrieben zu werden – für 15 Millionen Deutsche war es das traumatische Ereignis ihres Lebens. Am Ende eines Krieges, der von deutschem Boden ausgegangen ist, den Deutsche aggressiv geführt haben, sind deutsche Frauen, Kinder, alte Menschen selbst millionenfach zu Opfern geworden. Es war im Jahr 2000, als ich sagte: Wenn wir zu Beginn des 21. Jahrhunderts der Opfer des 20. Jahrhunderts gedenken, dann sollten wir uns aller Opfer erinnern – der von Krieg und Holokaust, aber auch von Flucht und Vertreibung. Und gewiss nicht nur der deutschen Opfer. Denn Vertreibung war im 20. Jahrhundert ein Verbrechen, das auch viele andere traf: Allein in Europa haben im Jahrzehnt ab 1939 fast 50 Millionen Menschen ihre Heimat unter Zwang verlassen müssen. Sollte man all das verschweigen, weil Hitler den Krieg begonnen hatte, weil Deutsche zu Tätern im Holokaust geworden waren? Es hat nichts mit Relativierung oder gar Aufrechnung zu tun, wenn wir der Toten gedenken, die auf den eisigen Straßen Ostpreußens gestorben sind, wenn wir der Toten gedenken, die auf der Flucht über die Ostsee mit ihren Schiffen untergegangen sind, wenn wir der Menschen gedenken, die als Zwangsarbeiter nach Sibirien verschleppt worden sind, wenn wir der Toten gedenken, die während der Vertreibung umgekommen sind.

Um das Thema 2001 in der Öffentlichkeit durchzusetzen, war es sicher hilfreich, dass wir die Geschichte des Holokaust im Jahr zuvor so intensiv behandelt hatten. Nun ging es darum, wie das Thema Flucht und Vertreibung gegliedert werden sollte. Ich plädierte für sechs Folgen: Am Anfang stand die Tragödie Ostpreußens, sodann der Untergang der »Gustloff«, weiterhin die Flucht aus Schlesien, dann ein Film über die verlorenen Kinder der Flucht, die Stunde der tapferen Frauen aus Pommern und zum Abschluss »Die verlorene Heimat« – die Vertreibung der Sudetendeutschen.

Mein Leitspruch für die Reihe war: Versöhnung braucht Erinnerung. Erinnerung braucht Offenheit. Und Offenheit braucht Mut. Es war ein wunderbares Zeichen für ein neues Miteinander in Europa, dass es nach Jahrzehnten eifriger Polemik diesen Mut inzwischen auch in vielen jener Länder gab, die damals Schauplätze der schrecklichen Geschehnisse gewesen waren. Unter den Bedingungen der zweigeteilten Welt war schon das Wort »Vertreibung« im Wortschatz der kommunistischen Länder ein Tabu gewesen. In Polen, Ungarn, Kroatien, Litauen und Tschechien haben junge Journalisten und Historiker trotz mancher Widerstände mit uns kooperiert, auf Podien diskutiert, in den Archiven recherchiert. Damals gab es dort erst seit zehn Jahren die Chance, auch bislang unveröffentlichte Akten einzusehen, bislang unbekannte Filmbestände auszuwerten. Bilder von dem Leid der Menschen, die gepeinigt und getötet wurden, fanden wir in den Archiven kaum. Das wenige, was sichtbar war, erschütterte. Doch es gab keine Filme über jene Deutschen, die ins Innere der Sowjetunion verschleppt wurden. Keine Filme von den Todeszügen, in denen Leichen waggonweise gestapelt wurden. Keine Bilder, die sich in das kollektive Bewusstsein eingebrannt haben. Doch was es gab, noch gab, war die Erinnerung der Menschen, die all das erleben mussten. Anfang des Jahrtausends waren viele noch am Leben. Noch hatten wir die Chance, ihnen zuzuhören und ihre Stimmen umfassend zu sichern – solange noch Zeit war.

Hunderte von Zeit- und Augenzeugen haben wir interviewt. Die Gespräche waren schmerzlich für die Überlebenden. Und auch für uns. Erinnerungen etwa an das Leid der Menschen auf den Straßen Ostpreußens im Winter 1945. Von Panzern überrollte Trecks, zerquetschte Leiber, ermordete Männer, vergewaltigte Frauen, getötete Kinder, erfrorene Babys – Augenzeugen, die uns dieses Grauen schilderten, konnten es zeitlebens nicht vergessen.

Was auf den Straßen, in den Dörfern, an den Stränden Ostpreußens geschah, ist weitgehend bekannt. Doch die Stimmen unserer Augenzeugen konnten dem Geschehen immer wieder neue, einprägsame Facetten hinzufügen. So erinnerte sich die damals achtzehnjährige Hildegard Rauschenbach an den Ausruf einer Nachbarin im Herbst 1944: »Aber unser Führer wird doch nicht die Russen in unser schönes Ostpreußen hineinlassen!« Das tat er aber doch. Die eigentliche Untat des Regimes war allerdings der Versuch, die eigene Bevölkerung als Geisel in der Heimat zu belassen. Als dann die Rote Armee am 12. Januar 1945 mit ihrer Großoffensive begann, war es für eine sichere Rettung der Zivilbevölkerung zu spät. Vieles wäre den Menschen erspart geblieben, hätte man sie rechtzeitig evakuiert.

Die sowjetischen Soldaten, die da an den Grenzen Ostpreußens standen, hatten auf dem Weg dahin gesehen, was Wehrmacht und SS in ihrer Heimat angerichtet hatten. Einer ihrer Generäle, Iwan Tschernjachowski, fasste in einem Appell am Vorabend des Angriffs ihre Gefühle in Worte: »Gnade gibt es nicht – für niemanden, wie es auch keine Gnade für uns gegeben hat. Es ist unnötig, von den Soldaten der Roten Armee zu fordern, dass Gnade geübt wird. Sie lodern vor Hass und Rachsucht. Das Land der Faschisten muss zur Wüste werden, wie auch unser Land, das sie verwüstet haben.«

Schon als im Herbst 1944 die ersten Massaker von Nemmersdorf bekannt geworden waren, hatten deutsche Soldaten, die in Russland dabei gewesen waren, die Zeichen der Rache erkannt: »Wir sind erst zweitausend Kilometer nach Russland vormarschiert und dann zweitausend Kilometer wieder zurück. Da ist nichts ganz geblieben«, bekannte unser Zeitzeuge Helmut Hoffmann und resümierte leise: »Wer Wind sät, wird Sturm ernten.«

Als dann der Angriff begann und die Menschen auf ihren Leiterwagen überstürzt aufbrachen, vergossen nicht nur Kinder bittere Tränen: »Ich habe damals meinen Großvater zum ersten Mal weinen sehen. Das werde ich nie vergessen. Er drehte sich immer wieder um, aber es gab kein Zurück mehr. Und da haben auch wir begriffen, dass wir nicht wieder zurückkommen werden«, schilderte unsere Zeitzeugin Hannelore Thiele die Abfahrt.

Die grimmige Kälte von bis zu minus 25 Grad forderte bald erste Opfer. Vor allem für Säuglinge und alte Menschen war die Eiseskälte eine tödliche Gefahr. Ohne ausreichende Kleidung, geschwächt durch die Strapazen der Flucht, starben die Kleinen zuerst. Babys erfroren in den Armen ihrer Mütter, die sie verzweifelt an den Leib gepresst hielten. Mit der Wärme ihrer eigenen Körper versuchten sie, die Kinder vor der unerbittlichen Kälte zu schützen. Waren erst einmal alle Windeln durchnässt, keine trockenen Kleidungsstücke zum Wechseln mehr vorhanden, hatten die Jüngsten kaum eine Überlebenschance. Eine Spur des Grauens zog sich durch ganz Ostpreußen: Kinderwagen mit kleinen, steif gefrorenen Leibern standen am Wegesrand. In Lumpen gewickelte Kinderleichen ragten aus den Schneeverwehungen. Für eine Bestattung blieb keine Zeit. Der Boden war hart gefroren.

Der Anblick von Leichen wurde für die Flüchtlinge bald zur grausamen Gewohnheit. Die eigene existenzielle Bedrohung machte nicht selten blind für das Leid der anderen. »Auf der Flucht«, so erinnerte sich mein Freund Siegfried Quandt, der aus Tharau stammte, »reichte die Solidarität nicht über die eigene Familie hinaus. Die Konkurrenz um Wasser, einen Schlafplatz oder warmes Essen war hart. Das bisschen, das man bekam, wurde in der Familie geteilt. Man gab nichts ab.«

Wenn die sowjetischen Kolonnen die Flüchtlingstrecks erreichten, war Plünderung noch das Geringste, was den Menschen widerfuhr. Zivilisten wurden mitunter wahllos erschossen, Frauen und Mädchen brutal vergewaltigt. Die damals fünfzehnjährige Helga Schneider musste die schreckliche Tortur immer wieder über sich ergehen lassen. Eine Mutter, die ihre dreizehnjährige Tochter beschützen wollte, wurde ohne Zögern erschossen. Was auf den Straßen Ostpreußens in diesem Winter geschah, war ein Albtraum. In unserem Film über die Flucht in Pommern hatten wir das Leid der Frauen in den Mittelpunkt gerückt. Eine Frau, die in ihrer eigenen Familie nie erzählen wollte, was ihr widerfuhr, erzählte, wie sie auf den Leibern ihrer kurz zuvor erschossenen Kinder vergewaltigt wurde. Sie hatte, sagte sie, nur einen Wunsch: zu sterben. Doch sie lebte weiter.

Was mich am meisten mitgenommen hat, sind die Erinnerungen an das Schicksal jener ostpreußischen Kinder, die im Chaos der Flucht ihre Eltern verloren hatten: »Wolfskinder«, die wie die Wölfe in den Wäldern hausten und als kleine Landstreicher ums Überleben kämpften. Sie lebten von dem, was sie in Ruinen und auf Feldern fanden. Bald hatte es sich herumgesprochen, dass man im benachbarten Litauen Lebensmittel erbetteln konnte.

Der Weg dorthin war für die Kinder qualvoll und gefährlich. Allein oder mit den verbliebenen Geschwistern sprangen sie auf Züge auf, ohne zu wissen, wo die Reise enden würde. Wurden die kleinen blinden Passagiere entdeckt, warf man sie nicht selten aus den fahrenden Zügen. Vom Hunger getrieben, zogen sie durch Litauen.

Deutsche Kinder aufzunehmen, war von der Sowjetverwaltung verboten. So konnten die Kinder nie lange an einem Ort bleiben. Es waren wohl an die fünftausend, die in Litauen um ihr Überleben kämpften. Überall lauerten Gefahren. Ob russische Jugendbanden oder Wolfsrudel: »Wir haben selbst auch

Wölfe gesehen«, erinnerte sich unsere Zeitzeugin Waltraud Liedke, »am Waldrand saß ein ganzes Rudel davon. Die jaulten und jaulten. Ich werde dieses Geräusch nie vergessen.« Viele Wolfskinder verhungerten, andere kamen nach Jahren in deutschen Waisenhäusern unter, einige blieben in Litauen, wo manche von ihnen noch immer leben. Einige suchten zum Zeitpunkt unserer Dreharbeiten noch immer nach ihren Verwandten, um Antwort auf die bohrende Frage zu bekommen: »Wo komme ich her? Wer bin ich?« Verlorene Kinder der großen Flucht. Wir waren froh, dass wir dabei helfen konnten, zwei von ihnen mit ihren Familien zusammenzubringen.

Die Bilder jener Wintertage 1945 waren unbeschreiblich – und die Opfer waren, wie in solchen Fällen meistens, Wehrlose: vor allem Frauen, Kinder, alte Menschen. Als die Rote Armee binnen weniger Tage die dünnen deutschen Verteidigungslinien an der Grenze zu Ostpreußen durchbrach und bei Elbing an die Ostseeküste vorstieß, saßen zweieinhalb Millionen Flüchtlinge in der Falle. Und so strebten die Trecks nun zu den wenigen Häfen. Zu Fuß, mit Schlitten oder Pferdewagen versuchten die Menschen, ein rettendes Schiff zu erreichen. Wer es geschafft hatte, wer in den Hafenstädten Pillau, Danzig oder Gotenhafen lebend ankam und das Glück hatte, auf eines der übervollen Schiffe zu gelangen, die nun täglich Richtung Westen ablegten, glaubte sich gerettet. Doch der Leidensweg war noch nicht zu Ende.

So ragt unter den vielen traurigen Geschichten jener Tage der Untergang der »Wilhelm Gustloff« besonders hervor. Am 30. Januar 1945, dem zwölften Jahrestag von Hitlers sogenannter Machtergreifung, trafen kurz nach neun Uhr abends drei Torpedos das zum Flüchtlingstransporter umfunktionierte Passagierschiff – abgefeuert vom sowjetischen U-Boot »S 13«. Binnen einer Stunde versank der einstige Stolz von Hitlers Kraft-durch-Freude-Flotte in der Ostsee. Für die Überlebenden des Dramas waren es die schlimmsten Stunden ihres Lebens. Mehr als neuntausend Menschen kamen um. Über die Hälfte von ihnen waren Kinder. Es war, alleine durch die Zahl der Opfer, die größte Katastrophe in der Geschichte der Seefahrt. Die »Gustloff« war die deutsche »Titanic«.

Die Menschen, die das Schiff erreichten, hatten traumatische Tage hinter sich. Unaufhaltsam schob die Rote Armee ein Heer von Flüchtlingen vor sich her. »Wir hatten fürchterliche Angst«, erinnerte sich unsere Zeitzeugin Ursula Schulze-Reesas. »Nur nicht den Russen in die Hände fallen, das war unser einziger Gedanke.« Um ihnen zu entkommen, blieb nur der Weg an die Küste. Doch vor den scheinbar sicheren Häfen lag das Haff, eine bis zu 20 Kilometer breite, 70 Kilometer lange Ostseebucht, die durch eine 50 Kilometer lange Landzunge, die Nehrung, von der offenen See getrennt war.

Schon die Überquerung des zugefrorenen Haffs war für viele ein Wettlauf mit dem Tod. In der dunklen Eiswüste kamen sie vom festen Weg ab, verirrten sich und brachen ein. Sowjetische Tiefflieger machten Jagd auf die Menschenschlangen, die aus der Luft leicht erkennbar waren. Die Überlebenden bewegten sich auf dem schmalen Grat zwischen Leben und Tod. »Als wir über die Nehrung drüber waren, da habe ich gebetet wie nie zuvor, denn ich dachte, nun ist die Rettung nah«, schilderte eine Zeitzeugin ihr Erleben damals.

Schließlich gelangten Zehntausende zum Hafen der Hoffnung – Gotenhafen, wie er damals hieß. Er war überfüllt mit verzweifelten Menschen, die einen Platz auf einem der Schiffe wollten, vor allem der »Gustloff«. »Sie war damals das modernste der Schiffe, also dachten wir, dort sind wir am besten aufgehoben«, erinnerte sich unsere Zeitzeugin Felicitas Lieberoth-Leden. Sie kam nicht auf die »Gustloff«, sondern per Zufall auf ein anderes Schiff.

Das war ihr Glück. Denn von den über zehntausend Menschen, die am 30. Januar aus Gotenhafen ausliefen, waren zwei Tage später nur etwas mehr als tausend am Leben. Die Schilderungen der Überlebenden von den schlimmsten Stunden ihres Lebens gehen mir noch immer nahe – als sie in der eiskalten Ostsee um ihr Leben kämpften und mit ansehen mussten, wie Angehörige und Freunde ertranken und erfroren. Die Bilder dieser Nacht haben sich in ihr Gedächtnis eingebrannt: die Panik, die an Bord des sinkenden Schiffes herrschte, Verzweifelte, die sich und ihre Familien erschossen, um einem qualvollen Tod zu entgehen, andere, die rücksichtslos um einen Platz in einem der wenigen Rettungsboote kämpften, aber auch Matrosen, die in diesen Stunden zu Helden wurden und ihr Leben für andere riskierten. Was Inge Dorn Jahrzehnte später nicht vergessen kann, ist »dieser letzte dumpfe Todesschrei von all den Leuten, die noch im Schiff drin waren, die wussten, dass es das Ende ist, den habe ich noch im Ohr«. Und Ursula Reesas schilderte uns, wie Hunderte von kleinen Kindern auf den eisigen Wellen der Ostsee trieben, erfroren und ertrunken: »Die Köpfchen waren schwerer als die Füßchen, und wenn die Kinder Schwimmwesten trugen, dann sanken ihre Köpfchen in das Wasser, und ihre Füßchen ragten in die Höh. Nie wieder habe ich später meinen eigenen Kindern das Lied ›Alle meine Entchen‹ vorsingen können.«

Natürlich haben wir erstmals auch mit Mannschaften des U-Boots »S 13« gesprochen. Sie schilderten, unter welchem »Erfolgsdruck« sie standen: »Auf den Torpedos, die wir abfeuerten, stand geschrieben: ›Für die Heimat, für Stalin‹. Einen solchen Patriotismus gibt es nicht mehr.«

Nach dem Krieg wurde heftig über die Frage gestritten: War die Versenkung der »Gustloff« ein Kriegsverbrechen? Die meisten Überlebenden und Angehörigen der Opfer waren der Meinung, dass es ein Verbrechen war, niemand dürfe ein Schiff mit Frauen und Kindern an Bord versenken. Tatsächlich aber fuhr die »Gustloff« nicht unter der Rotkreuzflagge, an Bord waren tausend ausgebildete U-Boot-Leute und das Schiff war in einer Fahrstraße unterwegs, die von Kriegsschiffen befahren wurde. Heinz Schön, der »Gustloff«-Spezialist unter all den Überlebenden, hatte deshalb eine eindeutige Meinung: »Die Versenkung der ›Gustloff‹ war kein Kriegsverbrechen. Nicht die Tat an sich war ein Verbrechen, sondern der ganze Krieg.«

Der erreichte in den ersten vier Monaten des Jahres 1945 noch einmal einen mörderischen Scheitelpunkt. Östlich der Elbe war die schlesische Hauptstadt Breslau mit 630 000 Einwohnern die größte deutsche Stadt nach Berlin. Das NS-Regime erklärte Breslau zur Festung – und verlängerte damit das Leiden der Bevölkerung um etliche Monate. Es war der Beginn einer Tragödie, an deren Ende der völlige Austausch der Bevölkerung stand. Mit dem Vormarsch der Roten Armee im Januar 1945 setzte die chaotische Flucht der deutschen Bevölkerung Schlesiens rechts der Oder ein. Den aufgeschreckten Breslauern bot sich in ihren Straßen das Bild nicht endender Flüchtlingskolonnen: Planwagen mit Pferden oder Ochsen bespannt, darauf kauernd Frauen, Kinder und Alte. Daneben Mütter mit Kinderwagen oder Leiterwagen.

Noch Tage zuvor tönte die Propaganda, der Feind werde zurückgeschlagen, die Heimat verteidigt. So erfolgte der Aufbruch vielerorts überhastet. Für eine solche große Flucht war keine Vorsorge getroffen worden. Weder Unterkünfte noch Verpflegung standen bereit. So sahen sich die Kolonnen ganzer Dörfer und Städte einem tödlichen Schicksal ausgeliefert. In der schneidenden Kälte wurden Alte und Kinder zu Tausenden hinweggerafft.

Die Erinnerung der Überlebenden erschüttert. Der Breslauer Hans-Joachim Terp: »Ich habe versucht, meine Mutter auf den Bahnhof zu schaffen. Aber wie das aussah, das kann ich gar nicht beschreiben. Der Bahnsteig war gar nicht zu betreten, weil die Massen sich nur so reinwälzten. Kinder wurden überrollt und zertreten. Ein Eisenbahner erzählte mir: Gestern haben sie hier vierundzwanzig Kinder weggeholt, tote Kinder. Sie waren einfach auf den Treppen zertrampelt worden. Es war grausam.« Den ersten Toten sollten noch unzählige folgen. Elisabeth Kleinert hatte das Glück, in einem Waggon Platz zu finden. Doch auch hier spielten sich entsetzliche Szenen ab: »Es war ein Lazarettzug mit vielen schwangeren Frauen. Einige haben sofort entbunden. Viele wegen des Schrecks und der Aufregung. Viele Kinder sind tot auf die Welt gekommen. Andere Mütter konnten nicht stillen, die Kleinen sind einfach verhungert. Später sind sehr viele tote Kinder aus dem Zug geworfen worden, er hat ja nicht mehr gehalten. Sie haben die Babys in Decken gehüllt und rausgeschmissen.«

Dann befahl der schlesische Gauleiter Karl Hanke am 20. Januar: »Frauen und Kinder begeben sich zum Fußmarsch auf die Straße nach Opperau in Richtung Kanth.« Bei zwanzig Grad unter null, eisigem Wind und hohem Schnee machten sich Tausende Mütter mit Kindern und Säuglingen, mit ihrer letzten Habe, mit Kinderwagen, Schlitten und ohne Versorgung auf den Weg in die Winternacht. Es war der Todesmarsch der Breslauer Mütter. Er kostete 1800 Menschen das Leben.

Mitte Februar war der Ring um Breslau fest geschlossen, noch immer lebten rund 200 000 Zivilisten in der Stadt. 45 000 Mann, zusammengewürfelt aus Volkssturm, Hitlerjungen und Wehrmachtsurlaubern, sollten die »Festung« gegen die vielfache Übermacht der Roten Armee verteidigen – unter unsäglichen Opfern. Bis zum 6. Mai dauerten die Kämpfe um Breslau an. Dann verhandelten beide Seiten über die Kapitulation. Noch währenddessen machte sich Gauleiter Hanke mit einem Fieseler Storch feige aus dem Staub. Er ließ eine Stadt in Trümmern zurück. Karl Hanke blieb nach dem Krieg verschollen. Es gibt Zeugen, die ihn später in Südamerika gesehen haben wollen. Andere glauben, er sei wenige Wochen nach Kriegsende in der Tschechoslowakei ums Leben gekommen. Er war, nach Hitler, der Hauptverantwortliche für die schlesische Tragödie.

Die Resonanz auf unsere Reihe »Die große Flucht« war überwältigend: Sie erreichte in der Spitze bis zu sechs Millionen Zuschauer und war nicht nur ein Fernsehereignis – sie war auch ein Politikum. Als sie in vielen Ländern lief, haben viele Menschen wohl zum ersten Mal erfahren, dass auch Deutsche zu Opfern eines von Deutschen entfesselten Krieges geworden waren.

Nicht alle der Erinnerungen sind geprägt von Trauer und von Zorn. Es findet sich auch Dankbarkeit. Wenn wir während der Dreharbeiten von Hoffnung, Mut und Zuversicht in diesen dunklen Wochen hörten, waren es sehr oft Geschichten von und über Frauen. Nicht allein, dass Hunderttausende von ihnen vergewaltigt und ermordet wurden. Die das grausige Geschehen überlebten, trugen auch die Hauptlast von Flucht und Vertreibung. Ihre Männer, Brüder, Väter, Söhne waren oft nicht da – vermisst, gefangen oder schon gefallen. Und während die verbliebenen Männer der Rache der Sieger oft wie erstarrt gegenüberstanden, sahen sich Frauen zum Handeln gezwungen. Mochte Hitlers Reich auch untergehen – sein Volk ging nicht zusammen mit ihm unter, auch wenn Hitler selbst dies gern gesehen hätte. Das Leben ging weiter. Kinder kamen auf die Welt. Der Kampf der Männer war vorbei, der Kampf der Frauen längst noch nicht. Sie vor allem sorgten für das Überleben der Familien. Es war, wie Christian Graf von Krockow es einmal genannt hat, die Stunde der Frauen.

Auch von Stolz war hier und da die Rede. Dass man mit nichts im Westen angekommen ist und es dann dort nach Jahren der Entbehrung doch geschafft hat – obwohl man vielfach mit Argwohn und Missgunst angegiftet oder, je nach Herkunft, gar als »Polack, als »Sudetengauner« oder »Flüchtlingspack« beschimpft wurde. Doch ohne dieses »Flüchtlingspack« hätte in der Bundesrepublik das viel zitierte »Wirtschaftswunder« nicht stattgefunden. Diese Menschen mochten kein Vermögen haben – doch sie hatten Kenntnisse, sie hatten Ehrgeiz, wollten es zu etwas bringen, wollten wieder menschenwürdig leben. Und sie gingen dorthin, wo die Arbeit war. Das sogenannte Wirtschaftswunder war für sie kein Wunder, sondern das Resultat von harter Arbeit und Verzicht auf Zeit. Ohne die Vertriebenen und Flüchtlinge von einst wäre es wohl kaum so glanzvoll ausgefallen. Dass es nach dem Krieg gelungen ist, Millionen heimatloser Menschen wieder ein Dach über dem Kopf zu geben, sie in Wirtschaft und Gesellschaft einzugliedern, ohne Streiks und Unruhen, das ist das eigentliche deutsche Nachkriegswunder.

Wir sahen und sehen: Die Geschichte von Flucht und Vertreibung ist nicht nur eine Geschichte von Trauer und Zorn. Sie ist auch eine Geschichte von Mut und Hoffnung. Eine Geschichte, die zeigt, was Menschen Menschen antun können. Aber auch eine Geschichte, die lehrt, wozu Menschen fähig sind, wenn es um das Überleben ihrer Kinder und Familien geht.

Mit dem Verlust der Heimat hatten sich die meisten unserer Zeitzeugen längst abgefunden. Die weitaus meisten wollten die Verständigung, Versöhnung mit den Menschen, die heute an den Stätten ihrer Jungend leben. Und viele wünschten sich vor allem eines: dass man ihnen zuhört, wenn sie sich erinnern. Sie wollten sagen können, dass auch sie sich als die Opfer eines mörderischen Krieges fühlen.

Ich war damals überzeugt: Solange die Menschen der Erlebnisgeneration berichten können, müssen wir so viele kostbare Erinnerungen wie nur irgend möglich sammeln. Auch das war Anstoß für unsere Aktion »Die Augen der Geschichte«, von der ich an anderer Stelle in diesem Buch erzähle. Ich hatte damals schon öffentlich versprochen, dass wir alle unsere Zeitzeugengespräche dem »Zentrum gegen Vertreibungen« zur Verfügung stellen. Sie werden in der Dauerausstellung der Stiftung

»Flucht, Vertreibung, Versöhnung« in Berlin zu sehen und zu hören sein.

In dieser Ausstellung wird das Erleben der Deutschen in den europäischen Kontext von Flucht und Vertreibung gestellt werden. Und das ist gut so. Ein Europa, das trotz alledem zusammenwächst, kann und darf es sich nicht leisten, düstere Kapitel der gemeinsamen Geschichte zu verdrängen. Flucht und Vertreibung gehören dazu. Was verdrängt wird, das bedrängt am Ende umso mehr. Schuld darf nicht aufgerechnet, aber sehr wohl ausgesprochen werden. Jede Schuld. Denn wenn Versöhnung durch Erinnerung geschaffen wird, dann braucht Erinnerung vor allem Offenheit.

»War Stauffenberg ein Held?«

Wir atmen freier, weil es ihn gegeben hat

»War Stauffenberg ein Held?« Diese Frage stellte mir ein amerikanischer Journalist im Umfeld unserer Reihe zu Leben und Tod dieses Widerstandskämpfers. Ich hatte die Ausstrahlung bewusst auf den Januar des Jahres 2009 gelegt, als der US-Spielfilm mit Tom Cruise in die deutschen Kinos kam. Doch ich verstand unseren zweiteiligen Film, für den Oliver Halmburger Produktion und Regie übernahm, nicht als Antwort auf die Hollywood-Version.

In deren Vorspann hieß es ja, der Film sei »based on a true story«, er basiere also nur auf einer wahren Geschichte. Wir aber wollten die »true story« bieten. Unsere szenische Dokumentation orientierte sich an den historischen Fakten.

Es gab Journalisten, die mich deshalb zu einem Tom-Cruise-Bashing animieren wollten. Ich habe mich darauf nicht eingelassen. Für mich war »Operation Walküre« ein handwerklich ordentlich gemachter, spannender Hollywood-Film. Ein historischer Thriller, dessen Ende man ja leider bereits kennt. Es war das unbestreitbare Verdienst des Films, dass er den deutschen Widerstand gegen Hitler weltweit bekannt gemacht hat. Der war nämlich außerhalb Deutschlands ziemlich unbekannt.

Als ich den Tom-Cruise-Film an Weihnachten 2008 in den USA vorab sah, hörte ich um mich herum einige Leute sagen: »Mensch, ich wusste gar nicht, dass es das gab.« Und Ähnliches werden wohl auch die Zuschauer in San Francisco, Rio und

Manila empfunden haben. Das ist das wichtigste Verdienst des Films.

War Stauffenberg ein Held? Für meinen amerikanischen Gesprächspartner war der Begriff des Helden alles andere als fremd. Helden sind für das US-Geschichtsverständnis, jedenfalls für das populäre, schon einmal alle Überlebenden von Omaha Beach bei der alliierten Landung 1944 in der Normandie. Man geht damit recht freigebig um. Selbst Kriegsheimkehrer aus Afghanistan werden pauschal als »heroes« bezeichnet, wie ich als treuer Leser der *News Press* in Fort Myers, Florida, manchmal wahrnehme. Ob sie es tatsächlich waren oder nicht.

Mein Freund aus den USA war nicht der Erste, der mir diese Frage stellte. Es waren Zuschauer, die fragten, wer, nach all den düsteren Bösewichtern der NS-Geschichte, denn ein Mensch sei, der Identität vermittle, ja, auf den man stolz sein könne.

Für uns Deutsche ist der Begriff des »Helden« seit Hitler kontaminiert. Allenfalls haben wir Sinn für jene »stillen Helden«, die in der Nazizeit Juden geholfen haben. Aber Stauffenberg?

War also Claus Schenk Graf von Stauffenberg ein Held? Ich meine: Ja, er war es. Weil er unter Einsatz seines Lebens etwas tat, was großen Mut erforderte. Er war nicht von der Volksstimmung getragen, sondern von der Stimme seines rastlosen Gewissens. Vorbestimmt war ihm sein Einsatz nicht.

Als Hitler die Macht übernahm, begrüßte der Offizier Stauffenberg die Aufrüstung – verhieß sie doch für ihn und seine Kameraden eine strahlende Zukunft. Später war er fasziniert von Hitlers Erfolgen. Doch sein Gefolgsmann wurde er nicht. Der Graf war deutschnational, nie Nazi.

Den »Anschluss« Österreichs an das Deutsche Reich im März 1938 begrüßte er aus vollem Herzen. Hitler, so erklärte Stauffenberg, würde niemals einen Krieg vom Zaun brechen, in dem Deutschland gegen die gesamte Welt alleine stünde, da er als ehemaliger Soldat die Schrecken des Krieges kenne. Schon wenig später musste er diese Meinung revidieren.

Als Hitler 1939 die sogenannte Rest-Tschechei zerschlug, prophezeite der junge Offizier: »Der Narr macht Krieg!« Schon jetzt dachte Stauffenberg an »Umsturz«. Der allerdings, so warnte er, sei nur »gewaltsam möglich«. Zugleich galt Stauffenberg als Vorbild für die Truppe, Nachwuchshoffnung für den deutschen Generalstab. Den Hochbegabten rühmten Kameraden wie Ulrich de Maizière als »Mann von großer Ausstrahlungskraft«. Der romantisch veranlagte Graf war kein Kommisskopf, sondern vielseitig interessiert an Kunst, Musik und Literatur. Einen »Wunderknab« hieß ihn der Kreis um den Dichter Stefan George, dessen Anhänger er war.

Als im September 1939 der Feldzug gegen Polen begann, erklärte Stauffenberg, trotz aller Furchtbarkeiten eines Krieges sei das Ausrücken für ihn doch auch eine »Erlösung«. Der Krieg sei schließlich sein »Handwerk von Jahrhunderten her« – ein wörtliches Zitat.

Im Feldzug gegen Polen schien der Graf geradezu berauscht vom militärischen Erfolg. In dieser Stimmung schrieb er seiner Frau in Deutschland einen Brief, der Stauffenberg-Verehrer zornig macht: »Die Bevölkerung ist ein unglaublicher Pöbel, sehr viele Juden und sehr viel Mischvolk. Ein Volk, welches sich nur unter der Knute wohlfühlt. Die Tausende von Gefangenen werden unserer Landwirtschaft recht guttun. In Deutschland sind sie sicher gut zu brauchen, arbeitsam, willig und genügsam.«

Nicht wenige Historiker haben aus diesen Zeilen geschlossen, dass Stauffenberg ein klassischer Antisemit gewesen sei. War er das? Ich meine nicht. Er hatte sicherlich ein Grundgefühl von kultureller Überlegenheit. Doch er unterschied dabei nicht zwischen Juden und Nichtjuden. Sein Dominanzbewusstsein betraf alle. Das war Gutsherrenmentalität. Es ist gleichwohl ein Text, der wehtut. Aber umso mehr ist dann der Weg zu würdigen, den er anschließend gegangen ist. Ein Weg, der wegführte von seinen eigenen Vorurteilen.

Erst der Vernichtungskrieg in der Sowjetunion trieb Stauffenberg zum Äußersten: das Wissen um die vielen Morde hinter der Front – und nach der Niederlage in der Schlacht vor Moskau auch das Wissen um die hohen Verluste der Wehrmacht. 1942 sprach er zum ersten Mal davon, dass es nur einen Weg gebe, um Hitler Einhalt zu gebieten: ihn zu töten.

Noch aber stand für Stauffenberg nicht fest, ein Attentat selbst auszuführen. Im Sommer 1942 äußerte er sich immer häufiger über die dringende Notwendigkeit, den Diktator zu beseitigen. Er nannte Hitler einen »Narren« und »Verbrecher«.

Bei einer Dienstbesprechung im September 1942 wurde er noch deutlicher. Nachdem Stauffenberg über die katastrophale Personallage des Feldheeres referiert hatte, rief er aus: »Hitler ist der eigentlich Verantwortliche! Eine grundsätzliche Änderung ist nur möglich, wenn er beseitigt wird. Ich bin bereit, es zu tun!«

Doch die Suche nach Verbündeten in der militärischen Führungsspitze gestaltete sich schwierig.

Zwar stimmten alle zu, dass es so nicht weitergehen könne. Aber keiner stellte sich zur Verfügung. »Die Kerle haben ja die Hosen voll oder Stroh im Kopf, die wollen nicht!«, erregte sich Stauffenberg.

Den Tyrannenmord selbst auszuführen, war er rein körperlich der falsche Mann: Nach einem britischen Fliegerangriff 1943 in Tunesien hatte er sein linkes Auge, seine rechte Hand sowie zwei Finger seiner Linken verloren. Dieser körperlich versehrte Mann sollte Hitler töten? Für Stauffenberg kein Hindernis: »Es wird Zeit, dass ich das Deutsche Reich rette«, meint der Genesende im Lazarett zu seiner Frau Nina, die erwidert: »Dazu bist du in deinem Zustand der Richtige!«

Eigentlich hätte es ein anderer tun sollen. Doch den übrigen

Verschwörern, die im »Führerhauptquartier« zu Hitler Zugang hatten – wie die Generäle Erich Fellgiebel und Hellmuth Stieff –, fehlte im entscheidenden Augenblick der Mut. Stauffenberg aber wagte es, weil sich kein anderer bereitfand. Schon das macht ihn zum Helden. Freilich fragte er noch nach der Invasion der Alliierten in der Normandie im Juni 1944 seinen Mentor Henning von Tresckow, den Kopf der Verschwörung, ob das geplante Attentat angesichts der Kriegslage überhaupt noch sinnvoll sei. Sollte man den blutigen Tyrannen nicht einfach ins Verderben rennen lassen? Die historische Antwort: »Das Attentat muss erfolgen… Denn es kommt nicht mehr auf den praktischen Zweck an, sondern darauf, dass die deutsche Widerstandsbewegung vor der Welt und vor der Geschichte den entscheidenden Wurf gewagt hat. Alles andere ist daneben gleichgültig.«

Ein Mord, um Millionen Morde zu verhindern. Das Land vom Tyrannen befreien – dem Erzfeind der Deutschen, dem Erzfeind der Menschheit. Die Diktatur beseitigen. Den Krieg beenden. Und dann? Stauffenberg war kein lupenreiner Demokrat. Doch was er wollte für die neue Ordnung nach der Tyrannei, war ein Land des Rechts und der Gerechtigkeit. Ein Land, das wieder auf der Tradition von Goethe, Schiller, Bach aufbaute, nicht auf braunem Ungeist: »Derjenige, der etwas zu tun wagt, muss sich bewusst sein, dass er wohl als Verräter in die deutsche Geschichte eingehen wird. Unterlässt er jedoch die Tat, dann wäre er ein Verräter vor dem eigenen Gewissen.«

Dafür war Stauffenberg bereit das eigene Leben einzusetzen. Er wusste um das Risiko auch für seine Familie. Doch: »Es geht nicht um meine Kinder oder meine Frau, sondern um das ganze deutsche Volk.« Solches Denken mutet manchem heute fremd an, doch für die Verschwörer war es die treibende Kraft: Ehre, Treue, Gewissen, Moral. Sie wollten nicht nur ihre Ehre retten, sondern auch die Ehre eines Volks von Mitläufern. Die meisten Mitverschwörer hatten dem Regime am Anfang voll Begeisterung gedient, und manche waren in die Untaten verstrickt gewesen. Nun aber wollten sie der Welt beweisen, dass nicht alle hinter solchem Wahnsinn standen. Und manche hofften, dass ein gelungenes Attentat das Land doch noch vor dem Untergang bewahren könnte.

Was Stauffenberg vor allen anderen Verschwörern auszeichnet, war nicht allein der unbedingte Mut, das Attentat selbst auszuführen. Es war die Tatkraft, auch den Umsturz in Berlin zu leiten. Wir alle wissen, wie es ausgegangen ist.

Es gibt Historiker, die Stauffenberg posthum noch vorwerfen, er habe das Attentat verpatzt. Das ist nachgerade bösartig. Es war gewiss ein Unglück, dass es Stauffenberg nicht möglich war, die zweite Bombe, die er vorbereitet hatte, scharf zu machen. Und es war ein Unglück, dass sein Adjutant sie überstürzt und ungeschärft wieder an sich nahm. Es war dies der fatale Fehler, der das Attentat auf Hitler schließlich scheitern ließ. Denn bei der Explosion der ersten Bombe wäre auch die zweite Ladung hochgegangen – trotz des fehlenden aktiven Zünders. Beide Sprengkräfte zusammen hätten ausgereicht, um alle Teilnehmer der Lagebesprechung zu töten – Hitler eingeschlossen.

Warum hat Stauffenberg es unterlassen, die zweite Bombe ebenfalls in seine Aktentasche zu stecken? Grund genug war die enorme Erregung, unter der er in diesem Augenblick stand. Er war im Bannkreis des Diktators, unter ständiger Gefahr, entdeckt zu werden.

Hitlers Tod sollte das millionenfache Morden beenden, Deutschland vor dem Untergang bewahren, Millionen Menschenleben retten. So viele Attentate waren bisher gescheitert. Jetzt hing alles von ihm, Stauffenberg, ab. Und ausgerechnet jetzt wurde er, der Kriegsversehrte, beim Scharfmachen der Bombe gestört. Es war ein tragischer Zufall. Er flog gleichwohl im Glauben nach Berlin zurück, die erste Hälfte seines Auftrags, Hitler zu ermorden, sei erfüllt. Nun ging es um den Umsturz.

Was Stauffenberg in den zweieinhalb Stunden Flugzeit nach Berlin durch den Kopf ging, können wir nur ahnen. Er war isoliert vom Geschehen, verdammt zu erzwungener Muße und vor allem gepeinigt von der Frage, was die Mitverschwörer, wie vereinbart, in der Zwischenzeit wohl alles eingeleitet haben mochten. Denn er wusste: Er, der Attentäter, hatte eine Doppelrolle. Er musste nach vollbrachter Tat auch noch den Umsturz leiten.

Diese Doppelrolle hätte jeden anderen überfordert, doch nicht Stauffenberg. Die Kameraden in der Bendlerstraße verloren wichtige Stunden, weil alle auf den Attentäter warteten. Erst als er kam, begann das Räderwerk der »Operation Walküre« zu laufen, jenes eigentlich zur Abwehr innerer Unruhen gedachten Plans, der von Stauffenberg so genial umgearbeitet worden war, dass im Falle des Gelingens selbst die Gegner des Putsches im Sinne der Verschwörer gehandelt hätten.

Doch in der Zwischenzeit hatte sich das Blatt gewendet. Nach den Plänen der Verschwörer sollte General Erich Fellgiebel in der »Wolfsschanze« dafür sorgen, dass nach dem Attentat keine Meldungen nach draußen drangen. Zum anderen hatte er die Aufgabe, sofort nach Detonation der Bombe die Verschwörer zu informieren. Als Fellgiebel merkte, dass Hitler überlebt hatte, nahm er mit der Zentrale in Berlin Kontakt auf: »Es ist etwas Furchtbares geschehen. Der Führer lebt!«

Doch General Fritz Thiele, der das Gespräch im Bendlerblock entgegennahm, reagierte wie unter Schock. Er tat erst einmal gar nichts. Ja, er brach kurzerhand und ohne einen anderen von der Nachricht zu informieren, zu einem »Spaziergang« auf. Er war der Erste, der angesichts des gescheiterten Anschlags die Nerven verlor.

Die Konspiration hatte ihren Plan »Walküre« auf Hitlers Tod aufgebaut. Nun, da der Diktator überlebt zu haben schien, war die Verwirrung groß. Für den Fall eines vollzogenen, aber misslungenen Attentats war nichts vereinbart worden. Und bei

Thiele zeigte sich bereits eine Tendenz, die sich an diesem Tag noch verstärken sollte: Einige der Mitverschwörer Stauffenbergs dachten zunehmend daran, sich selbst zu retten.

Der Attentäter selbst dachte allerdings nicht so. Stauffenberg tat von der Bendlerstraße aus alles, um den Aufstand dennoch zum Erfolg zu bringen. »Es war faszinierend, zu sehen, wie alles immer auf ihn zukam, ihn fragte, wie der Mann in einer unerhörten Erregung war, aber vollkommen ruhig und beherrscht, von äußerster Höflichkeit«, erinnert sich der Augenzeuge Ewald von Kleist. »Aber man merkte seine Erregung an seinem Atem. Es war beeindruckend, ihn zu sehen an diesem Tage.«

Es war sein letzter Tag im Leben. Der Tag, an dem er in die Geschichte einging. Der Tag, an dem er etwas von der Schande tilgte, in die sein Land geraten war.

Die Rache des Regimes war grausam: Hinrichtung der führenden Verschwörer, »Sippenhaft« für die Familien. Und die Drohung des SS-Chefs Heinrich Himmler: »Die Familie Graf Stauffenberg wird ausgelöscht werden bis ins letzte Glied.«

Doch Nina Gräfin von Stauffenberg, die Witwe des Attentäters, handelte klug: »Falls das Attentat misslingen würde, hat er mir verboten, loyal zu ihm zu stehen. Das Wichtigste sei, dass einer von uns den Kindern erhalten bleibe. Danach habe ich gehandelt. Ich habe mich der Gestapo als dumme kleine Hausfrau mit Kindern und Windeln und schmutziger Wäsche dargestellt.« Dennoch wurden die schwangere Nina und ihre Schwiegermutter ins KZ Ravensbrück gebracht.

Dort, stets vom Tode bedroht, schrieb Nina ein Gedicht, das zeigt, was Claus ihr bedeutet hat:

> Du bist bei mir,
> Wenn auch Dein Leib verging,
> Und immer ist's, als ob
> Dein Arm mich noch umfing.

Dein Auge strahlt mir zu
Im Wachen und im Traum.
Dein Mund neigt sich zu mir,
Dein Flüstern schwingt im Raum:
»Geliebtes Kind! Sei stark,
Sei Erbe mir!
Wo Du auch immer bist,
Ich bin bei Dir!«

Als ihre Tochter, die sie damals unter ihrem Herzen trug, Jahrzehnte später dieses Gedicht fand, war sie zu Tränen gerührt
und fragte: »Mama, das ist ja wunderschön! Wie konntest du das
schreiben?« Nina sagte: »Da hat mir der Papa die Hand geführt!«
Ihre vier Kinder wurden, wie die der anderen Verschwörer,
in das NS-Kinderheim Bad Sachsa verschleppt. Dort nahm man
ihnen alles weg, was an die Eltern erinnerte: Fotos, Briefe, selbst
die Nachnamen. Aus den Kleidern wurden systematisch alle Na-
mensschilder herausgetrennt. Den Kindern sollte ihre Identität
genommen werden. Später, so die Planung des Regimes, sollten
sie in Hitler-treuen Familien unter anderen Namen aufwachsen.
Über das Schicksal ihrer Eltern wurden sie im Unklaren gelassen. Diese hätten »etwas Schreckliches« getan – das war alles,
was den Kindern eingeimpft wurde.
Am Ende des Krieges gerieten sie noch einmal in Todesge-
fahr. Ihr Abtransport war vorbestimmt, sie befanden sich schon
auf dem Weg in das KZ Buchenwald. Was ihnen dort wahrscheinlich widerfahren wäre, kann man nur erahnen. Doch der
Bahnhof von Nordhausen, wo der Zug in das KZ abgehen sollte,
wurde in der Nacht der Abfahrt durch einen Bombenangriff
völlig zerstört. So wurden die Kinder notgedrungen zurück ins
Heim gebracht, in dem der Albtraum am 12. April 1945 endete.
US-Soldaten befreiten sie. Stauffenbergs Vermächtnis hatte sich
erfüllt: Die Familie war gerettet.

Was wäre geschehen, wenn sein Attentat geglückt wäre? Wenn die Bombe unter dem Kartentisch ihr Zielobjekt zerrissen hätte? Ein gelungener Tyrannenmord hätte seinen Sinn gehabt. Viele Hunderttausende Menschen wären nicht in den letzten Monaten des Krieges umgekommen, in den Gaskammern, an den Fronten, in den bombardierten Städten. Aber es kam anders, die Verschwörung scheiterte. Doch gut ist, dass es wenigstens versucht wurde und dass die Welt erfuhr: Nicht alle Deutschen liefen hinter Hitler her.

So bleibt die Tat des Grafen Stauffenberg ein Grund für stillen Stolz. Wir atmen etwas freier, weil es ihn gegeben hat.

»Who is the kissing sailor?«

Bilder, die Geschichte machten

Ganz sicher meine langlebigste Reihe sind die »100 Jahre«. Das sind hundert Sendungen à zehn Minuten, insgesamt tausend Minuten. Gesendet wurden sie im ZDF an den letzten hundert Tagen des Jahres 1999, eine Art Countdown zum Ende des Jahrhunderts. Seitdem sendet Phoenix diese »100 Jahre« jedes Jahr an Feiertagen wie Ostern oder Weihnachten – und zwar in einem Stück! Das sind fast siebzehn Stunden Fernsehen. Und immer noch und immer wieder erhalte ich Briefe oder E-Mails von Zuschauern, die sich das ohne Unterbrechung antun. Respekt!

Und nicht zuletzt sind die »100 Jahre« offenkundig ein Geheimtipp für Geschichtslehrer. Ein Zehnminüter über Währungsreform, Mauerbau oder Mauerfall lässt sich leicht in den Unterricht am Anfang einer Stunde einbauen. Als meine Kinder noch die Humboldtschule Wiesbaden besuchten, erzählten sie mir immer wieder gerne, welches unserer Stücke gerade präsentiert wurde. »Und was habt ihr dann gemacht?« –»Dann haben wir darüber diskutiert.« Das ist doch nachhaltiges Fernsehen!

Die »100 Jahre« sind eine Mischung aus der früheren Reihe »Bilder, die Geschichte machten«, einer meiner Lieblingsserien, und neuen inhaltlichen Stoffen. Es ging darum, für jedes Jahr des 20. Jahrhunderts ein zentrales Ereignis zu finden, das bis heute nachwirkt oder das besonders symptomatisch war. Und vor allem ging es um die Bilder, die Geschichte machten.

Das 20. Jahrhundert hat der Menschheit ihre schlechtesten und

217

schönsten Möglichkeiten offenbart. Es war das Jahrhundert von Hitler und Gandhi, Einstein und Hiroshima, Auschwitz und der Mondlandung. Es hat gezeigt, was dieser schöne blaue Planet sein kann, wenn nicht nur Mut und wissenschaftliche Vernunft regieren, sondern obendrein auch Menschlichkeit und Liebe. Aber es hat auch gezeigt, wozu die Menschen technisch und moralisch fähig sind: zu allem. Und auch dazu, ihresgleichen auszulöschen.

Nichts führt die Kontraste dieser hundert Jahre deutlicher, bewegender vor Augen als die großen Bilder des Jahrhunderts. Zum ersten Mal in der Geschichte der Menschheit war es möglich, ein ganzes Jahrhundert in Film und Fotografie wiederzugeben. Fast jedes historische Ereignis, jeder schicksalhafte Augenblick sind fotografisch festgehalten und/oder auf Zelluloid gebannt. Das 20. Jahrhundert lieferte mit einer flächendeckenden Verbreitung von Foto- und Filmkameras in überreichem Maße jene Bilder, die Geschichte machten: Momentaufnahmen von Liebe und Schmerz, Trauer und Freude, Angst und Hass.

Es sind oft Bilder, die die Wendepunkte des Zentenniums einfangen. Etwa das Foto jener unbekannten schönen Frau, die Anfang August 1914 ihren blumenbekränzten Mann jubelnd ins Feld verabschiedet: »Hurra, es ist Krieg!« Hunderte solcher Szenen gab es damals in ganz Deutschland. Der Schriftsteller Ernst Jünger beschrieb eine von ihnen: »Die Soldaten sangen, Frauen und Mädchen hatten sich in ihre Reihen gedrängt und sie mit Blumen geschmückt. Ich habe seitdem noch manche begeisterte Volksmenge gesehen, keine Begeisterung war so groß und mächtig wie an jenem Tag.«

Auch in Wien, Paris und in St. Petersburg begrüßten die naiven Massen jubelnd diesen Krieg als Ausbruch aus den Zwängen der Epoche, die als lähmend, ja als langweilig empfunden wurde. Niemand ahnte, dass in diesen Tagen auch das 19. Jahrhundert endete, das den Menschen in Europa eine lange Friedenszeit beschert hatte. Und niemand ahnte, dass das 20. Jahr-

hundert nun erst wirklich begann: mit einem drei Jahrzehnte
währenden Bürgerkrieg, der den alten Kontinent zerrüttete –
1914 bis 1945, der Dreißigjährige Krieg des 20. Jahrhunderts.

In der Massenhysterie der Zeit erlebe jeder Einzelne gleichsam »eine Steigerung seines Ichs«, notierte der Autor Stefan
Zweig. Überall strömten junge Männer in die Rekrutierungs-
büros. »Es gab keine Frage, keinen Zweifel. Wir würden mitgehen, alle«, schilderte Carl Zuckmayer die Stimmung unter seinen Kameraden.

Das »Augusterlebnis« nannten das die Zeitgenossen später
in ergriffener Erinnerung. Nie zuvor schien die Nation so einig
und so einmütig im Glauben, dass das Reich von missgünstigen
Feinden in den Krieg gezwungen worden sei. Die anderen Völker in Europa dachten ähnlich. Alle fühlten sich als Angegrif-
fene, keiner als Angreifer. Die Menschen wussten noch nichts
vom modernen mechanisierten Vernichtungskrieg, vom Gastod
in den Schützengräben, vom millionenfachen Sterben auf dem
Schlachtfeld. Es übertraf an Grausamkeit, an menschlicher Verrohung selbst die schlimmsten Ahnungen. Der Erste Weltkrieg
war das Schlangenei des Zweiten.

Die Folgen jenes Krieges löffelten die deutschen Demokraten
aus. Im November 1918 waren sie an der Macht. Nur mit ihnen
war der Frieden zu erlangen, den der Feldherr Ludendorff, im
Felde längst besiegt, den in die Pflicht genommenen Demokraten später vorwarf: »Sie sollen die Suppe jetzt essen, die sie uns
eingebrockt haben.« Angerichtet aber hatte diese Suppe ganz
alleine Ludendorff mit dem Vabanquespiel seiner Offensiven.

Für die Wende 1918 steht symbolhaft eine fotografische Ikone:
Philipp Scheidemann, der SPD-Parlamentarier, aufrecht, am
Fenster des Reichstags am 9. November. Er wollte eigentlich nur
die Abdankung des Kaisers verkünden – und ließ sich dazu hin-
reißen, spontan die Republik zu proklamieren. Der frisch erkorene Kanzler Friedrich Ebert, ein gestrenger Legalist, ließ ent-

setzt die wässrige Kartoffelsuppe stehen, an der er gerade noch gelöffelt hatte: »Du hast kein Recht, die Republik auszurufen! Was aus Deutschland wird, eine Republik oder sonst was, entscheidet eine Konstituante!«, schrie er seinen Parteifreund an. Für Ebert lag entschieden zu viel Revolution in der Luft des 9. November. Und die hasste der SPD-Vorsitzende nach eigenem Bekunden »wie die Sünde«.

Doch Scheidemanns Tat war wirkungsvoll: Die SPD, so schien es, übernahm den revolutionären Impetus der Straße – und nahm ihm damit den Elan. Die Revolution von unten war im Keim erstickt, bevor sie sich entwickeln konnte. Doch die Republik, die nun entstand, begeisterte die Deutschen nicht. Sie geriet zum Hassobjekt der Linken wie der Rechten. Die einen sahen sich um die soziale Revolution betrogen, die anderen verabscheuten die neue Staatsform als Produkt der Niederlage.

Deutschlands erste Republik trug schwer an diesem Erbe, denn der sogenannte Friede von Versailles gab den Besiegten die Alleinschuld an fast allem. So geriet Versailles zum Sinnbild für das nationale Trauma. Es barg den Todeskeim der Republik.

Die Weimarer Verfassung war ein gut gemeintes Werk von Idealisten. Denn sie ging von der Prämisse aus, der Mensch sei eigentlich ein gutes und vernunftbegabtes Wesen. Das ist er aber nicht. Er möchte es sein, doch allzu oft misslingt es ihm. Dem Staat obliegt es da, wie schon die ersten Demokraten, die Athener, wussten, die Bestie im Menschen zu zähmen. Der Verfassung Weimars ist das leider nicht gelungen.

Am Ende schwor ein Mann den Amtseid auf eine Republik, die er immer wieder in den Schmutz gezogen hatte: »Ich werde meine ganze Kraft für das Wohl des deutschen Volkes einsetzen, die Verfassung und die Gesetze des Reiches wahren, die mir obliegenden Pflichten gewissenhaft erfüllen und meine Geschäfte unparteiisch und gerecht gegen jedermann führen.« Es war die erste öffentliche Lüge des neu ernannten Kanzlers Adolf Hitler.

Gerade er und seine Paladine wussten um die manipulative Macht der Bilder. Schon das Foto der Nacht vom 30. auf den 31. Januar 1933 ist nachgestellt – natürlich in Farbe. Die Originalaufnahmen waren Goebbels nicht eindrucksvoll genug gewesen. 25 000 Braunhemden marschierten an der Reichskanzlei vorbei zum Brandenburger Tor und sangen Kampflieder. »Ich wusste gar nicht, dass wir im Weltkrieg so viele russische Gefangene gemacht haben«, legte der Volksmund dem greisen Reichspräsidenten Paul von Hindenburg in den Mund. Es war der Super-GAU der deutschen Zeitgeschichte – und er mündete in einen mörderischen Krieg.

Auch dessen Anfang und Ende markieren symbolträchtige Fotos – Ergebnisse geschickter Inszenierungen. Für den Beginn des Zweiten Weltkrieges steht das populäre Bild vom Niederreißen einer Grenzschranke zwischen Deutschland und Polen – vorgeblich eine spontane Aktion. Am Morgen des 1. September 1939 rollten deutsche Panzerverbände ab 4.45 Uhr über die Grenzen. Görings Luftwaffe bombardierte Flugplätze und Städte in ganz Polen. Hitler berichtete um zehn Uhr morgens vor dem »Reichstag« in der Kroll-Oper mit heiserer Stimme von den polnischen Übergriffen, die sich angeblich ereignet hätten: »Seit 5.45 Uhr wird jetzt zurückgeschossen.«

Die falsche Uhrzeit war nicht die einzige Desinformation. Geschossen wurde zwar, doch es war die Wehrmacht, die das Feuer eröffnet hatte. Und das Foto, das tags darauf auf allen Titelseiten deutscher Blätter prangte, war nicht an der Grenze zwischen Deutschland und Polen entstanden, sondern an der Demarkationslinie zur Freien Stadt Danzig. Die deutschen Truppen standen schon Dutzende von Kilometern weit auf polnischem Gebiet, als am frühen Nachmittag auf der Straße zwischen Danzig und Gdingen Propagandafotografen einen Grenzbruch inszenierten: »Mit einem ›Hauruck‹ zerbrachen wir den Schlagbaum«, erinnert sich ein Augenzeuge: »Das war nicht schwer, denn er war bis auf einen kleinen Rest schon durchgesägt.«

Mein Lieblingsfoto für das Ende dieses fürchterlichen Krieges zeigt die Freude am 14. August 1945, Victory Day! Man feierte einen Sieg, der den Startschuss für die größte Party gab, die Amerika je erlebt hatte. Japan hatte kapituliert, und nun geriet das Land in einen Taumel, ungehemmter noch als hundert Tage vorher, als am 8. Mai der Krieg in Europa zu Ende ging. Jetzt erst wussten die Mütter und Frauen, dass ihre Söhne und Männer nicht mehr sterben mussten.

Alleine in New York strömten Zehntausende zusammen und ließen ihrer Freude freien Lauf. Das Küssen nahm epidemische Ausmaße an. Es war wie ein Fieber, ausgelöst durch die unendliche Erleichterung darüber, dass man wieder an das Leben denken durfte.

Einen Augenblick dieser glückstrunkenen Hochstimmung fing ein Fotograf auf dem Times Square ein: mit einem Bild, das mehr aussagte als ein ganzes Buch. Ein unbekannter Seemann küsst, so scheint es, eine zufällig daherkommende Krankenschwester. In einer leidenschaftlichen, fast akrobatischen Umarmung drückt er seinen Siegerkuss auf ihre Lippen, zupackend und überschwänglich. Der Taumel dieses Tages war nicht besser in Szene zu setzen. Regie führten Zufall und Glück – und der wache Blick des legendären Fotografen Alfred Eisenstaedt.

Wir haben ihn besucht. Denn auf unserer Jahrhundertreise waren wir nun in einer Zeit angelangt, zu der die Zeitzeugen während unserer Dreharbeiten noch am Leben waren. Eisenstaedt war deutscher Jude, wurde als Kanonier im Ersten Weltkrieg schwer verwundet, emigrierte gerade rechtzeitig nach New York und wurde einer der fotografischen Gründerväter des Magazins *Life*. Wie entstand das Foto?

»Alle waren ein bisschen berauscht, und ich fotografierte unentwegt. Dann sah ich, wie ein Matrose die Straße runterlief und jedes weibliche Wesen küsste, das ihm über den Weg kam. Und auf einmal sah ich, wie er sich etwas Weißes schnappte... Ich löste viermal aus. Dann rannte ich weiter. Am nächsten Tag sagte der Redakteur: ›Oh, Eisie, welch ein wunderbares Foto!‹« Und das war es tatsächlich: nicht nur das bis heute meistveröffentlichte Foto von *Life*, sondern vielmehr eine fotografische Ikone des Jahrhunderts.

Wer aber sind die zwei auf der berühmten Abbildung? Seit 1945 stellte ganz Amerika diese Frage. »Who is the kissing sailor?«, fragte *Life* schon Ende der Achtzigerjahre. Sechsundzwanzig Männer sagten: Das bin ich. Unter ihnen war der Psychologe Jack Russell: »Ich grabschte nach Mädchen wie jeder Mann und küsste wild herum.« Sein kritischer Befund: »Meine ungewöhnliche, linkshändige Kussschraube.«

Trotz dieser einleuchtenden Begründung mussten wir Jack enttäuschen. Denn wir, die zwei Autoren aus Deutschland, Uli Lenze und ich, haben das echte Paar gefunden. Und natürlich haben wir sie eingeladen, für ein Wiedersehen auf dem Time Square: George Mendonsa und Greta Friedman. Der für mich überzeugendste Beweis, dass es sich bei beiden um das »one and only couple« handelt, war die Tatsache, dass auf dem Foto Eisenstaedts die Freundin und spätere Frau des Seemanns zu sehen ist: Rita Mendonsa. Sie machte gute Miene zum Treiben ihres Mannes. Und zum Wiedersehen kam sie selbstverständlich mit. Man weiß ja nie...

Greta, eine emigrierte Jüdin aus Wiener Neustadt, erzählte uns, was sie beim Betrachten des Bildes empfindet: »Es spiegelt einen besonderen Augenblick im Leben. Das Bild wurde ein Symbol für den Frieden. Sehen Sie, es ist schön, ein Teil dieses Fotos zu sein.« Besser konnte man es nicht sagen.

Heute sind George Mendonsa und Greta Friedman beide tot. Aber ihr Bild ist lebendiger denn je – ein Bild der Freude über das Ende des Sterbens und den Beginn des Friedens.

Acht Jahre später entstand ein Bild, das wie kein anderes bewies, dass auch die Deutschen eine Revolution machen können. Es wurde auf dem Potsdamer Platz aufgenommen, der 1953 die Grenze zwischen West- und Ostberlin markierte. Zwei junge Männer werfen Steine gegen Panzer. Es ist das Symbolbild für den Aufstand des 17. Juni.

Wohl kaum ein Tag in der Geschichte war in der zweiten Hälfte des vergangenen Jahrhunderts so sehr Gegenstand von unterschiedlichen Legenden wie der 17. Juni 1953. In der Bundesrepublik, die abseits des Geschehens stand, wurde der Tag alsbald zum symbolischen Datum erklärt – für den Kampf um Freiheit und Demokratie. Nur wenige Wochen nach der Erhebung erhielt er seinen Namen: »Tag der deutschen Einheit«.

Doch über das offizielle Gedenken hinaus fand dieser Tag in Westdeutschland keine emotionale Resonanz. Eine Volksbewegung zur Einheit, ganz zu schweigen von einem Streik oder gar Aufstand, gab es zwischen Kiel und Konstanz nie. Dafür bescherte der 17. Juni den Westdeutschen einen schönen Feiertag im Frühsommer. Sie durften sich sonnen, während die Ostdeutschen, die den Aufstand gewagt hatten, arbeiten mussten.

In der DDR versuchte das Regime, die Erinnerung an den 17. Juni zu tilgen. In den Tagen nach dem Aufstand mit der hanebüchenen Begründung, das Ganze sei ein vom Westen gesteuerter faschistischer Putsch gewesen: »Tag X« nannte es die SED-Propaganda. Weder die Belogenen noch die Lügner glaubten auch nur einen Deut davon.

Das Politbüro der SED hatte eine zehnprozentige Normerhöhung verfügt. Mitten in einer Zeit der Lebensmittelknappheit allerorten. Das brachte das Fass zum Überlaufen. Das Signal zum Aufstand gaben die Bauarbeiter Ostberlins. Sie marschierten von den neuen Zuckerbäckerbauten der Stalinallee ins Zentrum: »Berliner, reiht euch ein, wir wollen freie Menschen sein!« Was als Arbeiterrevolte begann, mündete binnen weniger Minuten in die Forderung nach Rücktritt der gesamten DDR-Regierung. Und dann folgte die mächtige Losung: »Freie Wahlen«. Wenn es sie gegeben hätte, wäre das wohl gleichbedeutend mit der Wiedervereinigung gewesen. Viele Demonstranten spürten das. Sowohl am Brandenburger Tor als auch in den Städten der Provinz sangen die Menschen das Deutschlandlied.

Es war ein Volksaufstand, der binnen eines Tages die gesamte DDR erfasste. In Leipzig brannten die Leuna-Werke, in Magdeburg wurde das Zuchthaus gestürmt, in Görlitz setzten die Streikenden den Oberbürgermeister ab. In über 270 Orten gingen über 300 000 Menschen auf die Straße. Revolution lag in der Luft, der Umsturz schien plötzlich möglich.

Doch dann rollten die Panzer der Besatzungsmacht Sowjetunion, letzte Rettung für die SED-Herrschaft. So war es auch in Ostberlin. Und dort entstand das Foto, das Geschichte machte.

Der Steinewerfer links im Bild ist zu einem bekannten Mann geworden: Es ist Hans-Joachim Maître, damals Jugendfunktionär der SED, der mit dem Fahrrad zum Aufstand fuhr, es abstellte, Steine gegen Panzer warf, sein Fahrrad nicht mehr fand, den Verlust der Volkspolizei meldete – und natürlich prompt verhaftet wurde. Aus der Lagerhaft floh er nach eigenem Bekunden in den Westen, wurde stellvertretender Chefredakteur der *Welt am Sonntag* und ist heute emeritierter Professor für Politik in Boston. Zu den Hintergründen des berühmten Fotos wollte er sich nicht mehr äußern. Das ist nicht tragisch. Denn ein solches Bild hat seine eigene Geschichte.

Es ist Symbolfoto für einen Aufstand, der am Ende scheitern musste, weil er keine Führer hatte, die den Aufständischen klare Ziele hätten weisen können. Es war ein Aufstand ohne Lenkung, ohne Strategie, ohne einheitliche Stimme – eine beispiellose spontane Massenerhebung. Gerade das machte den Charakter dieser Volkserhebung aus.

Sechsunddreißig Jahre später blieben die sowjetischen Panzer in den Kasernen – und das SED-Regime brach zusammen wie ein Kartenhaus. Die Revolutionäre von 1989 erreichten das, was ihren Vätern versagt geblieben war. Und dennoch ist der 17. Juni 1953 ein stolzer Tag der deutschen Geschichte, den wir in Ehren halten sollten. Sehr viele haben wir davon nicht.

Manchmal denke ich an Conrad Schumann. Er war Schäfer in der DDR. Berühmt geworden ist er durch ein Foto aus dem Jahre 1961: ein Sprung über den Stacheldraht zwischen Ost- und Westberlin. Es wurde das Sinnbild für den Bau der Mauer im August des Jahres 1961. Und die populärste fotografische Ikone für den Kalten Krieg.

Dreißig Jahre später haben wir Conrad Schumann besucht – in Oberemmendorf bei Ingolstadt. Dort ist man wie die anderen – oder man ist anders, so wie er.

Das Foto hing bei ihm im Schlafzimmer, über seinem Ehebett. »Wenn wir abends so zusammenliegen, schaut er es oft an«, sagte seine Ehefrau. »Sind Sie stolz darauf?«, fragten wir ihn. »Ja, das bin ich.« Das Bild verlieh dem schlichten Mann eine Bedeutung, die er im Alltag nicht wiederfand.

Der Unteroffizier der Nationalen Volksarmee brauchte eine Menge Mut an jenem Nachmittag des 15. August 1961, als er an der Bernauer Straße allein am Stacheldraht stand. In den Tagen vorher hatten Grenztruppen der DDR den Ostsektor hermetisch abgeriegelt, Stacheldrahtverhaue aufgebaut. Ein Staat sperrte seine Bürger ein, weil er ansonsten ausgeblutet wäre.

Seit dem 13. August stand Conrad Schumann auf Patrouille an der Grenze, mit MP und scharfer Munition. Er hatte sein Schlüsselerlebnis: »Da war ein kleines Mädchen, vier oder fünf Jahre alt, es kam von seinen Großeltern in Ostberlin, und die Eltern standen auf der Westberliner Seite. Das kleine Mädchen wollte zu seinen Eltern. Aber es durfte nicht gehen. Es ist von DDR-Offizieren im Osten zurückgehalten worden. Das war mein schlimmstes Erlebnis an der Grenze.«

Sein schlimmstes, aber nicht sein einziges. Und so beschloss der junge Volksarmist zu fliehen: Ich wollte das nicht mehr mitmachen. Ich wollte nicht auf Menschen schießen und auch selbst nicht eingesperrt sein.« Die Zeit drängte, der Stacheldraht war nur ein Provisorium, schon wurden die ersten Betonplatten herangekarrt.

Unbemerkt von seinen Kameraden tauschte Schumann seine scharfe Munition gegen ein leeres Magazin aus. »Ich hab ziemlich nah am Stacheldraht gestanden, war aufgeregt, hab ab und zu mal den Stacheldraht nach unten gedrückt, unbemerkt von den anderen.«

Auf der Westseite wurde er von einem jungen Mann beobachtet: »Mensch, der will rüber«, dachte der sich – und alarmierte Westberliner Polizisten, die bald darauf in einem VW-Bus vorfuhren. »Gegen 16 Uhr, da machte das Polizeiauto hinten die Tür auf – und dann habe ich mir einen Ruck gegeben.« In diesem Augenblick sprang Conrad Schumann in die Freiheit. In voller Uniform und mit umgehängter Maschinenpistole überwand er mit einem Satz den Stacheldraht. »Das Ganze ist an mir wie im Traum vorbeigegangen. Ich bin losgerannt, gesprungen, und dann schnell ins Auto rein… In drei, vier Sekunden war alles vorbei.« Der Westberliner Fotograf Peter Leibing fing den flüchtigen Moment ein.

Conrad Schumann hatte Geschichte gemacht. »Der Sprung in die Freiheit« ging als Symbol der Teilung um die Welt.

Der Ruhm brachte dem DDR-Flüchtling im Westen lange Zeit kein Glück. Er hatte Angst, dass ihn die Stasi holen könnte, wurde zum Alkoholiker: »Ich musste meine Angst betäuben.« Zum Zeitpunkt unseres Gesprächs war er trocken.

Es schien, als ob die Heirat mit einer bodenständigen Bayerin ihn gefestigt hätte. Er ging zu Audi nach Ingolstadt, machte Schichtdienst in der Fertigung. Doch mit den Menschen in der neuen Heimat hatte er Probleme, auch noch nach dem Fall der

Mauer, den er unter Tränen vor dem Fernseher miterlebte: »Die Mentalität der Menschen war ganz anders als bei uns zu Hause. Man hat mich wie einen Fremden behandelt und nicht akzeptiert. Wenn ich denen was von drüben erzählte, haben die das gar nicht wahrhaben wollen.«

Doch zurückkehren, das wolle er nicht. Seine Heimat sei im Westen: »Und dort will ich bleiben. Mein Foto hat mir immer wieder Mut gemacht.« Er brauchte ihn. Denn Mut im Alltag zu haben, ist oft schwieriger, als über Stacheldraht zu springen.

Irgendwann hat Conrad Schumann der Mut verlassen. Am 20. Juni 1998 erhängte er sich in einem Schuppen nahe seinem Haus.

Manche Menschen kommen mit den Emotionen, die ihr »Foto des Jahrhunderts« auslöst, nicht zurecht. Und manche andere trägt es lebenslang. Ein eindringliches Bild aus dem Vietnamkrieg ist dafür ein gutes Beispiel. Die Geschichten hinter der Geschichte dieses Bildes sind es wert, erzählt zu werden.

Ich nenne das Bild den »Todesschuss«. Im Februar des Jahres 1968 stand der Krieg um das geteilte Vietnam auf Messers Schneide. Die Hauptstadt Südvietnams, Saigon, war das erklärte Ziel der sogenannten Tet-Offensive. Tet, das buddhistische Neujahrsfest am 30. Januar, markierte den Versuch der Truppen Nordvietnams und der von ihnen unterstützten Partisanen des Vietcong, den Krieg aus den Dschungeln in die Städte zu tragen und die USA als Schutzmacht Südvietnams zum Rückzug zu bewegen. Das gelang tatsächlich: Aus den Reisfeldern des Mekong-Deltas drangen die Guerillakämpfer erstmals in Saigon ein. Dort kam es zu erbitterten Gefechten. Neunzehn Partisanen des Vietcong gelang es sogar, die amerikanische Botschaft zu besetzen. Das Symbol der USA-Präsenz war einen halben Tag lang in der Hand der Kommunisten. Fast sechs Stunden dauerte der Kampf. Dann waren, bis auf einen, alle Vietcong-Soldaten tot.

Doch das Bild jener Tage entstand an anderer Stelle: Es ist der

1. Februar. In einem Vorort von Saigon führen schwer bewaffnete Soldaten der Regierung Südvietnams einen gefesselten Gefangenen ab. Er sei ein Vietcong, erklären sie, ein Saboteur. Mit seinen kurzen Hosen und dem offenen karierten Hemd nimmt er sich wie ein Junge aus, zumindest gegenüber den in Kampfanzügen steckenden Bewachern. Da auf einmal wird der Trupp gestoppt, ein Offizier winkt die Soldaten zur Seite, er tritt neben den Gefangenen, zieht die Pistole – und schießt ihn in den Kopf: Prozess, Urteil, Hinrichtung in einem Atemzug. Brutale Szene in einem hässlichen Krieg.

Kriegsverbrechen haben damals viele begangen, Vietnamesen wie Amerikaner. Selbst jene, die es gar nicht wollten, verstrickten sich in einem Netz aus Hass, Gewalt und Rache. Wer das Pech hatte, in Gefangenschaft zu kommen, war auf beiden Seiten Freiwild, allzu oft. Am Ende dieses Krieges waren das »Reich des Bösen« und das »Reich des Guten« längst nicht mehr zu unterscheiden.

Wer Opfer war, wer Täter, war in diesem Falle freilich klar. Der Täter war der Polizeichef von Saigon, der General Nguyen Loan. Das Opfer war der Vietcong Bay Lop. Es war Loans Schicksal, dass bei seiner Untat ein paar Journalisten Augenzeugen wurden. Ein Fernsehteam von NBC hat das Geschehen gefilmt. Ein Fotograf der Agentur AP hat es fotografiert. Ein Foto, das in unseren Köpfen haften bleibt: Loan und Lop im Augenblick des Schusses, jenem mörderischen Augenblick, der Täter und Opfer vereint.

Das Foto und die Bilder – in *Life* erstmals veröffentlicht, in Tausenden von Blättern weltweit nachgedruckt, in Hunderten von Fernsehsendungen gezeigt –, sie trugen zur Beendigung des Krieges mehr bei als ein Dutzend Divisionen. Seit diesem Foto fragten sich die Menschen in Amerika, wie sinnvoll es sei, sein Leben für »die Freiheit« zu riskieren. Welche Freiheit? Die des Täters?

Den Fotografen Eddie Adams haben wir für unsere Dreharbeiten in New York besucht. Und er erinnert sich: »Die vietnamesischen Soldaten packten den Gefangenen und schleppten ihn in unsere Richtung. Plötzlich tauchte dieser Bursche auf, mit einem Jeep, wie aus dem Nichts. Als der Mann zu seiner Waffe griff, riss ich die Kamera hoch und drückte ab. Nach dem Schuss hatte er wohl das Gefühl, er müsse sich rechtfertigen. Denn er sagte: ›Dieser Kerl hat viele von unseren Männern getötet und viele von euren.‹ Dann drehte er sich um und ging.«

Was war das für ein Mann, der auf offener Straße einen Mord beging? Nguyen Loan war damals siebenunddreißig Jahre alt. Er hatte drei Diplome, sprach vier Sprachen, liebte Rosen und Gedichte. Und er griff mit harter Hand vor allem in der Hauptstadt durch. Ganze Straßenviertel von Saigon ließ er einäschern, weil er dort Verstecke des Vietcong vermutete.

Das Foto aber sollte ihn verfolgen bis ans Lebensende. Und als wir ihn trafen, in Virginia, suchte er von sich aus die Rechtfertigung – nicht vor der Kamera, da war er vorsichtig geworden. Er sagte: »Einen Mann, der tötet, ohne Uniform zu tragen, einen Mann, der sich versteckt, kann ich nicht respektieren. Als ich den Vietcong da in Zivil sah, packte mich die Wut. Ich sagte mir: ›Du, Vietcong, zahlst nicht den gleichen Preis wie ich für die verhasste Uniform. Denn du kannst dich, im Gegensatz zu mir, verstecken.‹ Und so habe ich auf ihn geschossen.« Es half ihm nichts. Sie nannten ihn fortan den »Henker von Saigon«.

Der Krieg um das geteilte Land Vietnam, er dauerte noch Jahre. Immer neue, immer schrecklichere Bilder schoben sich ins Blickfeld. Bombenterror, Massaker wie in My Lai – sie machten einen völlig verfahrenen Krieg zum Albtraum. Und am Ende war die Supermacht Amerika es einfach müde, sich noch weiter zu verstricken. Denn der heimtückische Kampf zerstörte nicht nur Land und Menschen, sondern auch die Kraft und die Moral der Kämpfenden. Der Krieg im Reisfeld war mit Megatonnen Material nicht zu gewinnen. So zog man sich zurück.

Als der Krieg zu Ende ging, passierte zweierlei: Der Polizeichef emigrierte samt Familie in die USA und tauchte ab – in scheinbar absolute Anonymität. Die Witwe des erschossenen Vietcong jedoch erfuhr erst jetzt, dass ihr vermisster Mann der Junge auf dem Foto war. Er hatte seine Frau nicht eingeweiht, um sie nicht zu belasten, hatte ihr erzählt, er sei als Handwerker auf Wanderschaft und mache eine Lehre als Elektriker.

Die Mutter von drei Kindern, die in einer Bambushütte lebte, wurde nun zur Witwe eines Nationalhelden. Denn die Regierung in Hanoi beschloss, dass der erschossene Bay Lop Symbol des Freiheitskampfes aller Vietnamesen sei, und baute seiner Witwe ein repräsentatives Domizil aus Stein. Das Foto aber, jenes Foto, hat sie nie mehr sehen wollen. Sie verbannte es aus ihrem Herzen und aus ihrem Haus.

Das hätte Loan, der emigrierte General, auch gern getan. Doch es gelang ihm nicht. Er war Gefangener des Bildes. Bis zu seinem Tod im Jahr 1998.

All diese Bilder sind nur Beispiele. In ihnen sind magische Momente der Geschichte festgehalten. Sie können den Geist der Zeit oft ehrlicher und eindringlicher wiedergeben als so manche steife Staatsaktion. Die besten dieser Bilder machen und verändern die Geschichte. Denken wir an die Revolutionen in Osteuropa, an die friedliche Revolution in der DDR. Was für Bilder! Sie haben dazu beigetragen, dass ein Weltsystem zusammenbrach, ein Kontinent zusammenfand.

Doch so mächtig solche Darstellungen sind – sie zeigen nicht, wie die jeweilige Situation entstand, was nach der Momentaufnahme geschah, was aus den Menschen wurde, wie sie überlebten. Die Geschichte hinter der Geschichte zu erzählen, die Bilder hinter den Bildern zu zeigen und somit ein Spiegelbild des furchtbaren und wunderbaren 20. Jahrhunderts zu präsentieren – eine schönere Aufgabe gibt es für Historiker und Journalisten kaum.

»Der Schwager möge Geduld haben!«

Meine Aschaffenburger Gespräche

Als ich 1978 in meiner Heimatstadt Aschaffenburg die ersten Aschaffenburger Gespräche moderierte, hätte ich nie im Leben daran gedacht, dass diese Diskussionsreihe drei Jahrzehnte lang bestehen und ich sie noch als Sechzigjähriger leiten würde.

Die Kontinuität hatte Gründe. Für mich waren diese Gespräche einmal im Jahr ein Bindeglied zu meiner Heimatstadt, die ich im Herzen trage. Ich habe diese Gespräche immer als eine Art Geschenk empfunden, das ich Aschaffenburg mit meinen Möglichkeiten machen konnte.

Was wollte ich? Ich wollte brisante Themen der Zeitgeschichte, die die aktuelle Politik berühren, mit den kompetentesten Persönlichkeiten diskutieren, die zu diesen Themen denkbar waren. Und nicht in einem kalten nackten Fernsehstudio, sondern in einem der schönsten klassizistischen Theater Deutschlands: dem Aschaffenburger Stadttheater, das eine heitere, historische und trotzdem ernste Atmosphäre ausstrahlte. Vor einem Publikum, das ich zu großen Teilen kannte. Auch das gab den Gesprächen jene eigentümliche Dichte, die von Beobachtern oft beschrieben wurde.

Es begann 1978 mit einem Paukenschlag. Das Thema »Hitler« hatte in den späten Siebzigerjahren eine merkwürdige Popularität erhalten – von dieser »Hitler-Welle« war bereits die Rede. Das Publikum verfolgte die Gespräche dementsprechend engagiert. Und dafür sorgte nicht zuletzt auch die Mischung der

Gäste, etwa die provokativ auftretenden David Irving und Werner Maser, aber auch Koryphäen wie Sebastian Haffner, Eberhard Jäckel und Iring Fetscher. Auch der Film von Hans-Jürgen Syberberg »Hitler – ein Film aus Deutschland«, dessen Deutschland-Premiere wir ihm in Aschaffenburg ermöglichten, fand große Beachtung. Die *Zeit* schrieb anschließend: »Das Publikum genoß den Streit, der so exemplarisch den hohen Stand, aber auch die Schwächen und Versuchungen der Hitler-Forschung offenbarte.«

Was war das generelle Erfolgsgeheimnis der Aschaffenburger Gespräche? Sie ruhten auf sechs Säulen. Da war zum einen die Stadt Aschaffenburg, die sie von Beginn an unterstützte. Das galt für den Oberbürgermeister Willi Reiland ebenso wie für seinen Nachfolger Klaus Herzog. Beide waren Sozialdemokraten, was für die Stadt und die Region bemerkenswert war. Denn bei Bundes- und bei Landtagswahlen wählten die Aschaffenburger zuverlässig Schwarz. Doch ihre Oberbürgermeister zählten zur »königlich-bayerischen Sozialdemokratie« – was hieß, sie regierten ohne ideologische Scheuklappen, pragmatisch mit dem Ziel, das Beste für die Stadt zu leisten.

Eine weitere positive Bedingung für das Gelingen war die Tatsache, dass in Aschaffenburg traditionell ein offenes Kommunikationsklima herrschte. Schon zu Zeiten, als die Stadt noch zum Kurfürstentum Mainz gehörte (bis 1803), galt die Geisteslage als milde, liberal und weltoffen. Als Aschaffenburg 1814 zu Bayern kam, verbanden die Bürger im Lauf der Jahre die alte West- mit einer neuen Südorientierung. Der spätere bayerische König Ludwig I. erkor noch als Kronprinz die Stadt zu seiner Lieblingsresidenz und nannte sie »mein bayerisches Nizza«. Freilich schien die bayerische Staatsverwaltung selbst zu meiner Schulzeit noch ein wenig misstrauisch gegenüber der »eroberten Provinz«. Die Träger staatlicher Gewalt, seien es die Landgerichtsdirektoren, Polizeipräsidenten oder auch die Oberstudiendirektoren der

Gymnasien, wurden nicht aus der Region rekrutiert, sondern aus Altbayern hochgeschickt.

Die zweite Säule waren die Organisatoren vor Ort – die tüchtigen Leiter der Volkshochschule, Fritz Oswald, mit dem ich die Gespräche begonnen und entwickelt habe, und Alois Huber, der diese Arbeit fortgesetzt hat. Die dritte Säule war der Freundeskreis der Aschaffenburger Gespräche. Er hatte sich im Frühjahr 1979 nach dem ersten Kongress spontan gebildet und wurde unersetzlich, vor allem für die persönliche Betreuung unserer Gäste. Spiritus Rector bei all dem war Otto Zapke. Was er für den Geist und die Verankerung dieser Gespräche in Aschaffenburg getan hat, ist unschätzbar. Die vierte Säule waren meine Mitarbeiter: ein tolles Team, das immer gerne nach Aschaffenburg gefahren ist. In den ersten Jahren war es Nina Steinhauser, dann Silke und Holger Hillesheim, sodann am längsten Annette von der Heyde und Silke Gampper, weiterhin auch noch Christine Kisler, Carl Ludwig Paeschke, Jürgen Grosse und Friedrich Scherer. Sie haben mit mir die Gäste eingeladen und die Diskussionen vorbereitet. So gesehen, wurden die Aschaffenburger Gespräche in einer konzertierten Aktion von der Stadt und der ZDF-Redaktion Zeitgeschichte veranstaltet.

Die fünfte Säule war das Fernsehen, das die Gespräche von Anfang an übertragen hat. Für mich war das eine *conditio sine qua non*. Eine historisch-politische Diskussionsreihe sollte eine televisionäre Verbreitung bekommen, denn auch hier galt: Aufklärung braucht Reichweite. Nach dem Hype der Hitler-Tagung war es beim zweiten Gespräch über die Chancen der deutschen Einheit das ZDF, das für die Übertragung sorgte. Ab 1980 kümmerte sich dann das Bayerische Fernsehen zehn Jahre lang um die Übertragungen aus einer Stadt, die in seinem Sendegebiet lag. Es war Henric L. Wuermeling, Redakteur beim Bayerischen Rundfunk, der sich hier besonders engagiert hatte. Erst als seine Kollegen monierten, warum man denn eine Veranstaltung des

Konkurrenten übertragen solle, endete die Kooperation. Daraufhin übernahm 3sat, ab Mitte der Neunzigerjahre Phoenix. Und dieser Bonner Sender blieb dann bis zum Ende unser Medienpartner.

Die sechste Säule waren zweifellos die kompetenten Diskutanten, die die Gespräche prägten: In Sachen Hitler erinnere ich mich besonders gerne an Sebastian Haffner, der in den folgenden Jahren einer meiner Lieblingspartner bei historischen Debatten wurde. Er war ein begnadeter Historiker, der es schaffte, aus einem Berg von Wissenschaft das Wichtigste herauszufiltern und eine geniale Idee so originell zu formulieren, dass jeder sie verstand. Noch bei den Gesprächen 1978 sagte er, dass sein grandioses *Anmerkungen zu Hitler* im Buchhandel nicht so gut liefe, wie er es sich gewünscht hätte. Es war die Resonanz auf die Gespräche, welche sein Buch an die Spitze der Bestsellerlisten katapultierte. Bei universitären Historikern war Haffner regelrecht verhasst. Man neidete ihm die öffentliche Popularität. Und da ich ihn ja ganz generell als Vorbild nannte, musste ich dann eben selbst gelegentlich die Kehrseite von Popularität auskosten.

Das nächste Thema drängte sich schon 1978 auf: Konsequenz der Hitler-Herrschaft war die deutsche Teilung. Und so beschloss ich, dreißig Jahre nach der Gründung beider deutscher Staaten, die zweiten Aschaffenburger Gespräche der Frage zu widmen: Die deutsche Einheit – Hoffnung, Albtraum, Illusion?

Jenseits aller Jubiläen war das damals mutig. Das in den Fünfzigerjahren bis zum Überdruss strapazierte Reizwort »Wiedervereinigung« kam in den Siebzigerjahren im deutschen Wortschatz, Ost wie West, nur noch vereinzelt vor. Es hatte fast den Anschein, als ob die meisten Westdeutschen nicht nur nicht mehr davon sprachen, sondern nicht einmal mehr daran dachten. Halbherzig begangene »Tage der deutschen Einheit«, zu Pflichtübungen geratene »Berichte zur Lage der deutschen Nation« überdeckten den nationalen Gedächtnisverlust nur notdürftig. Und so fragte ich: Ist die Institution des Nationalstaats nach all den Kriegen und Zerstörungen des 20. Jahrhunderts in Europa nicht von vornherein desavouiert? Sind Staaten solcher Art nicht Fossile der Vergangenheit in einer Zeit, da neue supranationale Einheiten immer wichtiger und mächtiger werden? Und ist es nicht auch das wesentliche Merkmal deutscher Geschichte, dass Verwaltungsgrenzen und die »Ausdehnung der Bewusstseinsnation« niemals identisch waren? Sind nicht gerade jene Jahre, in denen die Deutschen glaubten, die Nation und ihre Grenzen würden endlich übereinstimmen, zugleich die meistbelasteten der deutschen Geschichte? Ist Humanität für Identität nicht wichtiger als Nationalität?

Leicht, von draußen derlei Wissen und Erkennen von den Deutschen zu verlangen, wenn man in intakten saturierten Staaten lebt. Wie, so fragte ich, kann man sich mit einem Gemeinwesen identifizieren, das sich oft nur als Bürokratie des Sozialstaats darstellt, der Symbole meist verweigert und Hingabe nicht verlangt? Kann ein Staat auf Dauer existieren, wenn ihm seine Bürger jenseits aller nützlichen Kritik die Loyalität der Herzen versagen?

Es war kein Wunder, dass die meisten meiner Diskutanten skeptisch waren, ja bisweilen ablehnend, was die verwegene Idee von deutscher Einheit anging. Die drei Ausländer des Podiums, Reginald Steed aus Großbritannien, Henri Ménudier aus Frankreich und François Bondy aus der Schweiz, empfahlen den Deutschen, sich diese Idee aus dem Kopf zu schlagen. Politiker wie Martin Bangemann und Jürgen Schmude räsonierten über einen langen Atem, den Europa brauche, um jenseits des Kalten Krieges wieder zueinanderzufinden. Nur die beiden Professoren Jens Hacker und Wolfgang Seiffert stimmten mir zu, als ich Egon Bahr zitierte: »Glauben Sie keinem Deutschen, der Ihnen sagt, die nationale Frage sei gestorben. Denn der ist entweder falsch oder dumm.« Für den besten Satz zuständig war der große Publizist Klaus Mehnert, der auf die Frage eines Zuschauers, was er denn nun seinem Schwager aus der DDR erzählen solle, sagte: »Sagen Sie Ihrem Schwager, er möge Geduld haben.« Zehn Jahre später war es so weit.

Für das Jahr 1980 hatte ich mir vorgenommen, das deutschjüdische Verhältnis zu behandeln: »Deutsche und Juden – Wunden, Wirklichkeiten, Wege«. Die US-Serie »Holocaust« hatte im Jahr zuvor das deutsche Publikum erschüttert. Ich flog eigens nach Israel, um dort namhafte Diskutanten einzuladen – so die beiden Schriftsteller Jehuda Amichai und Schalom Ben-Chorin, vor allem aber den früheren ersten Botschafter Israels in der Bundesrepublik, Asher Ben-Natan, und den amtierenden deutschen Botschafter in Israel, Klaus Schütz. Auf den Podien fanden sich nicht nur die Präsidenten der deutsch-israelischen und der deutsch-arabischen Gesellschaft, sondern auch der jüdische Schriftsteller Erich Fried und der ZDF-Kollege Gerhard Löwenthal, Mitglied der jüdischen Gemeinde in Berlin.

So intensiv und nachdenklich die Gespräche auch waren: Für den eigentlichen Höhepunkt hatte die Stadt Aschaffenburg gesorgt. Oberbürgermeister Willi Reiland hatte alle noch lebenden jüdischen Aschaffenburger eingeladen, die in den Hitler-Jahren rechtzeitig emigriert waren. Im Mai 1933 hatten noch 591 Juden in Aschaffenburg gelebt, im Mai 1945 waren es nur noch vier. Und so kamen achtzig Jüdinnen und Juden aus den USA, aus Südamerika, Skandinavien und Frankreich, die früher in Aschaffenburg gelebt hatten, zum ersten Mal nach dem Krieg wieder in ihre alte Heimatstadt. Seine Empfindungen beim Rundgang formulierte Albert Meier aus den Vereinigten Staaten vor seinem Geburtshaus so: »Die alten Straßen sind noch da, die alten Häuser auch – die alten Freunde aber sind nicht mehr.« Spontan hielten die jüdischen Gäste der Stadt einen Sabbat-Gottesdienst auf dem Platz der ehemaligen Synagoge ab.

Bei der Moderation der Abschlussdiskussion empfand ich die

eigentümliche Atmosphäre, die an diesem Nachmittag im Stadt-theater herrschte: Da saßen die, über die wir redeten, im Saal und hörten uns zu. Und am Ende meldete sich ein jüdischer Gast aus dem Publikum und sagte, er habe eigentlich nicht mehr nach Deutschland kommen wollen und sei zu Beginn auch skeptisch gewesen. Dann aber habe er bei den Gesprächen gespürt, dass man sich in Deutschland heute der Vergangenheit ehrlich stellen wolle. Er fügte hinzu: »Es gab einen Widerstand! Die deutschen Antifaschisten stehen ebenbürtig an der Seite der europäischen Résistance, und sie saßen schon zu Tausenden in den Konzen-trationslagern, als die Juden dorthin kamen.« Und er sei einfach dankbar, dass er jetzt in seiner alten Heimatstadt, die ihn vertrie-ben hat, die Bitte um Vergebung ebenso erleben dürfe wie zu-mindest das Bemühen um Versöhnung. Und er glaube, dass er da im Namen aller jüdischen Mitbürger sprechen dürfe.

Für ein paar Sekunden war es nun ganz still. Dann erlebte dieses alte Stadttheater einen Beifall wie wohl noch nie in seiner Geschichte. Es war die versöhnliche Abschiedsszene nach zwei historischen Tagen.

1981 wurde in der Bundesrepublik das »Preußen-Jahr« ausge-rufen. Ich stellte mir die Frage, ob da ein wirkliches Interesse an historischer Identität dahintersteckte oder doch nur ein kunst-historisches Faible für preußische Objekte. Und so beschloss ich, die Aschaffenburger Gespräche 1981 dem Thema »Preußen heute – Vorbild oder Last?« zu widmen.

»Preußen« in einer bayerischen Stadt – das fand nicht gerade spontane Zustimmung. War das Thema nicht zu elitär? Wir Diskutanten taten alles, um ein solches Vorurteil zu widerlegen. Christian Graf von Krockow fand, dass die Bundesrepublik zu einem solchen kraftvollen Staat herangewachsen sei, liege nicht zuletzt an ihrem preußischen Erbe. Wolfgang Venohr wandte sich gegen die damals populäre These, Preußentum und Hit-lerismus seien zwei Seiten einer Medaille, und fand, der preußische Gehorsam habe immer auch die Freiheit des Gewissens eingeschlossen. Philipp von Bismarck meinte, Deutschland und Europa benötigten nichts dringender als »preußische Tugenden«. Wolf Graf Baudissin erklärte, dass die Bundeswehr ihre Traditionen nicht an Preußen orientieren dürfe, aber doch am Widerstand gegen Hitler, der zu weiten Teilen doch ein preußischer Widerstand gewesen sei. Der originellste Diskutant war zweifellos der Bayer Hermann Höcherl, ein CSU-Urgestein und ein geniales Schlitzohr, der zwar einerseits befand, die Preußen hätten sich durch mutwillige Kriege ausgedehnt, andererseits doch eine funktionierende Verwaltung aufgebaut. Die neuen Preußen in Deutschland aber seien die Bayern, »leistungsstark und traditionsverbunden«. Und so wie Preußen einst das deutsche Kaiserreich dominiert habe, so müssten das die Bayern heute in der Bundesrepublik tun. So weit sei es noch nicht, erklärte Höcherl. Aber wenn es mal so weit sein sollte, dürften sich die Preußen wärmer anziehen.

1982 tobte in der Bundesrepublik die Nachrüstungsdebatte. In Polen herrschte Kriegsrecht, Maggie Thatcher zog in den Falklandkrieg, und Ronald Reagan erklärte auf dem Bonner NATO-Gipfel, der Westen stehe noch immer »im Krieg mit der Sowjetunion«. Zehn Jahre nach der Ratifizierung des deutsch-sowjetischen Vertrages schien die Zeit der Entspannung zu Ende zu gehen. Das waren gute Gründe für mein Thema »Wir und die Sowjetunion – Fakten, Chancen, Illusionen«. Was war zwischen Bonn und Moskau angesichts der spannungsreichen Weltlage überhaupt noch möglich? War die deutsche Einheit überhaupt noch denkbar?

Die beiden Väter des Moskauer Vertrages zogen auf dem Podium eine positive Bilanz: Der Moskauer Vertrag, so Egon Bahr, würde heute so nicht mehr geschlossen werden können. Der Gegenwind aus den USA wäre zu heftig. Die deutsche Frage müsse sich einem anderen Interesse unterordnen: der Erhaltung des Friedens. Valentin Falin erklärte, der Vertrag habe trotz alledem dafür gesorgt, dass man heute besser leben könne als zuvor. Alle Diskutanten beschworen die Gefahren des atomaren Rüstungswettlaufs – und warfen der jeweils anderen Seite vor, ihr Gebaren gefährde den Frieden. Am Ende war es Henry Kissingers Berater Helmut Sonnenfeldt (»Kissingers Kissinger«), der den Deutschen Mut machte: »Die Teilung Deutschlands ist wie die Teilung Europas unnatürlich und wird nicht auf Dauer bleiben... Wenn es die Politiker nicht tun, dann tun es die Menschen.« Auch er sollte recht behalten. Hier zeigte sich im Übrigen, dass hinter den Kulissen in Aschaffenburg auch hohe Politik gemacht wurde: Egon Bahr ließ sich nach den Gesprächen offiziell zum Bahnhof fahren, bat dann aber meinen Freund Otto Zapke umzukehren, um sich gleichsam inkognito noch einmal mit Falin in dessen Hotelzimmer zu treffen.

Stand 1982 noch die Gefahr eines neuen nuklearen Rüstungswettlaufs über den Gesprächen, so war die Lage sechs Jahre später völlig anders. Der Titel »Die Russen und wir« verhieß eine Neuauflage des Gesprächs von 1982, aber unter gänzlich neuen Vorzeichen. Gorbatschows Politik der Erneuerung schien nicht mehr revidierbar. So stellte ich die Frage: Welche Chancen, welche Gefahren stecken in Gorbatschows Reformkurs? Und Marion Gräfin Dönhoff brachte die Sache auf den Punkt: Wir alle stünden an einem Wendepunkt der Geschichte und könnten nur die Daumen drücken, dass Gorbatschow sein Reformwerk gelinge. Die *Nürnberger Nachrichten* erkannten den symptomatischen Unterschied zwischen den Gesprächen 1988 und denen von 1982: »Auffällig war die veränderte Atmosphäre. Vor sechs Jahren verteidigten die sowjetischen Teilnehmer vehement Breschnews Politik der Stärke und Starre, was auf dem Podium mit Kopfschütteln und beim Publikum mit Missfallensäußerungen quittiert wurde. Jetzt aber schlug den Gästen aus Moskau eine Welle der Sympathie entgegen.«

Der Zusammenbruch des Ostblocks sorgte dafür, dass nun die Konturen jenes unsichtbaren Kampfes deutlich wurden, den die Supermächte über die Jahrzehnte ausgefochten hatten: der geheime Krieg der Spione. Der Kalte Krieg hatte ein ideales Schlachtfeld geboten.

Im ZDF hatte ich 1994 die sechsteilige Reihe »Top-Spione« aufgelegt, die prominente Spionagefälle präsentierte – und die Männer, die dahinterstanden. Etwa der Atomspion Klaus Fuchs, deutscher Physiker im Dienst der USA, der den Sowjets das Geheimnis der Atombombe enthüllte, der Dealer John Walker, der zwei Jahrzehnte lang die geheimsten Dechiffriercodes der US-Streitkräfte an den KGB verkaufte, oder der Doppelagent Oleg Gordijewski, der als Offizier der Londoner KGB-Residentur hochkarätige Geheimnisse an die Briten verriet. In der Summe zeigten ihre Fälle eindringlich, was Spionage wirklich war: ein zynisches Geschäft mit Menschen. Doch diese Ära lag nun auf dem Friedhof der Geschichte. Was war das Fazit? Hatte es sich für die Beteiligten gelohnt?

So lud ich für den Aschaffenburger »Kongress der Spione« ein paar Hochkaräter ein: Markus Wolf, Exchef des Auslandsnachrichtendienstes der DDR, beklagte sich, dass er nach der deutschen Einheit für seine Tätigkeit vor Gericht gestellt worden sei. Das sei in seinen Augen Siegerjustiz. Heribert Hellenbroich, Expräsident des Bundesnachrichtendienstes, pflichtete ihm bei: Wolf habe nichts anderes gemacht als die Spione der CIA und des BND, also pure Auslandsaufklärung. Johannes Gerster, damals Vorsitzender des Parlamentarischen Kontrollgremiums der Geheimdienste, wandte sich scharf gegen eine solche Gleichsetzung, die Stasi insgesamt sei das Unterdrückungsinstrument eines totalitären Staates gewesen. Alexander Schalck-Golodkowski, der ja auch General des MfS gewesen war, betonte, Spionage sei nicht so sehr sein Ding gewesen. Er habe doch versucht, für die Menschen in beiden Teilen Deutschlands Erleichterungen zu schaffen.

Um die Spannung auf dem Podium zu steigern, hatten wir alles getan, dass sich die vermeintlichen Todfeinde Wolf und Schalck-Golodkowski zuvor nicht begegneten. Doch als das Unsagbare im Hotel auf der Treppe doch geschah, lagen sie sich weder in den Haaren, noch straften sie sich mit eisiger Verachtung – sie eilten vielmehr aufeinander zu und lagen sich wie Freunde, die sich lange nicht gesehen hatten, in den Armen.

Eine wohlkalkulierte Provokation war der Auftritt des von uns eingeflogenen Oleg Gordijewski als Überraschungsgast aus dem Publikum. Der durch ein Todesurteil bedrohte und stets von einem Sicherheitsmann begleitete Exagent wandte sich scharf gegen seinen Erzfeind, den damaligen KGB-Chef Leonid Schebarschin: »Er ist ein Feind gegenüber jedem, der sich für den Westen entschieden hat ... Und nun, drei Jahre nach dem Zusammenbruch der Sowjetunion, unterstützt er noch immer die Kommunisten.« Schebarschin reagierte kalt und lehnte es strikt ab, mit »diesem Subjekt« überhaupt zu reden. All das war ein Indiz dafür, dass der Kalte Krieg noch längst nicht tot war.

Wer ist mir in besonderer Erinnerung geblieben? Da war zum Beispiel John Kornblum, der gewiss der Deutschlandkenner aller amerikanischen Regierungen war und seit den Achtzigerjahren die Aufgeregtheiten der innerdeutschen Diskussionen kopfschüttelnd verfolgte. Für ihn und mich war klar – und diese Übereinstimmung bestand auch in Aschaffenburg –, dass das Bündnis Deutschland-USA (vor und nach der Einheit) die Magna Charta nachkriegsdeutschen Daseins war. Die USA hatten uns als Erste nach dem Krieg die Hand gereicht. Sie hatten mit der Luftbrücke die halbe Stadt Berlin versorgt und am Leben gehalten. Sie hatten mit dem atomaren Schutzschirm über uns dafür gesorgt, dass aus dem Kalten Krieg kein heißer wurde. Und sie waren im Herbst des Jahres 1989 mit die Ersten, die die deutsche Einheit ins Visier genommen hatten.

Einige der prominenten Diskutanten bildeten allmählich eine

Stammmannschaft und entwickelten zum Teil ein fast schon liebevolles Verhältnis zu unserer Veranstaltung und zur Stadt Aschaffenburg. Der Historiker Arnulf Baring etwa, der »den Ausblick vom Schloss über den Main auch hin zum Pompejanum geradezu überwältigend fand«, wie er mir 1986 in einem Dankesbrief schrieb. Ich schätzte Baring, er war ein Mann des offenen Wortes, ein mutiger Historiker, der sich nicht scheute, auch einmal zu sagen: »Ich bin ein Patriot.« Er hatte keine Angst davor, mitunter gegen den Mainstream der Historical Correctness zu argumentieren, und man spürte dabei seine ehrliche Überzeugung und bisweilen seinen heiligen Zorn.

Apropos Schloss: Gregor Gysi war bei seinem ersten Auftritt in Aschaffenburg im März des Jahres 1990 auch zum allerersten Mal in der westdeutschen Provinz. Auf seine Bitte hin führte ich ihn durch die Aschaffenburger Altstadt hin zum stolzen Renaissanceschloss. Er wurde von dem schweigsamen loyalen Dietmar Bartsch begleitet und erwies sich als ein kundiger, charmanter Interessent historischer Zusammenhänge. Am meisten faszinierte beide SED-Nachfolger ein tragischer Hintergrund der Baugeschichte – dass der Mainzer Kurfürst zur Restfinanzierung des Schlosses die Zahl der Hexenprozesse in Aschaffenburg drastisch erhöhte und die konfiszierten Gelder der hingerichteten Opfer in den Ausbau steckte. Und so sei es kein Wunder, erzählte ich den beiden, dass zeitweise Aschaffenburger Feministinnen in der Walpurgisnacht das böse Schloss symbolisch mit faulen Eiern und Tomaten bewarfen. Ich sah meinen Gästen an, dass ihnen die lokalen Hexen, Opfer feudaler Gewalt, mehr als sympathisch waren.

Einer meiner Lieblingsgäste war mein Freund Walther Hofer. Dem Historiker aus der Schweiz hatte ich bei meinen politischen Debatten oft die Rolle des neutralen Kommentators zugewiesen, die er gerne annahm. Er hatte eine wunderbare Frau, ihres Zeichens Tochter des Vorkriegsvorsitzenden der bulgarischen Bauernpartei. Und als die Partei nach der Wende 1989 eine neue Führungsfigur suchte und die Tochter des alten Chefs fragte, ging Frau Hofer »für ein Jahr« nach Bulgarien – und blieb dort. Walther lebte fortan ganz allein in Bern – und als er eines Abends im Hotel sein Mahl verzehrte und im Hintergrund »himmlische Klaviermusik« hörte, ging er hin, sah am Piano »eine wunderhübsche Maid« und fragte sie: »Ja, wo kommst denn du her, mein schönes Kind?« – »Aus Bulgarien.« – »Dich schickt der Himmel«, sagte Walther Hofer. Und fortan erschien er, auch bei meinen Aschaffenburger Gesprächen, stets in Begleitung »meiner Nichte«.

Als ich Walther nach einem Aschaffenburger Gespräch meine künftige Frau vorstellte, sagte er: »Das Schönste am Fall des Eisernen Vorhangs ist: Jetzt erobern die osteuropäischen Frauen die westeuropäischen Männer!« Diesen Satz habe ich einmal als Gast in einer NDR-Talkshow zitiert und erhielt darauf einen sehr empörten Brief einer Dame aus Österreich, die sich beschwerte, dass ich dem Charme einer Ungarin naiv erlegen sei – »als ob es im Westen nicht genügend nette Frauen gäbe«. Das tut es gewiss.

Ein besonderes Verhältnis entwickelte sich auch zu Nikolai Portugalow, dem Vertrauten Valentin Falins, der ab 1988 Stammgast der Gespräche war. Als General des KGB und Mitglied des Zentralkomitees der KPdSU war er doch alles andere als ein konventioneller Apparatschik. Es war wohl auch sein deutsches Kindermädchen, das ihm eine lebenslange Liebe zur deutschen Literatur eingeimpft hatte. Schon ab 1988 war er ein Prophet der deutschen Wiedervereinigung. Ein Apotheker aus dem Aschaffenburger Freundeskreis (»Sie schickt der Himmel!«) versorgte ihn über die Jahre mit westlichen Medikamenten. Als Falin nach dem fehlgeschlagenen Augustputsch 1991 längst in Deutschland war, blieb Portugalow als getreuer Knappe eng bei Gorbatschow, bis zum bitteren Ende der Sowjetunion. Das neue Russland zahlte ihm eine monatliche Pension von umgerechnet gerade einmal 20 Mark, und er kam nur über die Runden, weil sowohl das Moskauer Büro des ZDF als auch das des *Spiegel* ihm ein monatliches Beraterhonorar von jeweils 500 D-Mark gewährten. Über ein Stipendium der Gräfin Dönhoff holte ich ihn Mitte der Neunzigerjahre für ein paar Monate nach Deutschland. Und wenn bei Fernsehdiskussionen in den nächsten Jahren eine historisch kundige russische Stimme vonnöten war – Nikolai war immer auf der Liste. Es ist jammerschade, dass sich bis heute noch kein deutscher Verlag bereitgefunden hat, seine hochinteressanten Memoiren zu veröffentlichen. Sie ruhen wohlverwahrt in meinem Safe.

Im Vorfeld der 30. Aschaffenburger Gespräche 2008 hatte ich das sichere Gefühl, dass nun ein guter Zeitpunkt wäre, einen Schlussstrich zu setzen. Für ein Adieu war es die richtige Zeit. Besser man hört auf, wenn dies bedauert wird, als wenn geraunt wird: »Warum macht der alte Esel das denn immer noch?« Kommt hinzu, dass das wunderschöne Stadttheater renoviert werden sollte und für ein paar Jahre nicht mehr zur Verfügung stand. Dessen Ambiente hätte gefehlt. Und so teilte ich unserem Publikum am Ende mit, dass dies meine letzten Gespräche waren. Ich hatte das Gefühl, dass ich verstanden wurde.

Die Aschaffenburger Gespräche haben mir immer ungleich mehr bedeutet als so manche andere Diskussionen, die ich moderieren durfte. Sie waren Teil der Geschichte dieser Stadt und Teil der Geschichte meines Lebens. Ich möchte die Erinnerung daran nicht missen.

»Da hat der liebe Gott
mit eingegriffen!«

Das »Gedächtnis der Nation«

Nach dem deutschen Sommermärchen 2006, das mein Sohn und ich begeistert live vor Ort, in den Stadien dieser Republik, erlebt hatten, reiste die Familie Knopp zur Erholung in die Heimat meiner Schwiegereltern an den Balaton. Es war sonnig, ruhig und schön – und nach ein paar Tagen reichte es. Da ich meinen Laptop zu Hause gelassen hatte, war Lesestoff rar. Und so begab ich mich zum nächsten Kiosk, wo es an deutschen Zeitschriften neben einer ganzen Reihe von Frauenblättern nur noch *Reader's Digest* und den *Stern* gab. Ich griff, der Zufall führte Regie, zum *Stern*, durchblätterte ihn – und fand eine Kolumne von Hans-Ulrich Jörges, in der er eine audiovisuelle Datenbank der deutschen Zeitzeugen forderte – gleichsam ein »Gedächtnis der Nation«.

Das war die Initialzündung. Zurückgekehrt nach Mainz, schrieb ich dem Autor einen Brief, in dem ich ihm für seinen Aufsatz dankte und erklärte, dass es eine solche audiovisuelle Datenbank schon gebe – nämlich unsere Aktion »Die Augen der Geschichte«. Sie sei jedoch entwicklungsfähig. Wenn er Lust hätte, könnten wir ja mal darüber reden.

Er hatte Lust. Und so trafen wir uns eines Tages im September 2006 zum Frühstück in einem Berliner Hotel. Uli gefiel mir sofort: ein Mann, der sagt, was er denkt, und denkt, was er sagt.

Er war und ist noch immer Stimme und Gesicht des *Stern*. Seine Texte liefern Zündstoff für die Streitkultur in der Berliner Republik. Er konnte es sich leisten, einen führenden Politiker als moralisch degeneriert zu beschreiben und von diesem im Berliner Biotop rechts und links des »Borchardt« ein ganzes Jahr lang nicht gegrüßt zu werden. Ganz nebenbei war er ein fähiger Skandalaufdecker, der jemanden wie Rudolf Scharping aus dem Amt trieb. Auch auf dem Schirm sorgt er für deutliche Akzente. Ob Maybrit Illner, Anne Will oder Sandra Maischberger – in den Talkshows braucht man ihn. Denn er kämpft mutig und mit offenem Visier. Einen solchen Mann als Partner und Verbündeten zu haben, war ein großes Geschenk.

Die Uridee stammt aus dem Jahre 1994, als Stefan Brauburger und ich in einem Restaurant an der Schweizer Grenze beim Abendessen zusammensaßen und über unsere Projekte zum Jahrhundertende redeten. Da war auf einmal völlig klar: Um ein möglichst großes Spektrum von Zeitzeugen in unsere Sendungen zu integrieren, mussten wir einen Akzent setzen und sichtbar werden. So entstand die Idee, einen eigenen Bus durch die Lande fahren zu lassen, ein Studio auf Rädern, in dem Zeitzeugen von unseren Interviewern zu den Schicksalstagen des 20. Jahrhunderts befragt werden – den »ZDF-Jahrhundertbus«. So geschah es, und auf diese Weise konnten Hunderte befragt werden.

Aus der Fülle der Erinnerungen ragten Aussagen hervor, die zeigten, was Geschichte mit den Menschen machte: »Ich habe bis zum Kriegsende gelernt, für mein Vaterland zu sterben, aber nicht, dafür zu leben.« – »Nichts war so schlimm wie der Bombenkrieg. Soldaten, die ihn in Berlin erlebten, waren froh, wenn sie wieder an die Front fahren durften.« – »Das Erste, was ich nach der Währungsreform als Student mit den vierzig Mark gemacht habe: ein Pfund Wurst gekauft und in einem Stück gegessen.« – »Das Wirtschaftswunder war nur möglich durch harte

Arbeit. Wir haben ja damals zehn Stunden am Tag gearbeitet.« –
»Als die Mauer fiel, da hat der liebe Gott massiv mit eingegriffen. Das war ein Wunder.«

Uns war bewusst, dass »Oral History« nicht unumstritten ist. Es gibt den schönen Spruch: »Der größte Feind des Historikers ist der Zeitzeuge.« Natürlich können Zeitzeugen sich irren. Natürlich können ihre Aussagen im Lauf der Jahrzehnte zur Pointe verkommen. Doch es sind kompetente Redakteure und Historiker, die ihre Interviews bewerten und die Spreu vom Weizen trennen. Uns war wichtig, die Gunst der Stunde zu nutzen und noch jene Zeugen zu befragen, die Wendepunkte des 20. Jahrhunderts erlebt hatten – Erinnerungen an die Ausgrenzung und Verschleppung der Juden, an den Bombenkrieg, an Flucht und Vertreibung, Gefangenschaft, Hunger und Not. Am Ende des Jahrhunderts waren jene Menschen, die die Hitler-Diktatur bewusst erlebt hatten, bereits in ihren Achtzigern. Wollte man erreichen, dass Erzählungen von der Machtergreifung Hitlers, vom Alltag in der Diktatur, dem sogenannten Anschluss Österreichs, dem Überfall auf Polen, die Sowjetunion, auf Belgien, Holland, Dänemark nicht in Vergessenheit gerieten – dann musste man tätig werden. Um das ganze Bild zu zeichnen, waren subjektive Aussagen unverzichtbar. History is cold, memory is warm.

Und so sammelten wir vier Jahre lang in unserem Jahrhundertbus Aussagen, die auf ihre Art einmalig waren; Perlen der Erinnerung, die es nicht gäbe, wären wir nicht mit dem breiten Schleppnetz durch das Land gezogen. Wir arbeiteten mit den lokalen Zeitungen zusammen, teilten mit, wann der Jahrhundertbus auf dem jeweiligen Marktplatz stand und welche Themen uns interessierten. Wer dazu etwas beizutragen hatte, meldete sich, und dann interviewten unsere Kollegen alle potenziellen Zeitzeugen vorab, schlugen die interessantesten vor und luden eine Auswahl zu den jeweiligen Standorten des Busses ein.

Mit unserem Jahrhundertbus hatte es eine ganz besondere Bewandtnis. Ein Zeuge nannte ihn einen »magischen Ort«. Ein anderer sprach von einer Katharsis-Box. Die Menschen saßen auf einem mehr oder minder bequemen Stuhl, um sie herum dezentes Halbdunkel, ohne Ablenkung von außen, nur die fragende Stimme des Interviewers war zu hören. Manche berichteten, in dieser intimen Situation seien sie bereit gewesen, Dinge zu erzählen, die sie nicht einmal ihren eigenen Kindern anvertraut hätten.

So erzählte der vormalige Soldat Arnold Kirchner von seinem ersten Tag an der Ostfront im Frühjahr 1942: »Meine allererste Verwundung war ein Bajonettstich hier rein.« Er deutete auf seine Hüfte. »Die Narbe sieht man noch. Der Russe kam auf mich zu, wir hatten beide keine Munition mehr... Und der sprang auf mich zu. Heute würde man sagen: Junge, komm, wir trinken einen, nasdrowje! Aber damals: Hass, Hass, Hass... Er wollte mich also aufspießen. Ich hielt sein Gewehr am Lauf fest, und dazwischen war das Bajonett. Er wollte mir das Ding reinrammen, ich habe ihn weggeschoben... Ich war etwas stärker. Er blieb da. Mein Glück. Sonst säßen wir nicht hier.«

Angelica Bübel berichtet, wie sie als junge Schülerin im Krieg fast wie nebenbei durch das KZ Flossenbürg geführt wurde: »Die Lehrerin hat mit der ganzen Klasse einen Ausflug gemacht, an den Schellenberg, das war ziemlich weit. Und da waren alle schon übermüdet: schlechtes Schuhwerk, schlechtes Essen, die Kinder hatten Blasen an den Füßen, es ist ihnen nicht gut gegangen. Und da hat die Lehrerin gesagt: Da können wir jetzt nicht mehr so weit zurückgehen, da gehen wir jetzt nach Flossenbürg rüber, von da können wir dann in eine Bahn einsteigen und nach Hause fahren. Und da kamen wir nach Flossenbürg. Und da hätten wir um das ganze Areal des KZ herumgehen müssen. Und das wäre zeitlich mit dem Zuganschluss nicht ausgegangen. Und da hat die Lehrerin erwirkt, dass wir durch das KZ gehen durften. Aber im Schnellschritt und nicht links und rechts schauen! Und ich war die Letzte, weil ich Blasen an den Füßen hatte und es mir nicht gut gegangen ist. Und ich bin immer weiter zurückgeblieben. Und dann habe ich trotzdem links und rechts geschaut. Und da habe ich am Wegrand einen Mann gesehen, ausgemergelt, mit tief liegenden Augen. Und der hat mich permanent angeschaut. Und ich ihn... Und ich habe mich von dem Blick nicht losreißen können. Die Augen haben geglüht. Und ich war so fasziniert und erschrocken. Und ich habe dann zurückgeschaut und zurückgeschaut, bis dann die Wärter gerufen haben: Aufrücken! Marsch, marsch, schnell! So sind wir durch das KZ gegangen. Ich habe keine Erinnerung, wie wir herausgekommen sind, wie wir in den Zug eingestiegen sind. Es war alles wie weggewischt. Ich habe immer nur die Augen vor Augen gehabt. Und die habe ich heute noch.«

Der Liedermacher Wolf Biermann erinnert sich an die historische Bombennacht von Hamburg, die er als kleines Kind erlebt hatte: »Die Bombennacht 43 ist festgebrannt in meinem Gedächtnis. Ich habe vieles, was vorher und nachher war, vergessen. Aber diese Nacht – gar nicht. Nichts, kein Gesicht, keinen Blick, keinen Geruch, keine Farbe, kein Wort. Das ist wirklich eingebrannt in mein Gedächtnis. Und es ist mir auch eingebrannt, dass in diesem Chaos, wo die Menschen um ihr Leben rannten, wenn sie es überhaupt noch konnten – die Leute waren mit Phosphor übergossen, sie brannten wie Fackeln, die Leute liefen durch den kochenden Asphalt und blieben stecken im Asphalt und sanken um und verschmorten da... Die Bomben gingen hoch, die Dächer brannten, ein gewaltiger Orkan... Wenn eine ganze Stadt brennt, entsteht ein Vakuum, wie in einem Kamin. Da saust die Luft von außen ins Zentrum. Und zwar mit Orkangeschwindigkeit. Die ist so stark, dass ganze Dächer durch die Luft fliegen wie Papier. Und in diesem gewaltigen Chaos, das ein Mensch eigentlich gar nicht fassen kann, fiel mir etwas Interessantes auf, was mich heute noch wundert: Mir kleinem Jungen fiel auf, dass kein einziges Kind geweint hat.«

Der Dichter Erich Loest erzählte uns, wie er als Werwolf bei Kriegsende, von der Propaganda verblendet, weiterkämpfen wollte: »Ich war neunzehn und Freiwilliger in einer Wehrmacht-Einheit, die hinter den Linien der Amerikaner operieren sollte. Man nannte das Werwolf. Die Offiziere sagten uns, wir müssten noch vierzehn Tage, vier Wochen durchhalten, bis die neuen kriegsentscheidenden Waffen fertig sind – und das werdet ihr machen, ihr Werwölfe. Und ich habe bis zum letzten Tag gehofft und nicht anders annehmen können, dass Deutschland den Krieg gewinnt. Wir werden siegen, weil wir den Führer haben. Und ich konnte mir nicht vorstellen, was danach kommt, ein schwarzes Loch, eine Welt ohne den Führer, ohne Deutschland, ohne die Wehrmacht war unvorstellbar. Und deshalb auch dieser schon aus damaliger vernünftiger Sicht und aus heutiger Sicht wahnwitzige Wille, wo die Amerikaner schon nach Böhmen hineinzogen und die Sowjets vor Berlin standen, dann noch den Krieg gewinnen zu wollen.«

Als die Jahrhundert-Reihen des ZDF gesendet waren, wäre auch der Jahrhundertbus normalerweise in die KfZ-Rente gegangen. Wir hielten das für unverantwortlich – und gründeten den gemeinnützigen Verein »Die Augen der Geschichte«. Ehrenamtliche Vereinsmitglieder waren meine Redakteure. Wir brauchten eine neue Finanzierung, denn das ZDF konnte seine Gelder nur für konkrete Sendungszwecke bereitstellen. Wir aber wollten über die Sendungen hinaus Erinnerungen sammeln, um sie künftigen Generationen zugänglich zu machen. Denn wenn ein Schüler im Jahr 2080 zum 20. Jahrhundert recherchiert, dann wird er nicht nur Bücher oder Filme nutzen wollen, sondern auch die Stimmen der authentischen Erinnerung. Wir brauchten also Spender und Sponsoren.

Das Sammeln solcher Gelder war ein hartes Brot. Ich nenne

keine Namen: doch ein prominenter deutscher Filmproduzent sandte uns fünfzig Euro und erklärte, für diesen Betrag erwarte er, höchstselbst als Zeitzeuge interviewt zu werden. Die mit Abstand größte Spende von zweitausend Euro leitete uns dankenswerterweise Friede Springer zu, ihr kam kein anderer gleich. Und so hatten unsere »Augen der Geschichte« zwar ein großes Reservoir an Zeitzeugen auf Lager, doch angesichts des materiellen Mangels dümpelten die Neuaufnahmen etwas vor sich hin. Und da ließ mich der liebe Gott den *Stern* lesen.

Nun ging es also darum, das Feuer wieder neu zu entfachen. Wir hatten das Beispiel Steven Spielbergs vor Augen, dem es gelang, binnen weniger Wochen große US-Firmen wie Coca-Cola und American Express für seine Shoah Foundation zu gewinnen. Und nicht nur das: In Deutschland hatten sich drei Großverlage, Burda, Bertelsmann und Axel Springer, zur Aktion »Partners in Tolerance« zusammengeschlossen, um Spielbergs Stiftung zu unterstützen. Wir sagten damals, dass sich beide Aktionen sinnvoll ergänzen: die Shoah Foundation sammelt weltweit Aussagen von Überlebenden des Holokaust, während wir allein im deutschen Sprachraum Zeitzeugen befragen, dafür jedoch mit einem breiten Themenspektrum – vom Ersten Weltkrieg bis zum Fall der Mauer.

Mit diesen Beispielen vor Augen machten Uli und ich uns daran, zunächst einmal die einschlägigen Adressaten bei den deutschen DAX-Konzernen abzuklappern. Das war leichter gesagt als getan. Zwar befanden manche Vorstands- oder Kommunikationschefs, unser Zeitzeugenprojekt sei äußerst wichtig und absolut unterstützenswert – aber helfen könnten sie uns leider nicht, da sie selbst schon in zahlreichen weltweit relevanten Projekten steckten. Ich erinnere mich an ein nettes Mittagessen beim PR-Chef von Bayer, der die globale Perspektive des Konzerns ganz besonders betonte, da passe doch ein »nationales Projekt« wie unseres nicht so optimal dazu. Wir hatten mehr und mehr das sichere Gefühl, dass die Unterstützung eines Oral-History-Projekts zur deutschen Zeitgeschichte einigen Konzernlenkern zu nahe an der Frage war: »Was hat deine Firma in der Nazizeit gemacht?« Das wurde selbstverständlich nie gesagt, doch die Bedenken, die wir über Dritte hörten, zielten in diese Richtung.

Dennoch gelang es uns, im Lauf der Jahre eine ansehnliche Gruppe von Sponsoren zu gewinnen. Mitunter spielte auch hier der Zufall eine Rolle. So saß ich bei einem Abendessen in Heidelberg unverhofft neben dem Chef der Robert Bosch Stiftung, schilderte ihm unser Projekt – und nach ein paar weiteren Gesprächen und mannigfachen Eingaben war die Stiftung dabei. Uli wiederum kannte die Kommunikationschefs von Daimler-Benz und Bertelsmann – und überzeugte sie von unserem Vorhaben. Dass Gruner und Jahr als der Verlag des *Stern* dabei war, sprach ebenso fast für sich selbst wie die Beteiligung des ZDF, das Räume für die angedachte Redaktion bereitstellte – sowie natürlich den vorhandenen Stock an Zeitzeugen-Gesprächen und nicht zuletzt die ehrenamtliche Mitarbeit von kundigen Zeitgeschichte-Redakteuren wie Stefan Brauburger und Anja Greulich.

Zwischenzeitlich sah es freilich so aus, dass wir mehrere Sponsoren gar nicht nötig hätten. Als wir bei unserer DAX-Tour bei Volkswagen in Wolfsburg aufschlugen, war der Kommunikationschef augenscheinlich so berührt von unserer Aktion, dass er am Ende sagte: »Wir machen das alleine. Genau so etwas suchen wir.« Volkswagen als exklusiver Sponsor – das hätte allerdings bedeutet, dass wir uns von Daimler-Benz zu trennen hätten, die ja ihre Zusage bereits gegeben hatten. Das wollten wir eigentlich nicht. Und nicht nur das: Die Wolfsburger kamen nicht nur nicht zu Potte, sondern ließen sich ein Jahr lang regelrecht verleugnen. Schließlich haben ZDF-Intendant Markus Schächter und Bernd Buchholz, Chef von Gruner und Jahr, auf unsere Bitte einen gemeinsamen Brief an VW-Chef Martin Winterkorn geschrieben und eine Positionsklärung erbeten. Nach wiederum beträchtlicher Zeit kam ein Brief mit dem Angebot, uns einen Lkw zu überlassen, der an der Rallye Paris–Dakar teilgenommen hatte (also ziemlich ramponiert war) und von Azubis wieder halbwegs aufgemöbelt werden sollte. Wir empfanden dies schlicht als unverschämt.

Alles in allem war das Sponsoring ein mühsames Geschäft. Denn wir brauchten ja die Mittel für vier Jahre, um ein ruhiges Arbeiten für die Gedächtnis-Redaktion möglich zu machen. Und wir brauchten einen Online-Auftritt, um unser Projekt im Internet dingfest zu machen. Das war in unserer Finanzierung erst mal noch nicht drin. Doch erneut kam uns Gevatter Zufall zu Hilfe: Uli saß bei einem Abendessen neben dem Kommunikationschef von Google Deutschland, erzählte ihm von unserer Aktion – und begeisterte ihn so sehr, dass Google sich in die Schar der Unterstützer einreihte. Nun wurde der gesamte Online-Auftritt möglich.

Den Spruch »Gut Ding will Weile haben« konnten wir in diesen Zeiten oft zitieren. Es dauerte fünf Jahre, bis wir im Oktober 2011 endlich unseren Etat beisammenhatten. Jetzt konnten wir unseren neuen gemeinnützigen Verein, »Das Gedächtnis der Nation« vorstellen: mit einer Pressekonferenz im Haus der Bundespressekonferenz, mit einem Titel samt entsprechender Geschichte im *Stern* sowie längeren Berichten in den Nachrichten des ZDF. Das Baby war geboren. Nun sollte es rasch laufen lernen.

Die Ingredienzien dafür waren da: ein Bundespräsident als Schirmherr (wobei wir Christian Wulff nach seinem Rücktritt bald durch seinen Nachfolger Joachim Gauck ersetzen konnten), eine eigene Gedächtnis-Redaktion unter Leitung des sehr tüchtigen Historikers Jörg von Bilavsky, ein Kuratorium, das sich sehen lassen konnte – mit Hans-Dietrich Genscher, Egon

Bahr, Bernd Neumann, Klaus von Dohnanyi, Lothar Späth, Antje Vollmer, Salomon Korn, Marcel Reich-Ranicki, Markus Schächter, Dieter Stolte, Bernd Kundrun und Regina Ziegler. Und auch der Wissenschaftliche Beirat war kompetent besetzt: Heinrich August Winkler, Hagen Schulze, Joachim Gauck (bevor er Bundespräsident wurde), Klaus Hildebrand, Sönke Neitzel, Andreas Rödder, Siegfried Quandt und Harald Welzer.

Und nicht nur das: Daimler-Benz stellte uns einen nagelneuen Interview-Bus zur Verfügung. Das war notwendig: Denn den guten alten Jahrhundertbus hatte angesichts der langen Standzeiten auf den Parkplätzen des ZDF das finale Schicksal eines Biotops ereilt. Vorne in der Fahrerkanzel hatten es sich zwei öffentlich-rechtliche Hasen gemütlich gemacht, hinten in der »Katharsis-Box« tummelten sich Mäuse. Und die ummantelten Leitungen waren den hungrigen Mardern anheimgefallen. So geriet der Bus selbst zur Geschichte.

Wir stellten Interviewer ein, die zuvor ein Training in Oral History zu absolvieren hatten. Und wir legten neue Themenfelder auf. Diktatur und Zweiter Weltkrieg waren hinreichend bestückt. Auf manchen anderen Feldern hatten wir noch Nachholbedarf. So etwa in Sachen Nachkriegszeit, in Sachen DDR-Geschichte und natürlich Mauerfall – mit allem, was dazugehörte.

Eine solche Sammlung authentischer Erinnerungen zur deutschen Geschichte war einzigartig. Nun ging es darum, sie der Öffentlichkeit zur Verfügung zu stellen. Und da kam Google ins Spiel. Auf einer eigenen Plattform konnten wir die Interviews im Internet nach Sachfeldern aufteilen und präsentieren. Stimmen über eine hundertjährige Geschichte: Zu Beginn des Zeitstrahls standen Menschen, die als Kinder noch die Kaiserzeit erfahren hatten. Und am Ende zeigten wir, wie Deutsche aller Generationen das Sommermärchen 2006 erlebten.

Wer waren unsere Adressaten? Zum einen ganz normale Bürger, die ein Interesse an Geschichte hatten; dann natürlich Schulen und andere Bildungseinrichtungen – auch hier bewährte sich unsere Kooperation mit dem Verband der Geschichtslehrer Deutschlands. Und schließlich Wissenschaftler, die den Fundus unserer Interviews für Forschungszwecke nutzen konnten.

Das Deutsche Historische Museum in Berlin stand als Partner zur Verfügung: In einem eigenen Online-Raum konnten die Besucher sowohl Interviews der Shoah Foundation als auch Stimmen unseres Vereins anschauen und anhören. Beide Felder ergänzten einander.

Und so fuhr nun unser neuer schmucker Jahrhundertbus durch die Lande, hielt auf den Marktplätzen zwischen Bodensee und Flensburg und befragte Tausende von Zeitzeugen. Die Resonanz war freundlich, allenthalben wurde die historische Bedeutung des Projekts hervorgehoben. Doch zum Ende der vier Jahre hin erhob sich die drängende Frage: Wird es eine zweite sponsorenfinanzierte Phase geben können?

Das war nicht sicher. Ganz im Gegenteil. Zwar gab es Zusagen. Doch diese hätten nur den Bruchteil unserer Ausgaben finanziert. Und so überlegten wir, ob das Projekt »Gedächtnis« eine öffentliche Förderung erfahren könnte. Hatte Bernd Neumann als Staatsminister für Kultur noch gerühmt, das »Gedächtnis der Nation« komme ohne öffentliche Förderung aus, so stellte sich nun diese Frage neu. Und da begab es sich, dass Uli Jörges aus alten Berliner Tagen Neumanns Nachfolgerin, die wunderbare Monika Grütters, kannte. Die diesbezüglichen Gespräche liefen gut – und so geschah, was geschehen musste: »Das Gedächtnis der Nation« wurde in die Obhut des Bundes genommen, die Redaktion dem Bonner Haus der Geschichte der Bundesrepublik unterstellt. Und nicht nur das: Unsere Aktion ist Modell und Nukleus für die Zeitzeugenarbeit der vom Bund getragenen Museen und Institutionen für Geschichte. Sie soll nun unter einem neuen Dach koordiniert, technisch vereinheitlicht und auf den

Weg gebracht werden. Auf diversen Konferenzen hatten die Kulturbeamten des Bundes zuvor die Notwendigkeit von Zeitzeugenarbeit betont, waren aber noch keinen Schritt vorangekommen. Nun, mit dem »Gedächtnis« als Plattform, bauen sie in Bonn einen neuen Apparat auf. Für uns Gründerväter heißt das, einen Schritt zurückzutreten und unser Baby der Bundesrepublik Deutschland anzuvertrauen. Dort ist es, hoffen wir, gut aufgehoben.

»Morning, sausage!«

Der Charme des blauen Blutes

»Das Leichte ist das Schwerste« – ein beliebter Satz, der einen Nachteil hat: Er stimmt nicht. Mitte des ersten Jahrzehnts im 21. Jahrhundert war die Schlacht um Marktanteile am umkämpften Dienstagabend voll entbrannt. Wir sendeten nicht gegen andere Dokumentationen, sondern gegen populäre Serien in der ARD, Spielfilme auf RTL, romantische Schmonzetten auf SAT 1 und hin und wieder eine jugendliche Spielshow auf ProSieben – um nur die wichtigsten zu nennen. Und natürlich kam es immer wieder mal zu Fußballabenden in Sachen Champions League, mit denen das Kontrastprogramm zertrampelt wurde. Da den hehren Anspruch »Aufklärung braucht Reichweite« aufrechtzuerhalten, wurde innerhäusig nur geduldet, wenn die Quoten stimmten.

Und das taten sie in solchen Fällen manchmal nicht. Ich war also gezwungen, unser Portefeuille um 20.15 Uhr zu ergänzen. Wenn ich das nicht getan hätte, wären unsere Filme wohl auf 22 Uhr verschoben worden. Also produzierte ich ganz zu Beginn im Jahr 2005 die Serie »Bis dass der Tod uns scheidet«, Porträts von prominenten Paaren des 20. Jahrhunderts, deren Ehezeit besondere Geschichten bot. Und natürlich mussten diese trotz alledem auch historisch und politisch bedeutsam sein.

Und offenkundig waren sie das. Die Geschichte über Hillary und Bill, die Clintons, beruhte auf dem Kenntnisstand des Jahres 2005. Das Thema war noch nicht so ausgeleiert, wie es heute wäre. Uns interessierte natürlich der Kontrast zwischen den offiziellen Bildern und der Wirklichkeit des Ehealltags hinter den Kulissen. Und das boten uns die Zeitzeugen: Wegbegleiter, Gegner, Freunde und auch eine frühe Kurtisane Bills, sie packten aus. Es war ein Spiegelbild der Clintons, wie sie eben waren – nicht, wie sie sein wollten. Und es wurde klar, dass für berühmte Paare zwischen Macht und Liebe keine Möglichkeit bestand, ein ungestörtes Privatleben zu genießen. Das war der Preis der Macht.

Und das galt ebenso für Paare wie Soraya und den Schah von Persien, Rainier und Gracia von Monaco und vor allem Charles und Diana aus dem englischen Königshaus. Wir sendeten die Reihe ganz bewusst im Sommer, in der Hoffnung, dass ein leichter Stoff zu dieser Zeit mehr angenommen wird. Und das traf zu: Die Quoten waren nicht gigantisch, aber sehr gut und trieben das Gesamtergebnis unseres Sendejahres stark nach oben.

Ein Blick ins Nähkästchen einer öffentlich-rechtlichen Anstalt: Es gab im ZDF eine eigene Sitzung, die die Jahresquote zum zentralen Thema machte. Wir – und allen anderen Redaktionen erging es ebenso – mussten Jahr für Jahr die Marktanteile der vergangenen zwölf Monate verteidigen und uns schriftlich auf die Zielvorgabe für das nächste Jahr verpflichten. Das wurde manchmal eingehalten, manchmal nicht. In der Regel hatten wir bei »History« und den Dokumentationen, die auf einen Spielfilm zum gleichen Thema folgten, keine Sorgen. Im Gegenteil: Mitunter war der Marktanteil der Doku höher als beim Spielfilm. Ganz anders als zur Primetime dienstagabends, wo man sich etwas Besonderes einfallen lassen musste.

Der Erfolg der Paare-Reihe gab Rückenwind. Und so beschloss ich, dass wir auf das Royale setzen sollten. Ab dem Sommer 2006 präsentierten wir Jahr für Jahr eine königliche Reihe. Es begann mit »Majestät« – sechs Filme über Königshäuser nicht nur in Europa. 2007 machten wir mit einer Reihe über

»Königskinder« weiter – über die Thronfolger der europäischen Monarchien. Da floss nicht nur blaues Blut, wir hatten auch den Ehrgeiz, die politische Bedeutung eines Königtums und die historische Relevanz des Monarchischen zu zeigen. Zu Beginn der Fünfzigerjahre wagte König Faruk von Ägypten, Glamourman des internationalen Jetset, eine Prophezeiung: Am Ende des Millenniums werde es auf Erden nur noch vier Könige geben – die im Kartenspiel. Was seine eigene Monarchie betraf, so hatte Faruk recht: Sie ist Geschichte. Doch die Monarchie als Staatsform ist noch lange nicht am Ende.

Siebenundzwanzig Monarchen haben weltweit die Wende zum Jahr 2000 in Amt und Würden erlebt. Immerhin siebenundzwanzig: von Thailand bis Schweden, von Japan bis Spanien. Gottgleich oder bürgernah, mächtig oder ohnmächtig – jede dieser Monarchien ist Relikt einer Regierungsform, die noch vor hundertzwanzig Jahren fast den gesamten Erdball beherrschte. Das große Monarchiesterben, es begann im Jahr 1912 mit der Abdankung des sagenumwobenen, geheimnisträchtigsten und wohl auch mächtigsten Monarchen, des Kaisers von China. Wenig später verschwanden fast lautlos und beinahe gleichzeitig drei europäische Dynastien von der Bildfläche, die den Kontinent über Jahrhunderte hinweg geprägt und beherrscht haben: die Romanows, die Habsburger und die Hohenzollern. Es war das Resultat verlorener Kriege.

Letzter Hohenzoller war ein Kaiser, der sein Volk »herrlichen Zeiten« entgegenführen wollte – die Folgen dieser kühnen Prophezeiung sind bekannt. Auch wenn Wilhelm II. stets beteuerte, er habe den Krieg nicht gewollt – am Ende musste er abdanken und ging nach Holland ins Exil.

Damals, 1918, war die Mehrheit der Deutschen eher erleichtert, dass sie ihren Potentaten losgeworden war – von dem sein englischer Cousin Edward VII. meinte, er sei die brillanteste Fehlbesetzung der Geschichte gewesen. Das ist nur teilweise gemein. Mit »Willi Zwo« wurde in Deutschland auch die Monarchie als Staatsform zu Grabe getragen. Nicht nur der Kaiser musste gehen, auch alle anderen deutschen Regenten, darunter die Könige von Bayern, Württemberg und Sachsen – von dem die Legende überliefert ist, er habe seine Abdankung mit dem erleichterten Stoßseufzer begleitet: »Nu macht doch euern Dreck alleene!«

So richtig und wichtig dieser Akt der Selbstbefreiung war, er hinterließ doch auch ein enormes Vakuum im kollektiven Bewusstsein der Nation. Angesichts des eher tristen Alltags in der Republik von Weimar gab es nicht wenige Zeitgenossen, die sich bald die »gute alte Zeit« zurückwünschten. »Wir wollen unsern alten Kaiser Wilhelm wieder ham« wurde Kult in jenen Jahren. Gemeint war allerdings der Großvater von Wilhelm Zwo. Man darf sich gelegentlich schon mal die hypothetische Frage stellen: Wäre es auch dann zu Hitler gekommen, wenn an der Spitze Weimars ein Monarch gestanden hätte?

Vielleicht ist dieser spezifisch deutsche Phantomschmerz ja schuld daran, dass wir bis heute weltweit wohl die größten Fans des blauen Blutes in all seinen Erscheinungsformen sind. Nirgendwo sonst in Europa ist das Interesse an Königen und Königinnen aller Herren Länder, an Prinzessinnen und Prinzen jeglicher Couleur so groß wie in Deutschland. In England etwa interessiert man sich nur für sein eigenes Königshaus. Wir aber interessieren uns für alle.

Und so erreichten wir im ZDF mit unseren royalen Reihen »Majestät« und »Königskinder« jeweils um die fünf Millionen Zuschauer. Es war für mich die reine Freude, zu sehen, wie sich gerade meine weiblichen Kollegen für die Autorenschaften unserer royalen Dokus engagierten. So entstanden in all den Jahren regelrechte Erbhöfe: Julia Melchior war zuständig für Schweden, Annette von der Heyde für Dänemark, Annette Tewes für Belgien, Anja Greulich für Holland und Ulrike Grunewald für Großbritannien – um nur einige zu nennen. War es da ein Wunder, dass bei dieser Ladypower auch der größte Teil der Zuschauer unserer royalen Reihen weiblich war? Das waren dann oft 70, ja 80 Prozent.

Von all den Monarchien und Monarchen, Prinzen und Prinzessinnen, die wir in all den Jahren porträtiert haben, sind mir drei besonders in Erinnerung: das thailändische, das dänische und das britische Königshaus.

Zum Zeitpunkt unserer Dreharbeiten war König Bhumibol zwar bereits krank, doch noch am Leben. Das war 2007 rund um den achtzigsten Geburtstag des Monarchen. Und ganz Thailand war erfüllt von Liebe und Verehrung. Unsere Dreharbeiten mit dem Regisseur Sebastian Dehnhardt waren spannend, aber alles andere als einfach. Wer sich als Ausländer mit einem König beschäftigt, der von seinen Untertanen wie ein Gott verehrt wird, lebt nicht ungefährlich. Auf Kritik am Königshaus – und was Kritik ist, definiert der Hof – stehen fünfzehn Jahre Haft. Und es gibt Fälle, in denen auch westliche Ausländer verhaftet und eingesperrt wurden. Der eine hatte ein Buch über den König geschrieben, der in der Tat im Land des Lächelns niemals lächelt, ein anderer hatte im Suff zwei der allgegenwärtigen Bilder des Königspaars beschädigt. Auch in unserem Film äußern sich zwei Kritiker des Königshauses, allerdings in wohlgesetzten Worten, mit denen man knapp unterhalb der Stufe der Verhaftung steht. Es gab mehrere Situationen, in denen die in Thailand lebenden Mitglieder unseres Teams darum baten, im Abspann nicht namentlich genannt zu werden.

Als König Bhumibol der Große, so wurde er im Land genannt, 2016 starb, hatte er siebzig Jahre lang regiert. Er war somit der am längsten amtierende Herrscher unter allen Königen der Erde. Siebenundzwanzig Regierungen und dreizehn Putsche hat er überlebt. In der mitunter wirren Innenpolitik des Landes war Bhumibol die alles überragende Kraft. Formell ist Thailand zwar eine konstitutionelle parlamentarische Monarchie. Formell hat der König keine Macht. Tatsächlich aber kann es sich keine Regierung, kein Politiker, kein Militär erlauben, auf Dauer gegen den Willen des Königs zu handeln.

Als Majestätsbeleidigung galt zum Zeitpunkt unserer Dreharbeiten im Dezember 2007 übrigens auch, den Reichtum des Königs öffentlich zu erörtern. Er war der reichste Monarch der Welt, noch vor dem Sultan von Brunei. Sein Vermögen wurde seinerzeit von Insidern auf 35 Milliarden Dollar geschätzt. Er hielt Anteile an nationalen Unternehmen und verwaltete über das sogenannte Crown Property Bureau ein Immobilienimperium – ohne jedes öffentliche Aufsehen. Jedwede Berichte, Bücher oder Filme, die sich mit den wirtschaftlichen Hintergründen, mit dem Einkommen des Königshauses befassen, dürfen in Thailand nicht veröffentlicht werden. Ihre Autoren müssen mit einer Anzeige und Anklage rechnen.

Es ist nicht der König selbst, ja nicht einmal der Hof, der in solchen Fällen Anzeige erstattet. Es sind servile Staatsanwälte, Politiker und Polizeibehörden, die auf diese Weise unliebsame Konkurrenten mundtot machen. Wenn westliche Beobachter betroffen sind, so lässt der König nach geraumer Zeit kraft Amtes manchmal Gnade walten. Doch will man sich die Erfahrung eines thailändischen Knastes antun? Und sei es nur für ein paar Monate?

Auf der anderen, sonnigeren Seite der thailändischen Monarchie steht eine Verehrung ohnegleichen. Eine Verehrung für den König, wie ich sie in keinem anderen Land der Welt erlebt habe. Allgegenwärtig waren damals überlebensgroße Bilder des Königspaares: Bhumibol und Sirikit. In jedem thailändischen Kino sahen wir vor jeder Vorstellung ein vierminütiges Porträt über Bhumibol, zu dem sich jeder Zuschauer erheben musste.

Wir drehten damals gerne montags. Denn weil Bhumibol an einem Montag geboren wurde, erschien ein königstreuer Thai üblicherweise in Gelb zur Arbeit. Gelb ist die Farbe des Königs. Und so war das ganze Land an den jeweiligen Montagen ein Menschenmeer in Gelb.

Schon damals sorgten sich die Thais hinter vorgehaltener Hand: Was wird sein, wenn ihr alter, kranker König nicht mehr ist? Keiner diskutierte diese Frage offen. Doch verstohlen raunten sich die Menschen eine alte Prophezeiung zu: dass die Dynastie der Chakri nach neun Königen dem Untergang geweiht ist. Bhumibol der Große war der neunte König. Auf die Frage »Wer kann auf ihn folgen?« gab es von offizieller Seite nur eine indignierte Antwort: selbstverständlich unser Kronprinz, Maha Vajiralongkorn.

Der galt freilich, um es zurückhaltend zu sagen, als »exzentrisch«. Als sein Vater im Oktober 2016 starb, war Vajiralongkorn auch schon vierundsechzig Jahre alt. Eine Art Prinz Charles von Thailand. Doch im Gegensatz zum englischen Thronfolger, so flüsterten uns Insider des Königshauses zu, war er kein Gentleman. Seine Gegner, seine Feinde – und von denen hatte er in Thailand reichlich – munkelten von Korruption und einige sogar von Auftragsmorden. Wie exzentrisch sich der Kronprinz verhielt, dazu erzählte ein ehemaliger deutscher Botschafter in Bangkok, der schon längst nicht mehr im Amt ist, eine Geschichte.

Es war üblich, dass ein neu ernannter Botschafter sich auch dem Kronprinzen von Thailand vorzustellen hat. Doch dazu hatte er bitte sehr zu warten, bis die Hoheit geruhte, ihn zu empfangen.

Das kann dauern. Eines späten Abends kam der Anruf, Seine Exzellenz möge sofort erscheinen. Angetan mit Frack mitsamt seiner Beglaubigung erschien der Botschafter im Palast des Prinzen. Dort bedeutete man ihm, er müsse sich zwar nicht auf Knien dem Herrschersohne nähern, wie man es von den eigenen Landsleuten erwarte, doch er möge mit geneigtem Kopf warten, bis die Königliche Hoheit ihn von sich aus anzusprechen gedenke.

So ermahnt, begab der Botschafter sich in den Audienzsaal, und verharrte mit geneigtem Haupte vor dem Thron des Kronprinzen. Seine Hoheit saß dort nicht allein. Auf seinem Schoß räkelte sich der Lieblingshund Fufu, angetan mit der maßgeschneiderten Gala-Uniform eines Generals der thailändischen Luftwaffe samt Lackstiefeln. Der Kronprinz, so der Botschafter, sah in die Ferne mit leicht offenem Mund und kraulte seinen Hund.

Der Botschafter wartete fünf Minuten, acht Minuten, zehn Minuten. Nichts geschah. Auf einmal blickte der Kronprinz ihn frontal an und sagte: »Germany is nice.« Vajiralongkorn, der ein intimer Kenner Oberbayerns war, musste das ja wissen.

Der Botschafter, erleichtert, dass nun ein Gespräch begann, erwiderte: »Your Royal Highness, thank you. But your country is so nice, too. I am very honoured to serve as an ambassador in Thailand.«

»Thank you«, sagte der Kronprinz, blickte wieder in die Ferne und kraulte seinen General.

Der Botschafter wartete, drei Minuten, vier Minuten, fünf Minuten, nichts geschah. Dann wisperte ihm ein Höfling zu, die Audienz sei nun vorbei, er möge sich, mit dem Gesicht der Hoheit zugewandt, aus dem Saal entfernen. Was er dann auch tat.

Der Botschafter schloss seine Erzählung mit den Worten: »Das war das bizarrste Erlebnis meiner gesamten diplomatischen Laufbahn.«

Ich habe diese Anekdote bislang nicht veröffentlicht, auch nicht in einem Folgefilm über schwarze Schafe aus diversen Monarchien, in dem auch der thailändische Kronprinz eine Rolle spielte. Im Anschluss an den Film wurde ich von Insidern gewarnt, besser nicht nach Thailand einzureisen. Was ich bis zum heutigen Tag nicht tat.

Damals war bei vielen Thais nicht der Kronprinz Favorit der Thronfolge, sondern seine Schwester, Maha Sirindhorn. Sie war und ist im Volk ungleich beliebter als ihr Bruder. Nicht zuletzt, weil sie eine Reihe von gemeinnützigen Projekten leitet, gilt sie bei den Thais als »edler Engel«. Der König hatte das schon früh erkannt. Schon 1974 hatte er dafür gesorgt, dass kraft Verfassungsänderung auch eine Frau Regentin des Landes werden konnte. Und 1977 ernannte er seine Tochter zur Kronprinzessin. Brauchte es noch mehr Beweise, wem die Gunst des Vaters galt?

Doch Bhumibol hatte die Rechnung ohne seine Frau gemacht. Denn Sirikit, die vormals schöne Königin, stand in Treue fest zu ihrem Sohn. Der Vater für die Tochter, die Mutter für den Sohn – der Konflikt schien so unlösbar, dass viele unserer Gesprächspartner schon die Gefahr eines Bürgerkrieges nach dem Tod des alten Königs fürchteten. Dazu kam es nicht. Dass Maha Vajiralongkorn die Nachfolge antrat, lag vermutlich auch an seiner Nähe zu den Generälen, die den Kronprinzen bevorzugten. Wohl auch, weil sie ihn besser kontrollieren konnten als die eigensinnige und populäre Kronprinzessin.

Und so wurde Maha Vajiralongkorn nach dem Tode seines Vaters König, wobei die Krönungszeremonie erst nach der Trauerzeit stattfindet. Sein Ferienhaus in Tutzing wird er nun wohl nicht mehr so oft sehen, wie er sich als Fan der bayerischen Lebensart gewünscht hat. Doch seit der Thronbesteigung hat der vormalige Playboy erstaunlicherweise noch keinen Fehler gemacht. Ob er sich bewusst zurückhält, bis die Krönung stattgefunden hat? Oder ob er alt genug ist, zu erkennen, dass sein Leben nun ein anderes sein muss? Wir hoffen es – für ihn und Thailand.

Das genaue Gegenteil des thailändischen Königshauses ist die Monarchie in Dänemark. Sie ist uns während der Dreharbeiten regelrecht ans Herz gewachsen. Der Umgang dort war offen und entspannt, wir erhielten Zugang zu allen für uns interessanten Zeitgenossen und Archiven. Auch die Königin höchstselbst stand uns – und insbesondere meiner Kollegin Annette von der Heyde – Rede und Antwort.

Seit Langem gelten die Dänen subjektiv und objektiv mit als die glücklichsten Menschen der Welt. Über die Gründe lässt sich spekulieren. Dänemark zählt zu den zehn reichsten Ländern der Erde. Es gibt kaum Hierarchien, man duzt sich allgemein, selbst die Schüler ihre Lehrer. Der berühmte dänische Humor ist etwas derber und bewirkt, dass man sich selber nicht so wichtig nimmt. Das gilt auch für die Monarchie, die erstaunlicherweise fast ohne Skandale auskommt.

Dabei ist das dänische Königshaus das älteste Herrscherhaus der Welt. Ein direkter Urahn von Königin Margrethe regierte schon vor über tausend Jahren: König Gorm der Alte.

Die Königsfamilie ist das Symbol des Dänentums. Das ist ein bisschen merkwürdig, da viele von ihnen gar nicht aus dem Land stammen. Es gibt einen französischen Prinzgemahl und eine australische Kronprinzessin, die irgendwann mal Königin sein wird.

Und Königin Margrethe ist die Tochter einer Schwedin. 1972 wurde sie mit zweiunddreißig Jahren jüngste Königin der Welt – in einer Zeit, als in den Nachwehen der Achtundsechziger die Monarchie als altmodisch und überholt galt.

Das Amt war ihr nicht gerade in die Wiege gelegt. Als sie am 16. April 1940 geboren wurde, eine Woche nach dem deutschen Einmarsch, galt in Dänemark nur die männliche Thronfolge. Die Eltern, König Frederik IX. und seine schwedische Frau Ingrid, bekamen drei Mädchen, aber keinen Sohn. Die Thronfolge sollte deshalb nach dem Tod des Königs auf seinen Bruder, Prinz Knut, übergehen. Der aber galt in der Bevölkerung als wenig königsfähig. 1953 änderten die Dänen deshalb die Verfassung und ermöglichten der ältesten Tochter die Thronfolge.

In ihrer neuen Rolle als Kronprinzessin war Margrethe die

Aufmerksamkeit aller sicher. Als sie mit sechsundzwanzig Jahren noch immer ledig war, wuchs der öffentliche Druck, eine Ehe einzugehen. Lange schon waren für sie Treffen mit potenziellen Heiratskandidaten aus dem Hochadel Europas arrangiert worden. Ein Verfahren, das Margrethe zutiefst verabscheute. Da kam ihr der Zufall zu Hilfe. Auf einem Zwischenstopp in London lernte sie bei einem offiziellen Essen einen jungen Attaché der französischen Botschaft kennen. Als sie ihn bei einer Adelshochzeit überraschend wiedertraf, bot der junge Mann sich an, ihr London zu zeigen. Es war der Anfang einer großen Liebe, wie die Königin auch gegenüber uns betonte. Graf Henri de Laborde de Monpezat stammte aus französischem Adel, war vielseitig gebildet, hatte Sinologie studiert und die Welt bereist. Nach der Heirat 1967 kamen in den nächsten beiden Jahren zwei Söhne zur Welt, die Prinzen Frederik und Joachim. Die Thronfolge war gesichert.

In Dänemark gibt es keine Krönung wie bei Queen Elizabeth, die noch die Krone aufgesetzt bekam – nur eine Ausrufung auf Schloss Christiansborg: »Der König ist tot, es lebe der König!« Das war 1972 alles. Margrethe wurde Königin, ihr Mann Henrik (so viel Namensänderung war nötig) wurde Prinz.

Und exakt mit dieser Rolle hat er zeitlebens ein Problem. Er macht aus seinem Herzen keine Mördergrube, auch nicht gegenüber uns, den höflichen Besuchern aus dem Nachbarland im Süden. Recht bald erfuhr das Dänenvolk von seinen Schwierigkeiten, immer im Schatten der Königin zu stehen, bei öffentlichen Auftritten immer ein paar Schritte hinter ihr zu laufen, von der »eines Mannes unwürdigen Abhängigkeit« von der Apanage seiner Frau et cetera.

Die Frau eines Königs nennt man Königin, beklagte der Prinz, doch der Mann einer Königin bleibt immer nur ein Prinz. Anfang des Jahrtausends riss ihm der Geduldsfaden: Beim Neujahrsempfang für das diplomatische Corps musste Henrik zusammen mit Prinz Frederik die kranke Königin vertreten. Als Frederik sich bei seiner Rede, der protokollarischen Stellung gemäß, vor seinem Vater platzierte, reichte es Prinz Henrik. Er zog sich auf sein Schloss in Südfrankreich zurück und verweigerte alle weiteren Termine. Er ließ vermelden, dass er sich missachtet und gekränkt fühle, seinen jahrzehntelangen Einsatz für Dänemark nicht gewürdigt sehe. Königin Margrethe reagierte umgehend und reiste mit den beiden Söhnen nach Frankreich. In einer eilig anberaumten Pressekonferenz demonstrierte die Familie Harmonie. Die Botschaft: »Nichts ist faul im Staate Dänemark!« Der so Umgarnte kehrte umgehend zurück in den Schoß der Familie.

2005 setzte Henrik den Titel Prinzgemahl auch offiziell durch. Es gibt nur zwei, die diesen Titel tragen: ihn und Prinz Philip in England. Letzterer spielt seine Rolle an der Seite der Queen mit stoischer Gelassenheit: Er sei ja nur eine Amöbe. Prinz Claus, der deutsche Mann von Hollands Königin Beatrix, hatte da mehr Schwierigkeiten. Unter den Zumutungen seiner Bestimmung entwickelte er handfeste Depressionen. Sein Schwiegervater Prinz Bernhard, deutscher Gatte der Königin Juliana, entkam der Identitätskrise mit Hilfe hübscher Freundinnen und teurer Hobbys. Prinz Henrik aber suchte die Öffentlichkeit und fand am Ende viel Verständnis. Heute hat er sich, so scheint es, halbwegs arrangiert – mit der Königin und seiner Rolle. Und da er nun auch an Demenz leidet, wünschen wir ihm, dass er die Jahre, die ihm bleiben, noch genießen kann, so gut es eben geht – umsorgt von seiner Frau.

»Ich weiß natürlich, dass ich ungeheuer privilegiert bin und sehr viel Glück im Leben habe«, sagte uns die Königin. Über die Jahre ist sie sichtbar souverän geworden, auch im Umgang mit den Medien. Hofbeobachter sagen, sie habe ein persönliches Frühwarnsystem, ahne, wann es ein Problem gibt. Seit die allseits beliebte Schwiegertochter Kronprinzessin Mary zur Familie gehört, hat Margrethe ihre eigene Feuerwehr. Brennt es irgendwo, wird die schöne Neuerwerbung hingeschickt, und die Sache ist bereinigt.

Dabei sah es lange Zeit so aus, als ob Kronprinz Frederik Probleme hätte mit der Rolle, die ihm nun einmal bestimmt war. Als Teenager erklärte er, dass er am liebsten gar nicht König werden wolle, sondern Fischer. Schlagzeilen machte er als junger Mann mit Alkoholgeschichten, Partys und diversen Frauen: »Ich stoße meine Hörner ab und kompensiere meine Kindheit.«

Frederik bekannte sich öffentlich dazu, durch die häufige Abwesenheit seiner Eltern unter Einsamkeit gelitten zu haben. Die Königin gestand, nicht besonders gut im Umgang mit kleinen Kindern zu sein. Der Erziehungsstil von Königin und Prinzgemahl geriet zum Diskussionsstoff. »Man sagt, wen man liebt, den züchtigt man. An deiner Liebe haben wir nie gezweifelt«, erklärte Kronprinz Frederik seinem Vater vor den Kameras der Welt bei dessen Silberhochzeit. Der reagierte mit einem herzhaften Lachen. Henrik hatte Kindererziehung mit der Aufzucht kleiner Hunde verglichen. Beide brauchten schließlich, so der Prinzgemahl, eine strenge Hand.

Zeitweise habe er sogar an Selbstmord gedacht, offenbarte der sensible Thronfolger später. Dann aber raffte er sich auf, zur langen Suche nach sich selbst. Er durchlief beim Militär die härtesten Ausbildungsgänge, wurde Fallschirmspringer, Kampftaucher, Elitesoldat einer Spezialeinheit. Vier eisige Monate lang durchquerte er mit einem Hundeschlitten Grönland. Und so trug er denn bei seinem ersten Marathon ein T-Shirt mit der Aufschrift: »Schmerz ist nur Schwäche, die den Körper verlässt.« Uns gegenüber gab er offen zu, dass ihn diese Härte von seiner Depression befreit habe.

Der Suche nach sich selbst folgte die noch schwierigere Suche nach der richtigen Frau – auf der Strecke blieben unter anderem Unterwäschemodels, eine Sängerin, ein Mannequin. Allesamt für die Königin nicht akzeptabel. Am anderen Ende der Welt, bei den Olympischen Spielen 2000 in Sydney, lernte Frederik die Frau kennen, die ihm offenkundig innere Ruhe schenkte: Mary Donaldson aus Tasmanien.

So offen, wie der Kronprinz mit der traurigen Geschichte seiner Kindheit umgeht, erzählt er auch von der emotionalen Sicherheit, die ihm seine junge Frau gibt. »Mit meiner Hochzeit begann für mich ein neues, besseres Leben«, erklärte er uns. Frederik bringt seinen Sohn per Fahrrad in den Kindergarten, beide Eltern machen, und das ist bei Royals revolutionär, das Frühstück selbst, sie wechseln, betonen sie, eigenhändig die Windeln. Die Botschaft heißt: Wir sind ein modernes Ehepaar. Bei so viel Popularität fällt es ein wenig leichter, einer hin und wieder bösen Presse zu begegnen: Die Kopenhagener Zeitung *Ekstra Bladet* suggeriert ihren Lesern immer wieder gerne, die Herausforderungen eines Thronfolger-Daseins lägen vor allem in ausgedehnten Ferienreisen, exklusiven Segelregatten und der Pflege eines opulenten Wagenparks. Und natürlich sagt der Kronprinz, das sei alles überhaupt nicht wahr.

Auch die Königin bekommt manchmal ihr Fett ab. In der Wirtschaft würde niemand eine »gichtgeplagte, kettenrauchende Frau im reiferen Pensionsalter als administrativen Direktor einstellen«, heißt es da. Überdies habe sie ja sichtlich keine Lust mehr.

Unsereiner kann aus eigenem Erleben widersprechen: Diese Frau ist alles andere als amtsmüde. Ihre Popularität ist ungebrochen. Eine Abdankung, sagte uns Margrethe, sei in der Tradition des dänischen Königshauses überhaupt nicht vorgesehen: »Man bleibt auf seiner Stange sitzen, bis man runterfällt!« Eine Tradition, die uns beflügelt, auch in eigener Sache.

Am Ende steht natürlich jene Monarchie, die uns zuverlässig Stoffe liefert, die Geschichte machen. Elizabeth II. von England ist Symbol lebendiger Geschichte. Sie verbindet die britische

Nation geradlinig mit den letzten tausend Jahren ihrer Vergangenheit. Das hebt sie heraus und nährt ihren Mythos.

Selbstverständlich haben weder sie noch ihr Gemahl noch ihre Kinder uns, den bloody Germans, irgendwelche Interviews gegeben – obwohl ja die Familie Windsor selbst aus deutschem Blut ist. Doch im Umfeld dieser Royal Family ist so viel Kompetenz versammelt, vom Butler bis zum königlichen Kämmerer, dass wir uns stets bestens informiert fühlten.

Ihre eigentliche Heimat ist nicht der Buckingham-Palast. Ihre eigentliche Heimat ist der rote Teppich. Einen Großteil ihrer Zeit verbringt die Queen mit Händeschütteln. Wer sich's mit ihr dauerhaft verderben will, der drückt die königliche Hand zu fest. Obwohl ihr ein Empire abhandenkam, ist sie noch immer Landesmutter großer Teile der gesamten Menschheit, inklusive Kanada, Neuseeland und Australien. Dabei war sie nicht von Geburt dazu bestimmt. Wir alle kennen die Geschichte, wie sie, wegen der Abdankung des Onkels und der Übernahme ihres Vaters, Jahre später selber auf den Thron kam.

Dass sich Elizabeth als Lebenspartner ausgerechnet Philip ausgesucht hat, traf bei ihrem Herrn Papa zumindest anfangs auf gehörige Ablehnung. Dieser junge, gut aussehende Marineoffizier war nicht nur arm wie eine Kirchenmaus, er führte auch eine für die damalige Zeit geradezu ausschweifende Existenz. So gab Georg VI. seiner schwer verliebten Tochter den Rat: »Vergiss nicht, er ist Seemann. Die laufen nur bei Ebbe ein.« Doch die Prinzessin setzte ihren Willen durch. Freunde des Paares erzählen, Philip sei der einzige private Luxus gewesen, den Elizabeth sich je gegönnt habe.

Freilich kam der junge Philip in den ersten Jahren seiner Ehe mit der Rolle eines arbeitslosen Prinzen alles andere als gut zurecht. Protokollarisch trat er oft, wohl auch bewusst, in die vorhandenen Fettnäpfchen. So sagte er etwa britischen Austauschstudenten in China, sie sollten bloß aufpassen, dass sie keine

Schlitzaugen bekämen. Und gegenüber Alfredo Stroessner, dem deutschstämmigen Diktator Paraguays, meinte er, wie angenehm es doch sei, sich in einem Lande zu befinden, das nicht vom Volk regiert werde.

Vor zuverlässig folgender Kritik floh Philip anfangs gern in fremde Arme. Falls Elizabeth davon erfuhr – und eine Queen erfährt ja alles, wenn sie will –, dann trug sie es mit Fassung, litt diskret und schwieg.

»Never complain, never explain«, lautet eine alte Königsweisheit. Elizabeth II. hält sich strikt daran. Eine Scheidung kam für sie zu keiner Zeit infrage. Selbst ein Streit in der Öffentlichkeit war nach dem Royal Marriages Act verboten.

Ist es Liebe? Elizabeth und Philip akzeptieren einander so, wie sie sind. Zur Goldenen Hochzeit 1997 dankte er ihr mit den Worten: »Ich denke, wir haben die wichtigste Lektion gelernt. Zu den wichtigsten Bestandteilen einer glücklichen Ehe gehört Toleranz.« Und mit einem Augenzwinkern fügte er hinzu: »Glauben Sie mir – Toleranz mir gegenüber besitzt die Queen im Überfluss.«

Bei all dem haben Philip und Elizabeth mitunter ihre eigenen Kinder »draußen vor der Tür« gelassen. Insbesondere der sensible Thronfolger Prinz Charles fühlte sich von seinen Eltern, wie er später öffentlich zu Protokoll gab, »emotional entfremdet«. Und von daher darf man sich nicht wundern, dass die Ehen dreier Kinder dieses Paares in die Brüche gingen.

Ich zumindest hatte immer große Sympathien für Prinz Charles – zum einen, weil er ebenfalls im Jahr 1948 auf die Welt kam, zum anderen, weil er ebenso wie ich eher amateurhaft Cello spielte. Und so stand ich in den Auseinandersetzungen mit seiner Frau Diana auf der Seite meines Jahrgangskameraden.

Der Tagesablauf der Queen im Buckingham-Palast ist meist geprägt von routinierter Disziplin. Jeden Morgen um Punkt acht wird sie von ihrer Kammerdienerin mit einer Tasse Tee geweckt. Nach der Toilette trifft sie dann im Frühstückszimmer auf Prinz Philip, der sie, wie die Dienerschaft berichtet, gerne mit den Worten »Morning, sausage!« (»Guten Morgen, Würstchen!«) begrüßt.

Menschen, die ihr näherstehen, schildern sie als teilnahmsvoll und durchaus herzlich. Sie habe einen durchweg britischen Humor. Bei einem Empfang auf den Bahamas, wo sie ebenso als Staatsoberhaupt fungiert wie in Papua-Neuguinea, nahm ihr Gastgeber einen Bleistift aus der Tasche, um seinen Cocktail umzurühren. Da sagte die Queen: »Das ist in unserer Gegenwart ja ganz in Ordnung, aber was machen Sie in gehobener Gesellschaft?«

Die Queen ist eine Pferdenärrin. Vor ihrem Deutschlandbesuch im Jahr 1965 hatte sie ausdrücklich um einen Besuch in Marbach gebeten. Nachdem sie eine Tour durch Altstadt, Schiller-Nationalmuseum und Literaturarchiv überstanden hatte, fragte sie enttäuscht: Und wo sind die Pferde? Zu spät kamen die Gastgeber darauf: Hier lag eine Verwechslung vor! Nicht Marbach am Neckar hatte sie besichtigen wollen, sondern Marbach auf der Schwäbischen Alb mit dem berühmten Pferdegestüt! So gesehen, erhält das Philip zugeschriebene Zitat, die Queen interessiere sich im Grunde nur für Lebewesen, die gleichzeitig Gras fressen und furzen können, ein besonderes Gewicht.

»Man muss immerzu lächeln«, hat Elizabeth einmal ihre Arbeit beschrieben. Dabei gab es Zeiten, in denen ihr nicht nach Lächeln zumute war. In den Neunzigerjahren stand ihr Königtum fast vor dem Scheitern. Beim Zusammenbruch der Ehe von Charles und Diana wurden peinliche Details vor aller Ohren kolportiert. Die Nachricht vom Tode Dianas löste weltweit eine Welle kollektiven Mitgefühls aus. Ganz Britannien wurde von einer »Hysterie der Trauer« erfasst. Und weil die Queen in Schottland blieb und die Fahne auf dem Buckingham-Palast nicht auf halbmast setzen ließ, wurde sie massiv kritisiert. Die Anfeindungen erschütterten die Grundfesten der Monarchie.

Wie stets in Krisenzeiten versuchte Elizabeth an dem festzuhalten, was ihr Sicherheit gab: dem Hofprotokoll und der Etikette. Doch offenbarte sich darin, wie weit sie sich von ihrem Volk entfernt hatte. Das empfand ihr Verhalten als verstörend. »Wo ist die Königin, wenn das Land sie braucht?«, fragte eine Zeitung empört.

Erst am Vorabend der Beerdigung, fünf Tage nach Dianas Tod, traf Elizabeth in London ein. Die Stimmung, die ihr entgegenschlug, war erschreckend feindselig. Regierungschef Tony Blair musste die Queen zu einer Live-Ansprache im Fernsehen regelrecht überreden. Und so entschied Elizabeth am Ende widerstrebend, ihre vormalige Schwiegertochter wie eine Königin zu Grabe zu tragen.

Doch auch danach steckte die britische Monarchie in einer tiefen Krise. Immer öfter wurden Stimmen laut, die den Sinn des Königshauses vehement infrage stellten. Elizabeth wurde schmerzlich bewusst, wie sehr ihr Königtum von der Zustimmung des Volkes abhing.

Und so wurde bald nach Dianas Tod ein Team von PR-Beratern installiert. Der Befund war klar: Die Queen musste ihr Image »vermenschlichen«. Schritt für Schritt gelang es den Profis, die Königin »volksnah« zu machen: Besuch im Schuhgeschäft, Besichtigung einer Frikadellenbraterei, Teestunde bei einer Schlaganfallpatientin.

Heute hat sich das Verhältnis der Bevölkerung zur Königin entspannt. Die Untertanen sind versöhnt. Demzufolge denkt Elizabeth II. gar nicht daran, abzutreten. Zwar antwortete sie einer Schülerin auf deren Frage »Wie lange bist du denn schon Königin?«: »Viel zu lange!« Doch ein vorzeitiger Rückzug wäre für die Queen wie eine Fahnenflucht. Und denken wir daran: Sie hat gute Gene. Ihre Mutter, die Queen Mum, wurde 101.

Und mitunter ist es auch mal andersherum, dann trifft die Reformbereitschaft Ihrer Majestät auf das störrische Beharren ihrer Untertanen. So war die Königin bereit, auf ein altes Gesetz aus dem 14. Jahrhundert zu verzichten, nach dem alle Walfische und Störe, die im und um das Königreich gefangen werden, Eigentum der Krone sind. Dabei ging es vor sieben Jahrhunderten nicht mal um die königliche Küche, sondern um die Kemenate und den dortigen Bedarf an Fischbein-Korsetts. Dieser Bedarf besteht nicht mehr. Das Unterhaus hat diese Vorschrift deshalb aufgehoben. Doch das Oberhaus hat alles wieder rückgängig gemacht. Und so gehören alle Walfische und Störe an den Küsten Großbritanniens nach wie vor der Queen!

Heute, da der Insel die Abspaltung von der Europäischen Union bevorsteht, ist das Königshaus am ehesten die Klammer für Zusammenhalt. Das United Kingdom sei der Klebstoff, der verbindet, sagt die Queen. Nur mit ihm »sind wir mehr als nur die Summe unserer Fragmente«.

Das ist nicht der Schwanengesang eines absterbenden Clans! Auch kein Angebot zur Güte an ein rebellisches Volk. Es trifft vielmehr die tiefe Sehnsucht vieler Briten, bei allem Trubel der Moderne die Familie zu bleiben, als die man sich im Abglanz der Krone gern gesehen hat. Und darin liegt auch das Geheimnis der Queen of England: Sie ist zum Herzstück eines eigenen elisabethanischen Zeitalters geworden. Die Königskinder Charles und Camilla, William und Catherine werden diese Chance nicht mehr bekommen. Die Geschichte hält für sie ganz andere Aufgaben bereit.

Was lernen wir aus alledem? Gerade auf den Schultern von Europas Königskindern – ganz im Gegensatz zu Thailand oder Japan – lastet die Verantwortung, den Fortbestand der Herrscherhäuser zu gewährleisten. »Des Königtums Mysterium ist sein eigentliches Leben. Wir dürfen kein Tageslicht eindringen lassen in seine Magie«, forderte noch 1867 der britische Staatsrechtler Walter Bagehot. Tatsächlich wurden die Privatgeheimnisse der Monarchien über die Jahrhunderte hinweg meist mehr oder minder diskret gewahrt. Nur wenigen gelang es, Einblicke in das vermeintlich unbeschwerte Leben hinter den Palastmauern zu nehmen.

Das ist vorbei. Die Königskinder der Moderne haben längst begriffen, dass die Zukunft ihrer Herrscherhäuser auch von ihrer Beliebtheit abhängt. Für ihre Ahnen hatte es gereicht, von Gottes Gnaden zu regieren. Heute sind auch die Monarchen nur durch ihre Völker legitimiert. Und wie Politiker und Wirtschaftsführer müssen auch die modernen Royals heute für ihr Haus rund um die Uhr Öffentlichkeitsarbeit betreiben. »Ein Königshaus muss wie eine Firma geführt und wie eine Marke gepflegt werden«, beschrieb die Kronprinzessin Dänemarks, die Werbefachfrau Mary aus Tasmanien, passend die Situation. Dabei geht es nicht nur um bloße Repräsentation, sondern immer auch um einen Gleichklang mit der Zeit. Und dennoch dürfen sich die Königskinder ihrem jeweiligen Volk nicht anbiedern. Ein Restbestand Magie muss immer mitschwingen, um das royale Märchen halbwegs aufrechtzuerhalten. Will die Monarchie im 21. Jahrhundert überleben, muss sie den Spagat zwischen Kontinuität und Flexibilität, zwischen Popularität und Mythos bestehen.

Die Monarchen von morgen sind darauf vorbereitet. An den Universitäten in Europa und den USA haben sie meist Recht, Geschichte, Politik und Wirtschaftswissenschaft studiert, sie haben eine militärische Ausbildung absolviert und mehrere Sprachen gelernt. Während ihre Vorfahren meist von Privatlehrern und Gouvernanten großgezogen wurden, wächst das Königskind von heute so »normal« wie möglich auf, besucht häufig öffentliche Schulen – und sucht sich seinen Lebenspartner selbst aus. Was vor sechzig Jahren fast undenkbar schien, ist heute Alltag: Bürgerliche Geliebte, ob weiblich oder männlich, werden nicht mehr versteckt, sondern geheiratet. Liebe adelt. Ist die genetische Verbindung mit den ehemals gemeinen Untertanen, mit dem Volk, der Silberstreif am Horizont der Monarchie? Gewiss: Das alte Märchen von dem Aschenputtel, das Prinzessin wird, ist mehr denn je reale Möglichkeit. Und mehr denn je sind Königshäuser heute in der Lage, gerade in so turbulenter Zeit, die Menschen zu faszinieren. Ihre Hochzeiten und Taufen sind TV-Ereignisse, die Millionen vor den Bildschirm bannen. Davon haben wir für unsere Dokus profitiert. Und das soll bitte sehr so bleiben.

»Wer bist du, woher kommst du?«

»Die Deutschen« und ihr Weg

Am Anfang war die Uridee.

Bei keiner anderen Sendereihe oder Sendung war der zeitliche Abstand zwischen allererstem Konzept und Sendebeginn so groß wie bei unserer ZDF-Reihe »Die Deutschen«. Angedacht hatte ich sie bereits im November 1984. Gesendet wurde sie vierundzwanzig Jahre später, ab November 2008. Das Urkonzept sah vierundzwanzig Folgen vor, gesendet wurden zwanzig. Warum um Himmels willen dauerte es so lang?

Als ich das erste Papier vorlegte, hatte ich gerade einmal sieben jährliche Termine im Abendprogramm. Damit konnte man Programmereignisse markieren, aber keine großen Serien produzieren. Außerdem endete meine Zuständigkeit mit dem Beginn des 20. Jahrhunderts. Eine meiner unvergesslichen Erinnerungen ist ein Abstimmungsgespräch über die Zuständigkeit der neu gegründeten Redaktion »Zeitgeschichte«. Es war ein Freitagnachmittag im September 1984, als ich mit dem damaligen Kulturchef und dem Chefredakteur Appel in dessen Büro zusammensaß. Der Kulturchef hatte kein Interesse daran, dass ich das gesamte 20. Jahrhundert abdeckte. Denn die Zuständigkeit für ältere Geschichte lag bei ihm. Es war wie auf dem orientalischen Basar. Sein Eröffnungsangebot sah vor, dass Zeitgeschichte erst nach 1945 beginnen sollte. Ich wiederum erklärte, dass in Großbritannien »Contemporary History« schon ab 1832 beginnt und »Histoire contemporaine« in Frankreich sogar bereits ab 1789.

Die Gebote der jeweils anderen Seite wurden natürlich mit dem Ausdruck des Entsetzens aufgenommen. Reinhard Appel forderte den Kompromiss, weil er als alter Bonner freitagnachmittags nach Hause wollte. Wir landeten am Ende bei 1917. Das Jahr der Russischen Revolution und des Eintritts Amerikas in den Krieg sollte künftig die Grenze zwischen Zeitgeschichte und Geschichte markieren – zumindest im ZDF. Damit konnte ich leben. Doch im Lauf der Jahre ist es uns peu à peu gelungen, in der Primetime auch den Anfang des Jahrhunderts filmisch zu behandeln und dann immer wieder kleine Ausflüge ins 19. Jahrhundert zu unternehmen. Bei unserer Reihe »History« gab es ohnehin keine Schranken. Bis zum Neandertaler hin stand uns alles offen. Außenstehende mögen das für ziemlich seltsam halten: Aber in einer ordentlichen öffentlich-rechtlichen Anstalt sind Fragen der Zuständigkeit lebenswichtig, manchmal sogar überlebenswichtig.

Doch der eigentliche Durchbruch konnte nur gelingen, wenn sich Zeitgeschichte und Geschichte zu einer Aktionseinheit zusammenschlossen. Dies geschah erstmals 2003, als wir unsere Ressourcen für das Projekt »Unsere Besten« kombinierten. Das gelang so gut, dass Kulturchef Peter Arens und ich entschieden: Jetzt wagen wir uns gemeinsam an das große Projekt »Die Deutschen«. Wer, wenn nicht wir? Wann, wenn nicht jetzt?

Wie aber gliedert man zehn Jahrhunderte deutscher Geschichte – für eine erste Staffel von zehn Folgen? Uns erschien es sinnvoll, die prägenden historischen Gestalten mit den Wendepunkten ihrer Zeit in Verbindung zu bringen. Und wir wollten einen weiten Bogen schlagen, der unseren Zuschauern die großen Linien der deutschen Geschichte nahebrachte.

Uuana pistu? Uuer pistu? Woher bist du? Wer bist du? Diese Sätze zählen zu den ältesten überlieferten der deutschen Sprache. Sie sind bezeichnend. Denn Fragen wie »Wer sind die Deutschen? Woher kommen sie? Wohin führt ihr Weg?« sind ein

ständiger Begleiter unserer Geschichte. Sie stehen für die altbe-
kannte deutsche Suche nach sich selbst. Und auch für die lange
unerfüllten Hoffnungen und Ziele unserer Geschichte: Einheit,
Freiheit, Frieden.

Anders als zum Beispiel Briten und Franzosen glückte es den
Deutschen bis weit ins 19. Jahrhundert nicht, in einem geeinten
Staat zu leben. Immer gab es Kräfte, die mal spalteten, mal ein-
ten. Mal wuchsen Gebiete zusammen, mal wurden sie wieder
getrennt. Mal gelang es, ein Machtzentrum zu bilden, mal wurde
es wieder zerschlagen. Von Anfang an war Deutschland ein Gebiet der Stämme und Regionen, die eifersüchtig auf ihre Eigen-
ständigkeiten achteten. Nicht nur die Bayern! Aber diese Viel-
falt macht ja auch den kulturellen Reichtum Deutschlands aus.

Zum ersten Mal verstanden sich die vier Urstämme auf deutschem Boden – Baiern, Franken, Schwaben und Sachsen – im
Jahr 955 als Schicksalsgemeinschaft, hervorgerufen durch den
Widerstand gegen eine aggressive Macht von außen. Immer
wieder waren die Ungarn zu räuberischen Streifzügen in das
ostfränkische Reich Ottos I. eingedrungen. Nun aber stellten sich in der legendären Schlacht auf dem Lechfeld Abord-
nungen der Stämme den Angreifern entgegen, besiegten sie –
und empfanden sich zum ersten Mal als Einheit, eine Vorstufe
der Deutschen. Eine Niederlage Ottos oder auch sein Tod auf
dem Schlachtfeld hätten wohl dazu geführt, dass das Reich wieder in die Organisation der einzelnen Stämme zurückgefallen
wäre. Der Sieg jedoch verschaffte ihm eine anerkannte Stellung
in ganz Westeuropa. All das war Thema unserer ersten Folge:
»Otto und das Reich«. Otto I. ließ sich später in Rom vom Papst
zum Kaiser krönen und blieb mit seinem Heer über anderthalb
Jahrzehnte in Italien. Dort wurden die Männer aus dem Norden,
ob Franken oder Sachsen, pauschal »tedeschi« genannt, »Deutsche«, in Anlehnung an das germanische Wort »diutisk«, »dem
Volke zugehörig«. Und ganz allmählich nannten sie sich sel-

ber so. Es waren also eigentlich die Italiener, die den Deutschen ihren Namen gaben.

Doch die Herzöge der Stämme schützten weiter ihre Eigenständigkeit. Sie wählten den König und regierten praktisch mit. Das sollte bis zum Ende des alten »Heiligen Römischen Reiches Deutscher Nation« so bleiben. Die Kaiser wurden von den Kurfürsten gewählt – auch wenn jahrhundertelang die Habsburger die Kaiserwürde praktisch vererbten. Der neue Imperator auf dem Thron musste immer erst von den wählenden Fürsten bestätigt werden.

Diese föderale Eigenmacht besteht im Grund bis heute fort und ist eine deutsche Tradition. Denken wir nur an die Macht der Bundesländer! Gegen die kann in Berlin keiner und keine regieren. Otto I. hatte seine Probleme mit den Herzögen, Angela Merkel hat ihre mit den Ministerpräsidenten der Bundesländer. Nur wurden die Konflikte damals mit dem Schwert entschieden, heute mit dem Geldbeutel. Wir waren ein Land der Stämme, und wir sind ein Land der Länder.

Dennoch: Seit Mitte des 10. Jahrhunderts bildete sich immer mehr eine gemeinsame Identität heraus. Es war die Sprache, die das Fundament dazu legte. Auch wenn sich die Deutschen damals in Dialekten unterhielten – Otto I. soll auf dem Reichstag zu Regensburg deutlich gesächselt haben –, so verstanden sie einander doch.

Freilich musste sich der deutsche König im Mittelalter nicht nur gegen die Ansprüche der Fürsten wehren. Seit Otto I. stand der Monarch auch in der Tradition der römischen Kaiser und galt als Schutzherr der Christenheit. Die Frage, ob der Papst über dem Kaiser steht oder der Kaiser über dem Papst, geriet jahrhundertelang zum zentralen Machtpoker. Der Gang Heinrichs IV. nach Canossa 1077 war dabei der Wendepunkt. Von nun an konnte der Kaiser den Papst nicht mehr als Marionette seiner Ansprüche behandeln. Dies war das Thema unserer zweiten Folge »Heinrich und der Papst«. Freilich rettete Heinrich mit seinem »klugen Schachzug« auch das Überleben der salischen Dynastie. Wenn der Monarch sich nicht pro forma unterworfen hätte, hätte womöglich der deutsche Hochadel das einigende Band gelöst, das das »regnum teutonicum«, das Reich der Deutschen, zusammenhielt. Indem sich Heinrich selbst erniedrigte, bewahrte er sein Königtum. Das Ringen endete mit einem Kompromiss im Wormser Konkordat. Heinrich verzichtete auf die Einsetzung der Bischöfe in ihr geistliches Amt. Im Gegenzug erlaubte ihm der Papst, ebendiese Bischöfe weiterhin in ihre weltlichen Herrschaftsrechte einzusetzen. So wurden im Lauf der Jahrhunderte, neben den Herzögen, auch die Bischöfe zu weltlichen Partnern des Königs und Kaisers und schufen so jene föderale Struktur, die mehr oder weniger bis heute besteht.

Die dritte Folge unserer Reihe widmete sich ganz der Rivalität zwischen Kaiser Friedrich I. und Heinrich dem Löwen, Herzog von Sachsen und Bayern: »Barbarossa und der Löwe«. Zwar verkörperte der Staufer im 12. Jahrhundert den Höhepunkt des mittelalterlichen deutschen Kaisertums – als sagenhafte Gestalt ist »Kaiser Rotbart lobesam« zum Mythos deutscher Kaisermacht geworden. Doch sein Name steht zugleich für deren Niedergang. Gerade weil er seinen Machtanspruch auch in Italien durchsetzte, erstarkten im heimischen Deutschland die Herzöge, vor allem Heinrich der Löwe. Während Barbarossa in Italien seinen Herrschaftsanspruch gegen aufmüpfige selbstbewusste Städte durchzusetzen suchte, eroberte der Löwe neue Ostgebiete für das Reich (und auch für sich) und mehrte seinen Reichtum. Freilich wurde er gestürzt und musste emigrieren, weil er dem Kaiser seine Unterstützung in Italien vorenthielt. In dieser Zeit entwickelte sich auch die deutsche Sprache – und ihre Lyrik. Walther von der Vogelweide schrieb Jahre später seine unsterblichen Verse. Und unter Barbarossa entstand der Name »Heiliges Römisches Reich«. Tatsächlich war es weder heilig noch römisch noch ein Reich im eigentlichen Sinn.

Schließlich war es ein einfacher Mönch, der wie kein anderer die Deutschen geeint und geteilt hat: Martin Luther. Es begann Anfang des 16. Jahrhunderts mit einer Revolte im Zeichen des Glaubens. Doch auch politisch katapultierte der Reformator die Deutschen in ein neues Zeitalter. Er übersetzte die Bibel ins Deutsche, verbreitete damit Sprache und Wissen, setzte wesentliche Ankerpunkte für ein nationales »Wir«-Bewusstsein und hinterließ zugleich einen tiefen Riss. Wir nannten unsere vierte Folge deshalb »Luther und die Nation«. Am Ende stand ein neues Selbstgefühl der Deutschen als Nation, aber auch ihre Spaltung im Glauben – katholisch oder evangelisch. Dies sollte den Lauf der Geschichte entscheidend prägen.

Die Auseinandersetzungen mündeten in den schrecklichsten aller Kriege auf deutschem Boden: den Dreißigjährigen Krieg, der die Bevölkerung dezimierte, das Land verwüstete und Deutschland zum Schlachtfeld europäischer Nachbarmächte machte. Am Anfang war es Wallenstein, der Feldherr des katholischen Kaisers, der das Rad der Geschichte zurückdrehen und im Zuge der Gegenreformation den Protestantismus beseitigen wollte. Ihm widmeten wir unsere fünfte Folge: »Wallenstein und der Krieg«. Doch in den Schrecken des Krieges gewann der Generalissimus, so nannte man ihn, die Einsicht, dass nur ein Ausgleich zwischen den Mächten und den Religionen Frieden bringen konnte. Das war nicht allen recht. Wallenstein wurde 1634 umgebracht. Doch die Einsicht überlebte: Die deutsche Frage konnte nie nur von den Deutschen allein gelöst werden. Sie war immer auch eine europäische.

Nach dem schlimmen Krieg krankte das Reich an seinem Zwiespalt, politisch und konfessionell. Geografisch war es in Hunderte von souveränen Fürstentümern zersplittert. Und weil die Mitte schwächelte, erstarkten die Ränder. Mit dem Erwachen Preußens, neben Österreich, änderte sich das Gleichgewicht auf deutschem Boden. Der sogenannte Dualismus beider Mächte im 18. Jahrhundert – anschaulich verkörpert durch ihre Herrscher Friedrich II. und Maria Theresia – läutete das Ende des alten Reiches ein und bestimmte die deutsche Geschichte bis zur Mitte des 19. Jahrhunderts. Wir nannten diese Folge »Preußens Friedrich und die Kaiserin«.

Es war ausgerechnet ein fremder Kaiser, der die Deutschen zur Einigung trieb. Frankreichs Jahrhundertherrscher Napoleon katapultierte die Deutschen durch Eroberungen und Reformen in ihr nationales Zeitalter. Kein anderer zuvor hatte mehr dazu beigetragen, dass die Deutschen zueinander fanden. Auch wenn dies vor allem geschah, um Napoleon loszuwerden. Was ihm gelang, hatte keiner zuvor erreicht: die politische Erweckung der »deutschen Nation«. In den Befreiungskriegen gegen den Kaiser entstand ein neues »Wir«-Gefühl. Immer mehr Deutsche empfanden sich im 19. Jahrhundert als eine durch Sprache, Kultur und Geschichte verbundene Nation, die künftig unter ein Dach gehöre. Unsere Folge nannten wir entsprechend »Napoleon und die Deutschen«.

Nach dem Sieg über den Usurpator wurden die Hoffnungen des aufkommenden deutschen Bürgertums auf Einheit und Freiheit allerdings enttäuscht. Die alten Mächte etablierten sich erneut im Deutschen Bund.

Doch der Traum von Einheit und Freiheit erlosch nicht. Auf dem Hambacher Fest 1832 forderten deutsche Demokraten nicht nur bürgerliche Freiheit für die Deutschen, sondern ebenso auch für die anderen Völker in einem vereinten Europa. Patriotismus ohne Überheblichkeit, Nationalbewusstsein ohne Nationalismus. Die Lauterkeit und Weitsicht dieser Forderungen macht uns heute stolz.

Die Stunde der Wahrheit kam 1848. Im März dieses Jahres brach in mehreren deutschen Städten die Revolution aus. Bürger und Handwerker erhoben sich, erzwangen die Einsetzung liberaler Regierungen und Wahlen zu einer Nationalversammlung. Die frisch gewählten Abgeordneten der Frankfurter Paulskirche wollten es besonders gut machen – und erstickten damit das Momentum der Veränderung. Was wäre den Deutschen in dem mörderischen 20. Jahrhundert erspart geblieben, wäre diese schwarz-rot-goldene Revolution geglückt? Die Abgeordneten der Paulskirche, sie scheiterten an ihrer eigenen Zerrissenheit. Während sie in tiefgründigen Spiegelfechtereien – es waren viele Professoren unter ihnen – nach der absolut perfekten Verfassung strebten, wuchs die Macht erneut den Fürsten zu. Bezeichnend für all das war der Verrat des preußischen Königs, der sich zu Beginn des Umsturzes ein schwarz-rot-goldenes Zeichen ansteckte, um sein Königtum zu retten, und dabei einem Begleiter zuraunte: »Ist der Wurf gelungen, so lege ich diese scheußlichen Farben gleich wieder ab.« Was er dann auch tat. Der Traum der deutschen Demokraten – er starb durch die Bajonette der Soldaten. Für unsere Folge haben wir einen später hingerichteten Abgeordneten der Paulskirche in den Mittelpunkt gestellt: »Robert Blum und die Revolution«. Zerbrochene Träume – über sie hatte Heinrich Heine geschrieben:

> Franzosen und Russen gehört das Land,
> Das Meer gehört den Briten,
> Wir aber besitzen im Luftreich des Traums
> Die Herrschaft unbestritten.

Die Einheit – sie kam nun von oben. Mit Blut und Eisen ebnete Otto von Bismarck den Weg zum ersten deutschen Nationalstaat – um den Preis der Dominanz von Preußen, um den Preis des Ausschlusses von Österreich und des Fehlens echter Demokratie. Der Deutsche Reich von 1871 war ein Bund von Fürsten. Dennoch jubelten die Deutschen, mit Ausnahme der

Arbeiter und Katholiken. Die äußere Einheit war gelungen, die innere ließ auf sich warten. Doch die Wirtschaft boomte, und sie forderte koloniale Expansion, dem Geist der Zeit gemäß, der raunte, Deutschland werde Weltmacht oder gar nicht sein. Bismarck hatte das von ihm geschaffene Reich für »saturiert« erklärt. Unsere Folge hieß entsprechend »Bismarck und das Deutsche Reich«. Solange der geniale Diplomat das Ruder in der Hand hielt, musste man sich keine Sorgen machen um den Power-Staat inmitten von Europa, der vor lauter Kraft zu bersten schien. Als aber ein neuer junger Kaiser kam, änderte sich die Tonlage.

Hieß es unter Bismarck noch »Wir sind jetzt angekommen«, lautete die Parole unter Wilhelm II. forsch: »Volle Fahrt voraus!« Doch unter seiner Herrschaft waren Bismarcks schwache Nachfolger nicht in der Lage, wirklich mächtige Verbündete an sich zu binden. Und reif genug für einen überlegten Umgang mit der Macht war man schon gar nicht. Das ruhelose Reich, es war zu groß für das harmonische Konzert der Mächte in Europa und zu klein, um über sie zu herrschen. »Wilhelm und die Welt« nannten wir die letzte Folge unseres Zehnteilers. Deutschland, die verspätete Nation, fühlte sich von seinen Nachbarn eingekreist. Tatsächlich hatte es sich selber ausgekreist. Die Folgen sind bekannt. Der Erste Weltkrieg stürzte Europa in den Untergang.

Der Sturmlauf gegen Westen endete schon im Herbst 1914 in einem mörderischen Grabenkrieg. Der übertraf an Grausamkeit, an menschlicher Verrohung selbst die schlimmsten Ahnungen. Im Sommer 1918 war das deutsche Heer am Ende, und die Generäle wussten das. Der Feldherr Ludendorff verlangte am grünen Tisch verzweifelt jenen Frieden, den er den Politikern später vorwerfen sollte. Während Zivilisten nach dem 9. November 1918 die Kastanien aus dem Feuer holten, bastelte der Kriegsdiktator außer Diensten im neutralen Schweden, denn dort hatte er sich hingeflüchtet, an einem bösen Märchen:

an der Lüge von den roten Strolchen, die »das tapfere, im Felde unbesiegte Heer« hinterrücks gemeuchelt hätten – der »Dolchstoßlegende«.

An diesen so skizzierten Folgen haben wir vier Jahre lang gearbeitet. Wir – das waren für das ZDF federführend neben mir Peter Arens und Stefan Brauburger. Die Produktion der Reihe übergaben wir der erfahrenen Gruppe 5, die sich mit aufwendigen Reihen zur Geschichte einen Namen gemacht hatte. Und so trafen wir uns in regelmäßigen Abständen in unserem Konferenzsaal mit deren Machern, an der Spitze Uwe Kersken und Christian Feyerabend. Und mitunter auch, auf halber Strecke zwischen Köln und Mainz, im historischen »Rheinhotel Dreesen« in Bad Godesberg, das selbst schon mehrfach Schauplatz deutscher Geschichte war. Der Rheinische Sauerbraten vom Pferd ist eine Dreesen'sche Spezialität, die ich reinen Herzens jedermann empfehlen kann.

Für die Gestaltung der einzelnen Folgen engagierten wir erfahrene Autoren wie Annette Tewes, Friederike Haedecke, Friedrich Klütsch, Peter Hartl, Friedrich Scherer und Ricarda Schlosshan. Und insgesamt zwanzig wissenschaftliche Berater. Als primus inter pares wirkte dabei Professor Stefan Weinfurter, Mittelalter-Fachmann von der Uni Heidelberg, der die Fähigkeit besitzt, komplexe Sachverhalte verständlich auf den Punkt zu bringen. Sie sorgten dafür, dass die Fakten stimmten. Denn Diskussionen über die formale Gestaltung wollten wir gern führen. Diskussionen über Fakten nicht.

Und natürlich galt es, Schlüsselszenen des historischen Geschehens attraktiv zu rekonstruieren. Denn im Kontext mit dokumentarischen Passagen und den Aussagen von Wissenschaftlern sind Spielszenen in Dokumentationen stets gefährdet, hölzern und gewollt zu wirken. Das probate Gegenmittel sind neben gut geschriebenen Drehbüchern exzellente Schauspieler und erfahrene Regisseure. Beides hatten wir. Doch Qualität fordert ihren Preis. Um die Grenzen unserer Etats nicht zu überschreiten, galt es, Drehorte zu finden, wo etwa die kostenträchtigen Massenszenen preisgünstig und trotzdem packend inszeniert werden konnten. Da fiel die Wahl bald auf Rumänien.

Die rumänische Filmindustrie lag nach dem Ableben des Kommunismus zwar danieder, bot aber für unsere Zwecke immer noch exzellente Möglichkeiten. Zum einen hochbegabte Schauspieler, zum anderen erfahrene Statisten. In meinem ganzen Leben habe ich keinen besseren Bismarck-Mimen gesehen als Vlad Rădescu. Der stellte den Reichsgründer nicht dar – er war Bismarck. Vor den »Deutschen« war Vlad hierzulande kaum bekannt. Doch wenn man mit ihm in Bukarest über die Straße ging, dann schien es fast so, als küssten die Menschen den Saum seines Gewandes.

Und dann natürlich unsere rumänischen Reiter! Die Hundertschaft auf ihren treuen Pferden war imstande, montags als Hunnen friedliche Dörfer zu überfallen, dienstags als muslimische Reiter Spanien zu erobern und mittwochs sowohl als fränkische Ritter die Ungarn abzuwehren als auch als Ungarn fränkische Ritter anzugreifen. Letzteres war nur dann möglich, wenn die Regie zu dem praktischen Mittel der »Crowd Replication« greifen konnte. Damit ließen sich durch digitale Bildbearbeitung aus zehn Reitern hundert machen, sodass man ganze Schlachten schlagen konnte, ohne Tausende Statisten bezahlen zu müssen.

Und was die Dialoge in unseren Spielszenen betraf – sie waren das Ergebnis intensiver Recherchen, von Historikern verbürgt, und folgten dem Gebot, der historischen Realität möglichst nahe zu kommen: Wie ist es aller Wahrscheinlichkeit nach gewesen?

Es waren viele Tausend Stunden, die wir dafür aufbrachten, »Die Deutschen« allesamt so gut und eindringlich zu machen wie nur irgend möglich. Da floss eine Menge Herzblut, und als die Filme fertig waren, hatten alle das Gefühl, etwas Besonderes geschafft zu haben. Für mich war wichtig, unseren Zuschauern das Bewusstsein zu verschaffen, dass es jenseits des »Geschichtsfelsens Nationalsozialismus« Jahrhunderte einer auch kulturell reichen Geschichte gab, die Identität vermitteln konnte.

Ein paar Überzeugungen gefällig? Angesichts der wachsenden Probleme, die die Lage in Europa und der Welt den Deutschen bot, war es wichtig, unseren Zuschauern auch historisch eine Prise Selbstbewusstsein zu vermitteln. Selbstbewusst, so sagte ich, sind um uns viele. Briten sind stolz auf ihre demokratische Tradition und das Weltreich, das sie einst waren, Franzosen auf die Revolution von 1789 und ganz generell natürlich auf »la France«, Italiener auf das ewige Italia, wo ein Drittel aller Weltkunstschätze auf Besucher wartet, Schweizer auf die Eigenständigkeit der Eidgenossenschaft – selbst unsere österreichischen Freunde haben es, ich sage das mit aller Sympathie, ja fast geschafft, das Märchen zu verankern, dass der Herr aus Braunau eigentlich ein Deutscher und der Komponist der 9. Sinfonie im Grunde Wiener sei.

Wir Deutschen aber, faustisch, wie wir sind, dem wahren Guten ebenso verpflichtet wie dem Gegenteil, wir haben uns da schwergetan. Die alte Bundesrepublik war lange Zeit ziemlich stolz darauf, nicht stolz auf sich zu sein – ein postnationales, ganz und gar vernunftgesteuertes Gebilde. Politik ist wesentlich daran gemessen worden, was sie ihren Bürgern finanziell zu bieten hatte. Selbst das Geschenk der deutschen Einheit ist, wenigstens im Westen, weithin nicht als emotionales Ereignis empfunden worden, sondern wurde vielfach unter dem Kostenaspekt betrachtet. Nach einem kurzen Aufflackern von patriotischen Gefühlen wickelten nicht wenige Verantwortliche den Prozess der inneren Vereinigung so nüchtern ab wie die Filialeröffnung einer AOK-Geschäftsstelle. Eine solche bewusst gewollte Armut an Gefühlen war erklärlich – sie war Reaktion auf den Missbrauch von Gefühlen kollektiver Art.

All das hat sich im Sommermärchen 2006 auf wundersame Weise gewandelt. Der fröhliche Patriotismus in den Stadien, auf den Fanmeilen der Republik, die große schwarz-rot-goldene Party haben einer Welt, die staunte, offenbart: Die Deutschen können nicht nur feiern wie die Brasilianer, sie scheinen sich inzwischen selbst zu mögen. Und die Essenz von alledem hat die Feierlaune überdauert. Denn Gefühle sind für Menschen unerlässlich, wer sie unterdrückt, wird krank. Wer sich als Einzelner nicht selbst bejahen kann, der ist für seine Mitwelt kein Vergnügen, sondern eine Last. Ähnliches gilt auch für Völker. Was uns innerlich zusammenhält, das dürfen, ja das müssen wir in Zukunft zuversichtlicher als bislang klären. Was wir deshalb brauchen, ist ein Stück Versöhnung mit der eigenen Geschichte – und das heißt, einer Geschichte, die mehr ist als nur zwölf Jahre Nazizeit.

Das hat mit hohem Stolz nichts zu tun. Nennen wir es besser Selbstbewusstsein, eine unverkrampfte und vor allem weltoffene Neigung, die die anderen nicht herabsetzt. Mir passiert es, dass ich meine zweite Heimat Florida trotz aller Hurrikans genauso mögen, sogar lieben kann wie meine erste Heimat Deutschland oder meine dritte Heimat Ungarn. Ich halte es da gern mit einem Iren. George Bernard Shaw hat mal gesagt: »Eine gesunde Nation ist sich ihrer Nationalität so wenig bewusst wie ein gesunder Mann seiner Knochen. Aber sie sind da.«

Eine solche tolerante Form freut sich an Thomas Mann und Beethoven genauso wie an einem frisch gezapften Kölsch, an mittelalterlichen Marktplätzen, an Siegen unserer Nationalmannschaft und an der friedlichen Revolution in Sachsen – eine solche fröhliche, gelassene Form braucht keine naive Selbstbespiegelung. Denn ihr erwächst die Zuneigung von selbst. Ich bin nicht sicher, ob alle meine Freunde und Kollegen, die an »Die

Deutschen« mitwerkelten, auch solche Intentionen hatten. Doch dass alle einen Akt der Selbstfindung betrieben, war spürbar.

Die Resonanz auf unsere erste Sendung war enorm. Sechseinhalb Millionen Zuschauer sahen »Otto und das Reich«. Und im Verlauf der Reihe waren es im Durchschnitt fünf Millionen. Das war bis dato die besteingeschaltete Dokumentarserie des deutschen Fernsehens im jungen 21. Jahrhundert. Die DVDs waren in den Wochen vor Weihnachten 2008 der absolute Renner. Und aus den Schulen hörten wir, wie unsere Reihe zwischen Bodensee und Flensburg den Geschichtsunterricht prägte. »Die Deutschen« hatten einen Nerv getroffen.

Versteht sich, dass es da auch Nörgler geben musste. Die Feuilletons von *FAZ* und *Süddeutscher Zeitung* sprachen von »historischem Roman« und »Doku-Disco«. Doch *Die Welt* schlug sich auf unsere Seite, die meisten kleineren Blätter ebenso. Und Hans-Dietrich Genscher schrieb in einem offenen Brief: »Die ZDF-Reihe wurde zu einem fesselnden und anregenden Geschichtsbuch ... Der Zuschauer geht zusammen mit den Akteuren noch einmal den langen Weg der Deutschen zu sich selbst, zu Freiheit und zu Einheit. Zurück bleibt er mit dem Bewusstsein, dabei gewesen zu sein und hoffentlich auch daraus gelernt zu haben.« Und der Doyen der deutsch-französischen Verständigung, Alfred Grosser, meinte: »Gerade der achte Teil über Robert Blum hat doch den deutschen Zuschauern klar gezeigt, warum die schwarz-rot-goldene Leitkultur, von Hambach zum Bonner Grundgesetz, das heutige Deutschland beherrschen sollte.«

Tatsächlich hatten wir bei der Gestaltung der Folge über 1848 nicht sofort den Fokus auf eine alle überragende Gestalt legen können: Es gab sie nicht. Erst nach reiflicher Überlegung entschieden wir uns für Robert Blum. Was seine Bekanntheit betraf, so erschien er eher wie ein Mauerblümchen in Gesellschaft großer Namen wie Bismarck, Napoleon oder Friedrich Barbarossa. Doch verdiente wohl allein er den Titel eines Helden.

Der Revolutionär Robert Blum verkörpert in seiner Person, in seinem Wirken, die Werte und die Fundamente, die unsere Demokratie heute tragen. Und doch geriet er fast in Vergessenheit. Was er seinerzeit verfocht, als Außenseiter, das ist heute für uns selbstverständlich: die freie demokratische Verfassung in einem geeinten Land. Robert Blum wurde an einem für die deutsche Geschichte denkwürdigen Tag hingerichtet, am 9. November 1848. Ihm haben wir unsere gesamte Reihe »Die Deutschen« gewidmet.

Alles in allem waren die Reaktionen auf unsere Reihe so positiv, dass es im ZDF bald grünes Licht für unser hoffnungsfrohes Ziel gab, eine zweite Staffel zu produzieren. Denn die deutsche Geschichte war längst noch nicht auserzählt. So gab es nun noch einmal zehn Filme: ein Panorama von Karl dem Großen bis zu Gustav Stresemann, vom Stauferkaiser Friedrich II. über Kaiser Karl IV. und den sächsischen König August den Starken bis zum bayerischen Märchenkönig Ludwig II., vom Revolutionär des Bauernkriegs Thomas Müntzer bis zum kommunistischen Vordenker Karl Marx. Und endlich konnten wir auch zwei Frauen in unsere Reihe aufnehmen: Hildegard von Bingen, die heilkundige Äbtissin, die als Ratgeberin der Reichen und Mächtigen eine Bekanntheit erreichte, die von keiner anderen Frau des Mittelalters überliefert ist. Und Rosa Luxemburg, die als Sozialistin gegen den Kaiserstaat und nach dem Ersten Weltkrieg für eine Revolution focht. Überliefert ist ihr Satz: »Freiheit ist immer die Freiheit der anderen.« Freilich war das auch ein Missverständnis, denn sie meinte Freiheit innerhalb der sozialistischen Bewegung, andere Meinungen zuzulassen. In den Wirren der Kämpfe des Januar 1919 wurde Rosa Luxemburg von Freikorps-Soldaten ermordet.

An Weihnachten 2010 zogen wir Bilanz. Auch in der zweiten Staffel waren »Die Deutschen« ein Zuschauerereignis gewesen. In insgesamt zwanzig Folgen hatten wir eine Zeitreise durch zehn Jahrhunderte deutscher Geschichte absolviert. Für uns war es ein wunderbares Beispiel von gelungener Zusammenarbeit – innerhalb des ZDF, aber auch mit unseren Partnern. Peter Arens, Stefan Brauburger, Uwe Kersken, Christian Feyerabend, um nur einige zu nennen – ihr wart großartig. Für mich war es ganz sicher eine der schönsten Herausforderungen meines beruflichen Lebens. Ich bin froh, dass ich dabei sein durfte.

»Hier geht's nach Süden«

Otto und die anderen

Oft werde ich gefragt: Welche nicht mehr lebende Gestalt in der Geschichte hätten Sie gerne getroffen? Ich sage immer: Otto I. Das wundert die Leute. Die Erklärung ist ganz einfach, denn es hat persönliche Gründe: Ich hätte von Otto gern gewusst, wie es wirklich gewesen ist, bei der Schlacht auf dem Lechfeld. Von dieser berühmten Auseinandersetzung, in der die vereinten ostfränkischen Stämme unter Ottos Führung das Reiterheer der Ungarn schlugen, war ja bereits die Rede. In unseren Schulbüchern werden die Ungarn gern als räuberische Horden aus den Steppen des Ostens dargestellt, die über die armen deutschen Lande herfielen und nach Kräften plünderten, vergewaltigten und mordeten. Ganz schön schlimme Vögel. In den Schulbüchern meiner Frau aber, die ja aus Ungarn stammt, steht das genaue Gegenteil. Da haben die Vorfahren eher friedliche Erkundungsritte Richtung Westen unternommen, um zu gucken, ob von dort Gefahr droht.

Es ist also kein Wunder, dass ich bei der Gestaltung der ersten Folge aus unserer Reihe »Die Deutschen« unter verschärfter innerfamiliärer Beobachtung stand. Gott sei Dank konnte ich mich kreativ aus der Affäre ziehen – zumal zu der Lechfeld-Schlacht nur zwei deutsche und keine ungarischen Quellen existieren. Die ersten schriftlichen Quellen in ungarischer Sprache gibt es erst ab dem 12. Jahrhundert. Trotzdem würde ich Einzelheiten gern mal aus erster Hand erfahren und sage deshalb: Am liebsten hätte ich den guten alten Otto getroffen.

Die Ungarn sind stammesmäßig in Europa nur noch mit den Finnen verwandt. Wie aber die Ungarn zu Ungarn wurden und die Finnen zu Finnen, weiß folgende Geschichte zu erzählen:

Zum Schluss der Völkerwanderung zog der Urstamm aus Sibirien Richtung Westen, und westlich des heutigen Moskau beschlossen die Ältesten: »Wir sind zu viele, wir müssen uns teilen. Wie machen wir das?« Der Medizinmann sagte: »Ich habe eine Idee. Wir stellen Tafeln auf.« Als der Stamm am nächsten Morgen aufstand, waren zwei Tafeln aufgestellt. Auf der einen stand: »Hier geht's nach Süden. Da gibt es Sonne, Wein, einen tollen See und wunderschöne Frauen.« Auf der anderen Tafel stand: »Hier geht's nach Norden. Da gibt es viele Seen, aber Nebel, Nieselregen, Kälte und hässliche Frauen.« Alle aus dem Stamm, die lesen konnten, sind nach Süden. Und das wurden die Ungarn. Die Analphabeten gingen nach Norden. Und das wurden die Finnen.

Wenn Sie jetzt glauben: Das ist ein ungarischer Witz, dann ist es ein verzeihlicher Irrtum. Es ist ein finnischer Witz. Man sieht, die Finnen können über sich lachen.

Apropos Witz: Es war Johannes Rau, der Bundespräsident, der nach zwei Gläsern Wein so gute Witze erzählen konnte wie fast kein Zweiter. Tatort seines Lieblingswitzes war der Himmel: Ein Jude stirbt an Herzschlag und kommt zum Gottvater. Der fragt: »Warum bist du am Herzschlag gestorben?« Da antwortet der Jude: »Mein einziger Sohn ist Christ geworden.« Da sagt Gottvater: »Das ist mir auch passiert.« Fragt der Jude: »Und was hast du gemacht?« Sagt Gottvater: »Ein Neues Testament.«

Als Johannes Rau mir 2001 im Schloss Bellevue das Bundesverdienstkreuz ansteckte, flüsterte er mir zu: »Ich sehe viele Ihrer Sendungen mit großem Interesse.« – »Was zum Beispiel?«, fragte ich. »Soldaten hinter Stacheldraht«, erwiderte Rau. Ich sagte höflich: »Herzlichen Dank.« Allerdings war das eine Reihe der ARD.

Der einzige noch bessere Witzerzähler als Johannes Rau war Hans-Dietrich Genscher. Ich nahm acht Stunden mit ihm auf und sendete unter anderem, von ihm erzählt, den längsten Witz der Fernsehgeschichte. Und der geht so:

Der liebe Gott lädt drei Staatsmänner zum Tee. US-Präsident Reagan, Sowjetchef Gorbatschow und DDR-Chef Honecker. Gott sagt: »Meine Herren, die Menschheit hat mich schwer enttäuscht. Nächste Woche schick ich deshalb eine Sintflut. Bitte teilen Sie das Ihren Völkern mit!«

Reagan geht ins amerikanische Fernsehen und sagt: »Bürgerinnen und Bürger der Vereinigten Staaten, ich muss Ihnen zwei Mitteilungen machen. Eine gute und eine schlechte. Die gute ist: Den lieben Gott gibt es tatsächlich. Ich war bei ihm zum Tee. Die schlechte: Nächste Woche schickt er eine Sintflut.«

Gorbatschow geht ins Sowjet-Fernsehen und sagt: »Genossinnen und Genossen, ich habe Ihnen leider zwei schlechte Nachrichten zu überbringen. Erstens: Diesen Christengott gibt es tatsächlich. Zweitens: Nächste Woche schickt er eine Sintflut.«

Honecker geht ins DDR-Fernsehen und sagt: »Bürgerinnen und Bürger der Deutschen Demokratischen Republik, ich habe ihnen zwei außerordentlich erfreuliche Mitteilungen zu machen. Erstens: Ich war beim lieben Gott beim Tee eingeladen. Das ist die endgültige Anerkennung der DDR durch den Himmel. Zweitens: Nächste Woche schickt er eine Sintflut. Das heißt: Perestroika findet nicht statt!«

Genscher erzählte diesen Witz 1987 Eduard Schewardnadse, seinem Außenchef-Kollegen der Sowjetunion. Der konnte sich vor Lachen gar nicht einkriegen und trug die Geschichte an Gorbatschow weiter. Am nächsten Tag berichtete er Genscher, Gorbatschow habe herzlich gelacht und erklärt, er werde diesen Witz am nächsten Morgen im Politbüro zum Besten geben. Da war Genscher klar, dass es zwischen Ostberlin und Moskau nicht mehr stimmte. Und das war die politische Botschaft.

Zu Hans-Dietrich Genscher hatte ich eine ganz besondere Beziehung. Es begann 1999, als ich im Rahmen einer Ehrung die Laudatio auf ihn hielt. Die gefiel ihm offenbar so sehr, dass er den Text von mir erbat. Ein paar Wochen später rief er an und fragte, ob ich zum zehnjährigen Jubiläum seiner Rede auf dem Balkon der deutschen Botschaft in Prag dortselbst eine Diskussion moderieren wolle. Das tat ich gern, und so entwickelte sich in den kommenden Jahren ein regelrechtes Hin und Her: Mal hielt er eine Laudatio auf mich, mal ich eine auf ihn. Zu seinem achtzigsten Geburtstag 2007 haben wir zusammen ein Buch gemacht: *Die Chance der Deutschen*, ein Gespräch über sein Leben.

Ich ehrte und ehre ihn vor allem wegen seiner Verdienste um die deutsche Einheit: Wenn wir uns das vereinte Deutschland als ein Haus vorstellen und wenn dieses Haus in den Jahren 1989/90 als Rohbau gemauert und gezimmert wurde, dann war Hans-Dietrich Genscher im Architektenbüro Kohl-Genscher für die Außenwände, das Dach und die Statik zuständig, während Helmut Kohl für den Innenausbau verantwortlich zeichnete – und später für die Eintreibung der Baukosten. Bei allen Problemen: Die Statik hielt.

Es war das glückliche Finale einer Politik der unzähligen kleinen Schritte. Für Genscher war Gorbatschows Perestroika stets mehr als nur die Charmeoffensive eines cleveren Sowjetführers. Misstrauische Geister dachten damals, mit dieser freundlichen Politik sollte lediglich die Phalanx der westlichen Staaten durchbrochen werden. Viele hielten Deutschland für das vorrangige Ziel und potenzielle Opfer. Genscher galt zu dieser Zeit, Mitte der Achtzigerjahre, bei den Verbündeten in Washington und London als Urheber eines taktierenden und nachgiebigen »Genscherismus«.

Das war ein krasses Fehlurteil. Denn Genscherismus hieß, sich von alten Denkschablonen zu befreien und zu erkennen, dass nach Gorbatschows Machtantritt eine neue Phase der Entspannungspolitik begann. Genscher hatte diese Chance genutzt, weil er Vertrauen schuf.

Gorbatschows Außenminister Eduard Schewardnadse beschrieb seinen Eindruck von Genscher so: »Als Diplomaten trugen wir natürlich eine Maske. Aber dahinter kam bisweilen das wahre, das menschliche Gesicht überaus deutlich zum Vorschein. Und das, was hinter seiner Maske hervorschimmerte, beeindruckte mich tief.«

Schewardnadses Sicht gilt auch für mich. All das war die Voraussetzung dafür, dass die Verhandlungen zur Herstellung der deutschen Einheit nicht »Vier plus Zwei« hießen, sondern »Zwei plus Vier«. Das hieß, die beiden deutschen Staaten waren gleichberechtigt mit den Siegermächten. Und am Ende stimmte Moskau sogar zu, dass sein sicherheitspolitisches und wirtschaftliches Juwel, die DDR, an die NATO übergeben werden sollte. Das wiedervereinigte Deutschland erhielt seine volle Souveränität und konnte im westlichen Militärbündnis bleiben. Das war eine Meisterleistung. Ohne Genscher, ohne »Genscherismus«, hätte es so viel Vertrauen in Europa nicht gegeben. Ohne das Vertrauen unserer Nachbarn keine deutsche Einheit. So gesehen, sollte jeder deutsche Außenminister schon per Amtseid »Genscherist« sein.

Ein großer Fehler war jedoch, dass Genscher zusammen mit US-Außenminister James Baker 1990 Gorbatschow mündlich versicherte, die NATO werde sich nach der deutschen Wiedervereinigung niemals weiter nach Osten ausdehnen. Als sie es dann ein paar Jahre später doch tat, fühlte sich nicht nur Gorbatschow düpiert, sondern auch das gesamte politische Moskau. Ich bin sicher, dass dies ein Urgrund für das Zerwürfnis zwischen Russland und dem Westen ist. Freilich hatte Gorbatschow es sträflich versäumt, sich die Zusage schriftlich geben zu lassen. Da war er wohl zu gutgläubig. Nichts gegen einen NATO-Beitritt von Ländern wie Polen, Ungarn, Tschechien, Litauen, Estland oder Lettland. Dann aber hätte man auch Russland stärker miteinbeziehen müssen.

Hätte Strauß, der große Bayer, da andere Akzente gesetzt, wenn er das Jahr der Wiedervereinigung noch erlebt hätte? Ich traf ihn in den Achtzigerjahren wiederholt in seinem Provisorium. Die Bayerische Staatskanzlei wurde gerade rund um das Armeemuseum neu errichtet, und der Ministerpräsident residierte zwischenzeitlich im Bayerischen Nationalmuseum in der Prinzregentenstraße. Ich befragte ihn in Sachen Adenauer und in Sachen Mauerbau. Vorher aber bat ich ihn um einen Gefallen: Meine damalige Schwägerin, ihres Zeichens Lehrerin, war nach Weiden in die Oberpfalz versetzt worden, während ihr Mann im heimischen Aschaffenburg bei Petri Lenkräder zusammenschraubte. Ich überreichte Strauß in einer Gesprächspause meine Bittschrift für eine doch dem CSU-Programm entsprechende Familienzusammenführung. Er las sie kurz durch, sah mich prüfend an und sagte: Schaun mer mal. Vier Monate später wurde die glückliche Schwägerin zurück ins heimische Aschaffenburg versetzt. Ein Ministerpräsident des 21. Jahrhunderts hätte solche Möglichkeiten nie besessen. Später hörte ich, dass Strauß in manchen ähnlich gelagerten Fällen sich ebenfalls persönlich eingeschaltet hatte. Das war Strauß – der Pater Bavariae.

Apropos Aschaffenburg! Strauß erklärte mir: »Ihr Ascheberger sagt ja immer, ihr seid das letzte Schwanzhaar des bayerischen Löwen. Das ist grundfalsch. Denn der Löwe schaut nach Norden, wo der Feind steht, wie wir wissen. Also seid ihr nicht das Schwanzhaar, sondern das Haupthaar!« Das war logisch.

Den Strauß-Spruch »Was wäre der *Spiegel* ohne mich« hätte sicher auch sein Antipode unterschrieben. Rudolf Augstein, den großen *Spiegel*-Mann, traf ich wiederholt in seinem Büro hoch über der Redaktion (dessen Interieur heute im Bonner Haus der

Geschichte steht), als Gast bei meinen Aschaffenburger Gesprächen und vor allem als Interviewpartner beim Sonntagsgespräch
des ZDF, das wir in seinem Fall in einer Hamburger Fabrik auf-
zeichneten. Stets war sein kluger und geduldiger Adlatus mit
von der Partie. Augstein war glasklar und überzeugend in der
Argumentation – obwohl er zum Gespräch einen ganzen Kasten
Bier mitbrachte, nicht für unser Team, sondern allein für sich. Er
trank ungeniert frisch aus der Flasche, bot mir selbst nichts an,
und da es Pils war, was ich meist nicht mochte, war das auch in
Ordnung. Der *Spiegel*-Mythos, meinte er, sei eben nur ein Mythos. Konrad Adenauer, an dem er sich so oft gerieben hat, habe
eine amoralische Politik betrieben, aber keine schlechte. Sein
Traum sei es gewesen, sagte er, einmal eine Tageszeitung wie die
FAZ managen zu dürfen. Auch der wohl mächtigste Mann der
deutschen Publizistik durfte unerfüllte Träume haben.

Am Ende nenne ich noch meinen Mentor Simon Wiesenthal,
den großen jüdischen Verfolger vieler Nazis, die nach dem Zweiten Weltkrieg untergetaucht waren. Wiesenthal kannte trotz der
vielen Toten in seiner Familie keinen Hass auf Deutschland und
die Deutschen. Er sagte mir: »Schuld ist nie kollektiv, Schuld ist
immer individuell.«

Er interessierte sich für meine Arbeit – und meinte einmal:
»Weißt du, Guido, du bist ein glücklicher Mann. Du hast dein
Hobby zum Beruf gemacht.«

Da hatte er recht. Das, was ich im ZDF aufbauen konnte,
hat mir persönlich so viel gegeben, dass ich im Lauf der Jahre
allen Versuchungen, die rechts und links des Weges warteten,
am Ende widerstand. Ob es das Angebot war, für das Amt des
Oberbürgermeisters meiner Heimatstadt zu kandidieren, oder
die Offerte, als Kulturchef in die ARD zu wechseln. Nur einmal habe ich gezögert, als mir Bertelsmann-Chef Frank Wöss-
ner anbot, den Siedler Verlag zu übernehmen und zusätzlich
noch unter diesem Dach eine eigene Fernsehproduktionsfirma

zu gründen. Das wäre schon reizvoll gewesen. Doch dann ging ich zu meinem Intendanten, Dieter Stolte, erzählte ihm das – und auf einmal waren für mich Dinge möglich, an die vorher nicht zu denken war. Und so blieb ich dem ZDF treu – bis zum Schluss.

Denn ich konnte alles machen, was ich wollte: ob es Filme über Fußball waren, die mir sehr am Herzen lagen, Dokudramen über Wendepunkte der Geschichte oder eine Reihe über einen Wettstreit zwischen einem deutschen Team mit Markus Lanz und einem österreichischen mit Hermann Maier, wer von ihnen hundert Jahre nach Scott und Amundsen als Erster den Südpol erreichte – es war stets wie Weihnachten.

Am Ende leitete ich mit einem eigenen Programmbereich die Redaktionen »Zeitgeschichte«, »Zeitgeschehen«, »History«. Doch der Kern war immer meine »Zeitgeschichte« – jene Redaktion, die ich einst selbst geschaffen hatte. Mein Glück war, dass ich mir im Lauf der Jahre die Mitarbeiter sämtlich selbst aussuchen konnte. Und es war bisweilen so, dass alle Jahre wieder zwischen all den Praktikanten ein Genie durch die Gänge lief, erkannt und engagiert wurde. Und so entstand der Stamm der Redaktion: hochbegabte junge Frauen und Männer, allesamt Historiker – wie etwa Christian Deick, den ich mit der Leitung meiner »History«-Sendung betraute, Stefan Brauburger, den besten Stellvertreter aller Zeiten, oder auch Jörg Müllner – um nur einige zu nennen. »Zeitgeschichte« im ZDF: in all den Wirren der Fernsehgeschichte eine kreative Insel der Seligen.

Und nicht nur das: Im Lauf der Jahre habe ich sieben Ehen unter Mitarbeitern stiften dürfen. Meistens lief das so: Sie schicken eine junge Redakteurin auf eine längere Drehreise in ein exotisches Land – irgendwo zwischen Panama und Moskau –, geben ihr einen ebenso jungen Kameramann und/oder Produzenten mit – und dann geschieht das Unvermeidliche. Und ich muss sagen: Die »Zeitgeschichte« zeichnet sich nicht nur durch ein besonderes Programm aus, sondern auch durch ihre Frucht-barkeit. Drei Kinder pro Paar sind (fast) die Regel. Einmal gab es allerdings Bemerkenswertes. Denn ein tüchtiger Kollege wollte nach zwei Jungen unbedingt ein Mädchen. Und weil ich im vier-ten Anlauf nach drei Jungen ein Mädchen zeugen durfte, galt ich als Experte. Auf die Frage: »Wie hast du das gemacht?«, sagte ich, und das war eine alte ungarische Weisheit: »Stiefel anzie-hen und dreimal in die Hände spucken!« Im Jahr darauf war der Entbindungstag. Am nächsten Morgen kam der Kollege zu mir: »Wieder ein Bub!« – »Warum hast du nicht auf mich gehört?«, fragte ich. »Ja, im entscheidenden Moment hab ich nicht mehr gewusst, wer die Stiefel anziehen soll! Meine Frau oder ich …«

Dass mir das Jahr der Einheit 1989/90 so sehr am Herzen liegt, hat nicht nur mit dem glücklichen historischen Moment zu tun, sondern auch mit meinem Privatleben. Denn während in Europa alle Grenzen fielen, lernte ich in dieser Zeit auch meine Frau kennen, eine gebürtige Ungarin. Ihre Heimatstadt Miskolc und meine Heimatstadt Aschaffenburg waren schon Ende der Achtzigerjahre Partnerstädte. Der Oberbürgermeister Willi Reiland sagte eines Tages: »Da treffen sich ja immer nur die Stadträte und Bürgermeister! Wie langweilig! Wir müssen diese Partnerschaft jetzt endlich mal mit Leben füllen!« Wohl der Erste, der das ernst genommen hat, war ich.

Und es war eine sehr gute Entscheidung – nicht zuletzt his-torisch: denn Deutsche und Ungarn haben seit über tausend Jahren keinen Krieg gegeneinander geführt. Das ist in Europa einzigartig! Zwischen dem Ehepaar Knopp gibt es also keine historischen Probleme zu bewältigen.

Wir wohnen nach wie vor in Mainz. Unsere Freunde in Ber-lin beschwören mich: »Kommt doch endlich in die Hauptstadt! Da gehört ihr hin!« Wenn ich frage: »Wohin denn genau?«, sagt jeder etwas anderes. Meint der eine: »Komm doch nach Charlottenburg, südlich Ku'damm, wir entwickeln uns rasant!«

Dann sagt ein anderer, der nördlich Ku'damm wohnt: »Wir sind schon entwickelt!« Und wenn ich im Gespräch mal leise andeute: »Also, Dahlem wäre eigentlich ganz schön«, dann sagt mein Freund Walid, der in Pankow lebt: »Geh doch nicht nach Dahlem, wo die alten Leute wohnen! Komm zu mir nach Pankow, hier geht jeden Tag die Post ab!« Ich sage: »Walid, ich kann doch nicht in Pankow leben. Ich bin alter Bundesrepublikaner. Für mich klingt Pankow nach SED, VOPO, Stasi und so weiter.« In Pankow – »Pankoff«, wie der alte Adenauer sagte – hätte ich mental Probleme.

Und so leben wir weiter in Mainz. Einer Stadt, die vor Geschichte strotzt. Wobei die Zeit als Garnisonsstadt in der Römerzeit ein wenig überbewertet und die glorreichen Jahrhunderte als heimliche Hauptstadt des Heiligen Römischen Reiches Deutscher Nation etwas stiefmütterlich behandelt werden. Und auf der anderen Seite des Rheins liegt Wiesbaden, ein wilhelminisch anmutender Kurort, geradezu das Gegenteil. Wir genießen diese kontroverse Doppelstadt. Und wenn uns in der dunklen Jahreszeit das schlechte Wetter auf die Nerven geht, fliegen wir nach Florida.

Letzthin fragte mich ein Freund aus Los Angeles, auch aus der Filmbranche: »Wo wohnst du denn?« – »Mainz.« – »Never heard«, sagte er. – »Near Frankfurt«, sagte ich. »Ah ja, aber wie weit entfernt ist das alles?« – »Na, es ist genauso wie in deiner Heimatstadt«, erklärte ich. »Frankfurt, das ist Los Angeles Downtown. Wiesbaden ist Beverly Hills. Und Mainz ist Santa Monica.« Da hatte er's kapiert.

Unsere Kinder Christopher und Katharina allerdings haben dieses Santa Monica am Rhein schon verlassen und studieren in Passau und in Mannheim – nicht Geschichte, sondern etwas Grundsolides: Jura und BWL. Offenkundig hat der Job des Vaters abschreckend gewirkt.

Seit dem Jahr 2013 lebe ich im sogenannten Ruhestand. Über

mangelnden Zuspruch kann ich gleichwohl nicht klagen. Das liegt daran, dass die Tochtersender meines alten Unternehmens, ZDFinfo und Phoenix, meine früheren Sendungen gerne wiederholen – auch die aus dem vergangenen Jahrhundert. Geschichte wird nicht alt. Im Gegensatz zu ihren Vermittlern. So sprach mich auf dem Frankfurter Flughafen ein Zuschauer an: »Hallo, Herr Knopp! Vorgestern habe ich Sie noch im Fernsehen gesehen. Aber da hatten Sie noch schwarze Haare!« Und eine fürsorgliche Dame wollte wissen: »Ich finde es ja toll, dass Sie noch so aktiv sind. Aber warum tun Sie sich das überhaupt noch an?« Da zitierte ich ein weises Sprichwort altgedienter ZDF-Redakteure: »Ich verrate Ihnen ein Geheimnis: Der letzte Trieb, der erlischt, ist der Sendetrieb!«

Ich genieße also meinen »Ruhestand«. Entfallen ist der Berg an Bürokratie, den man als Hierarch in einer öffentlich-rechtlichen Anstalt zu bewältigen hat. Jetzt mache ich nur noch das, was mir gefällt: Bücher wie dieses, Moderationen wie »History live« auf Phoenix und vor allem Vortragsreisen. Da lernt man Deutschland kennen. Wismar zum Beispiel – eine wundervolle Stadt. Vorher musste ich mir solche Nebentätigkeiten jede einzeln von meinem Intendanten genehmigen lassen und mitunter dafür Urlaub nehmen. Jetzt beantrage ich die Nebentätigkeit bei meiner Frau – und diese hat ein äußerst liberales Genehmigungsverfahren.

Kurz vor meiner Hochzeit hatte ich für unsere Reihe »Bilder, die Geschichte machten« ein Gespräch mit meinem alten Freund Fritz Walter, der nicht nur ein großer Fußballspieler, sondern auch ein herzensguter Kerl war. Und er sagte: »Guido, ich hoffe, du wählst jetzt die Richtige! Denk daran: Die Frau macht den Mann!« Der Alte Fritz hatte recht. Es war die Richtige. Und meine Frau hat aus mir einen besseren Mann gemacht. Dafür und für vieles andere danke ich ihr von Herzen.

Dank

Ich danke meinem Freund Stefan Brauburger, weil er der beste denkbare Nachfolger war – und noch immer ist.

Ich danke Thomas Bellut, weil er wesentlich dafür gesorgt hat, dass es dazu kam.

Ich danke allen Mitarbeitern der Redaktion Zeitgeschichte, die ich meist selbst engagieren durfte – ihr seid wunderbar.

Ich danke Dieter Stolte, weil er mich zum ZDF geholt hat – und dafür gesorgt hat, dass ich blieb.

Ich danke Markus Schächter, weil er auch in schwierigeren Zeiten fest zu mir gestanden hat.

Ich danke Valentin Falin, weil er mir die Tür zu russischen Archiven weit geöffnet hat.

Ich danke Uli Jörges, weil er mit mir für »Das Gedächtnis der Nation« gekämpft hat.

Ich danke meinem Freund Ekkehard Kuhn, der immer ein loyaler Stellvertreter war.

Ich danke meinem Freund Josef Stader, der meine ZDF-Etats gewissenhaft verwaltet hat.

Ich danke meinem Lehrer Lothar Häusler, weil er mein Interesse für Geschichte geweckt hat.

Ich danke meinem Freund Leo Eggers, der mir Mainz ans Herz gelegt hat.

Ich danke meinem Freund Siegfried Quandt, der mir über all die Jahre ein treuer wissenschaftlicher Begleiter war.

Ich danke meinem Freund Otto Zapke, der den Freundeskreis der Aschaffenburger Gespräche mit Leben erfüllt hat.

Ich danke meinem Freund Oliver Halmburger, der mir auch nach der ZDF-Zeit treu blieb.

Ich danke meinem Freund Walid Nakschbandi, der mir Arbeit nach der Arbeit gab.

Ich danke meinen Freunden, den Doctores Sawaya Sawaya und Patrick Sawaya, weil sie als kompetente Mediziner meinen Leib beschützen.

Und ich danke meinen Eltern, die mich nie daran gehindert haben, eine »brotlose Kunst« wie Geschichte zu studieren.

Personenregister

Sachregister

Bildnachweis

action Press: 55 (Herrmann, Henry H.)
ddp images: 46 (Steffens)
Getty Images: 17 (Masters/Alfred Eisenstaedt)
Greser & Lenz: 28
Hipp-Foto: 7, 25
Imago: 47 (Lindenthaler), 54 (Spöttel Picture)
Karl-Heinz Liebler: 11
Medienhaus Main-Echo: 12 (Laszlo Ertl)
People Image: 53 (©Michael Tinnefeld)
Picture alliance: 44 (dpa/Robert Schlesinger), 49 (dpa/Kurt Rohwedde), 52 (dpa/epa Peter Foley)
Privatarchiv Guido Knopp: 2, 3, 4, 5, 6, 8, 9, 10, 13, 14, 15, 16, 18, 19, 20, 21, 22, 23, 24, 26, 27, 29, 31, 32, 33, 34, 35, 36, 37, 38, 40, 41, 42, 45, 48, 50, 51, 56, 57
Caro von Saurma: 39
Helmut R. Schulze: 43
VRM: 1 (Sascha Kopp)
ZDF: 30 (Rico Rossival)

Wir haben uns bemüht, alle Rechteinhaber ausfindig zu machen, verlagsüblich zu nennen und zu honorieren. Sollte uns dies im Einzelfall aufgrund des Zeitablaufs und der schlechten Quellenlage bedauerlicherweise einmal nicht möglich gewesen sein, werden wir begründete Ansprüche selbstverständlich erfüllen.